U0527677

西南政法大学民商法学术论丛

本书为最高人民法院2020年度司法研究重大课题"民法典适用问题研究"（ZGFYZDKT202009-03）的成果

保理合同纠纷裁判分歧和应然路径研究

RESEARCH ON THE JUDGMENT DIFFERENCES AND RESOLUTION PATHS OF FACTORING CONTRACT DISPUTES

方乐坤 ◎ 著

法律出版社 LAW PRESS·CHINA
北京

图书在版编目（CIP）数据

保理合同纠纷裁判分歧和应然路径研究／方乐坤著.
北京：法律出版社，2025. -- （西南政法大学民商法学术论丛）. -- ISBN 978-7-5197-9974-8

Ⅰ. D923.64

中国国家版本馆 CIP 数据核字第 2025B4J441 号

保理合同纠纷裁判分歧和应然路径研究
BAOLI HETONG JIUFEN CAIPAN FENQI HE YINGRAN LUJING YANJIU

方乐坤 著

责任编辑 黄倩倩
装帧设计 臧晓飞

出版发行	法律出版社	开本	A5
编辑统筹	学术·对外出版分社	印张	7.625　　字数 190 千
责任校对	晁明慧	版本	2025 年 2 月第 1 版
责任印制	胡晓雅　宋万春	印次	2025 年 2 月第 1 次印刷
经　　销	新华书店	印刷	北京新生代彩印制版有限公司

地址：北京市丰台区莲花池西里 7 号（100073）
网址：www.lawpress.com.cn　　　　　　销售电话：010-83938349
投稿邮箱：info@lawpress.com.cn　　　　客服电话：010-83938350
举报盗版邮箱：jbwq@lawpress.com.cn　　咨询电话：010-63939796
版权所有·侵权必究

书号：ISBN 978-7-5197-9974-8　　　　　定价：45.00 元

凡购买本社图书，如有印装错误，我社负责退换。电话：010-83938349

民商法之于中国社会的意义(代总序)

法律作为人类文明最为重要的理性结晶,对推动人类社会的进步与发展发挥了非常重要的作用。在所有的法律制度设计中,民商法作为万法之源和其他法律制度存在的基础,对社会发展发挥着尤为关键和突出的作用。如何准确把握民商法与社会发展之间的关系,不但关系如何清晰认识民商法与其他法律之间的关系,而且关系如何更进一步充分发挥民商法在中国社会建构中的作用等一系列重大问题。

一

和其他社会科学一样,法学学科的发展也经历了一个从简单到复杂、从诸法合体到部门法林立的过程。作为其结果,一方面,越来越细密化的学科建构使法律的制定更加理性化,对社会关系的调整也更加精准化,从而可以将法律对社会关系的规范、促进和限制等作用发挥得日愈极致;另一方面,当专业化的学科不断地想从原有的本体独立出来时,它很大程度上已经具有了独特的调整范围、调整方法和价值理念,具备了独特的认知、解释和改造世界的功能定位和学科理论基础。在这方面以民商法最为典型。古今中外的各国民商法之所以能够从刑法的附庸和婢女晋升为耀眼的法律女神,除了得益于社会发展对民商法的强烈呼唤这一外在环境之外,更依赖于民商法本身所隐含的以人本主义精神为代表的强大文明基因和以保障生存与关爱民生为代表的民本主义情怀。因此,在某种意义上可以说,没有这种为天地立心、为生民立命的使命、担当和气魄,民商法就不可能实现对其他法律的价值引领,也不可能为现代社会贡献如此之多的法律精神和法律理念;此外,如果没有直面社会需要的求实精神和数千年来孜孜探索的薪火相传,也不可能成就今日民法典之莘莘华章。换言之,民商法既有仰望星空谱万世太平之宏大追求,也有脚踏实地保黎民幸福安康的工匠精神;而正是这些看似毫不起眼的细密规则的编织,给人类社会的有效运行提供了最琐碎、最普遍但却最重要、最基础及最根本的稳定生活秩序。

民商法为人类生活提供最基础的社会规范。民商法规范与人类的社会生活休戚相关:从竖向关系来说,人生的每一个阶段乃至生老病死都属于民商法的关注范围;从横向范围来看,无论是人类的家庭生活、职业生活还是公共生活都难逃民商法的影响,无论是物质生活还是精神生活,无论是婚丧嫁娶还是柴米油盐都可在民商法的制度设计中找到答案。民商法规范不仅仅回答了人为何为人和人何时开始为人等问题,更全方位指导着人从脱离母体后的成长教育、娶妻生子,甚至安排后事。就家庭关系而言,几乎所有国家的民法都要调整两性之间的夫妻关系和父母子女之间的抚养关系、赡养关系和继承关系;在职业生活中,民商法不但要规范雇佣者和劳动者之间的权利义务关系,而且强调职业身份的差异不能作为否定当事人之间法律地位平等和人格平等的理由,用人单位(雇佣者)有义务保障劳动者的人格尊严和体面工作;而在公共生活领域,民商法既要根据风险控制理论对社会风险的一般承担规则做出合理安排,如既要从总体上设定盈利和风险相匹配的约束条件,又要追求权利和义务相一致的公平性目标;同时还要对特定的责任风险承担规则做出详细说明,所以才规定了自愿参加文体活动的人要对自己所选择的风险承担相应责任,公共场所和公共活动的所有者、管理者或组织者要对相关社会主体承担安全保障义务等。由此可见,不但人类生活的诸多琐碎场景都被纳入民商法的关照视野,而且这些法律规范还都共同被置于民商法所追求的基本价值理念之下。

民商法为人类生活提供最普遍的行为秩序。尽管人类的生活存在较为明显的时代性隔阂与地域性差异,但民商法的基本规范却能够跨越历史和国界为各时代和各地域的人类群体所适用。现代几乎所有国家的民法典都可以从古罗马法中找到相应的制度痕迹,《法国民法典》和《德国民法典》的制定与其说是基于特定时代的历史创造,毋宁说是罗马法的发现和对罗马法的重新阐释。以民商法为核心的罗马法的制定和编纂,既是为了对被罗马所占领的领土及其原住民进行主权宣誓,同时也是向他们系统性地宣告一种有吸引力的生活方式,以聚拢和收服民心。这种法律定位使罗马法在制定伊始就既要平衡各方的利益和矛盾,又要考虑规则实施的可能性和可行性;因此作为现代法律主要源头之一的罗马法不但具有较为显著的理性主义色彩,同时也被作为制度竞争的工具加以使用。其后的《法国民法典》《德国民法典》《瑞士民法典》《意大利民法典》乃至《荷兰民法典》和我国《民法典》都很好地继承了罗马法的优良基因并进行了适当的本土化改造,其结果是使民商法在服务本国社会发展的同时保持了基本规则的稳定性和共通性。

民商法为人类社会提供了最重要和最根本的生活准则。纵观各国民商法律制度的发展历史我们可以发现,无论民商法律制度如何变化,无论如何对民商法进行定位和解读,有一点是肯定的,即所有的民法制度都是针对人的需要和人的生活而展开的,且在民法的视野中人是目的而非手段;因此,民法典既是关于人的生活的百科全书,也是规范人的活动的权威巨著。所有的民法规则都是基于人的生活而创造的,人的理性介入的主要作用仅在于将生活语言转化成更加贴切的法律语言。究其原因在于,相较于许多法律领域而言,民商法与人的生存和生活具有高度的关联性,人终其一生还是离不开与民商法发生各种各样的关系。民法不仅回答了人何以为人的问题,即人作为社会主体所应当具有的基本人格、基本权利和可以进行的基本行为样态;而且回答了当自己的合法权利受到侵害时,人怎么来寻求相应的法律救济的问题。民商法规则告诉我们,人的生存必须有一定的财产作为物质基础;这些财产既可以通过自己的劳动创造来获取,也可以通过交换、继承等合法方式而获得。作为民事主体,我们有权利也有义务通过各种方式保护自己的财产,维护自己的合法权益;而保护的方式既可以寻求国家公权力的救助,也可以采取自卫、自助等私力救济手段。民商法规则还告诉我们,人是世间最伟大的存在,人的生命、健康、人格和尊严是神圣不可侵犯的,是不能够用金钱加以衡量的;因此不但人格尊严、人格自由和人格权利不受侵犯,而且人本身包括人体细胞、人体组织、人体器官乃至遗体都不能作为自由交易或随意处分的客体。故而,民商法不但对人及其活动进行了全方位调整,而且对人类生活调整的跨度、广度、密度和厚度也是其他任何法律部门所不能及的。

二

民商法在关注人的本体的同时,也高度关注与社会关系和社会经济活动的互动与因应。实际上不同的法律部门对社会发展的作用后果和作用能力并不完全一致;这既是因为不同法律部门所规范的对象存在明显差异,更是缘于不同的法律部门因其所承担的社会角色不同而在调整目标和调整手段上存在明显不同。相对于其他部门法而言,民商法不但在对社会关系的调整范围和调整对象上具有更大的广阔性，而且在调整理念上更具有先进性，在调整手段上更具有灵活性。与其他法律部门主要侧重于对主体行为的限制和禁止不同，民商法对社会关系的调整更加侧重于对主体权利的倡导和弘扬，侧重于对社会经济活动的引导和促进，侧重于对社会关系稳定性和社会秩序安全性的加持和保障，侧重于对行为结果的确认和维护。因此可以说，民商法主要借助对主体平等身份地位的重申、对私权神圣的敬畏、对财产归属关系和获取方式的明晰、对彼此间人身关系与财产关系的规范与疏导等方式来塑造社会主体的信仰，淬炼社会主体的恒心并激发社会主体的无限创造力以促进社会的发展。

民商法通过产权制度承认、保护和调整人类通过劳动等行为所取得的各项成果。资源的有限性要求人类对资源的攫取不能遵循弱肉强食的粗暴法则，否则人将沦为动物般的存在；而对资源的权属明确便是民商法促进社会发展的重要手段之一。民商法通过物权制度与知识产权制度等分别对有形资源及无形资源加以规范。借助产权制度对凝结在商品上的无差别的人类劳动所展开的权利固化是商品得以流通的前提，因为产权交易需要以产权归属明晰为基础。同时，民商法利用具有排他性和垄断性的产权制度来释放人的潜能，激发人的进取心，并以此促进社会的繁荣昌盛。人作为一种社会性动物，不可避免都具有一定的对各种资源和财产的占有欲和自私心；这种占有欲和自私心既是保障自己不被社会所淘汰的物质基础，也是诱发人类积极奋斗的动力和源泉。人类对物质的欲望本身并不具有当然的可受谴责性；法律所要禁止的是行为人通过不正当手段为自己非法谋取利益，即马克思所反对的无偿地占有他人的劳动成果的行为。相反，如果财产的获取方式是正义的，即在尊重其他人是其劳动成果的主人的前提下通过交换等方式而获得自己所需要的财产，那么这种财产的获取方式就具有正当性。因此，良好的产权制度设计能够激励人类遵循良性的竞争方式，在不断实现自我价值的同时为社会累积更多的物质财富。

民商法通过主体制度来实现社会的有序治理并鼓励人类勇于拼搏和冒险。由于受生理条件和财富聚集能力的限制，大多数自然人在面对各种社会风险和不确定性时，其个人力量都是非常渺小的，其改造自然造福社会的能力也是相较无力的，因此在许多情况下只有借助于集体的力量才能实现特定的社会目的。马克思在《资本论》中有言：假如必须等待积累去使某个资本增长到能够修建铁路的程度，那么恐怕直到今天世界上还没有铁路，但是，通过股份公司转瞬间就把这件事完成了。其表现在法律上，作为民商法律制度的最伟大创造之一就是创造了独立于自然人之外的另一种民事主体——法人。法人制度的出现不但丰富了作为行为实施者和权利、义务、责任承担者的主体类型；而且更为重要的是突破了自然人在生命周期、行为能力、资源筹集和行为目的方面的限制，并有效克服了单一自然人在信息占有和理性思考方面的局限，能够集合众多人的经验与智慧，创建具有永久性、复杂性和重大性的事业。更为重要的是，法人制度的出现还颠覆了社会对主体性的认知，改变了市场的主导交易规则，重新定义了交易的目的和价值。换言之，如果说生存性交易是自然人从事交易活动的主要目的和基本交易形式，那么由于法人既不存在延续生命的压力也不存在其他的人伦性需求，因此其行为的唯一冲动就是通过赚钱给投资人带来高额回报；正是基于这一原因，法人的交易行为几乎只能表现为营利性交易。不仅如此，由于在营利性法人制度中还巧妙嵌入了有限责任激励机制，因此在追求盈利目的实现的目标驱动之下，法人组织的内在活力会得到充分发挥，在保证为股东创造利润的同时也极大地促进了人类社会的经济繁荣。在此意义上可以说，没有法人制度，我们既无法享受以美好生活实现为核心的现代物质文明，也无法享受以有效治理、多元参与和协同自治为核心的现代社会文明。

民商法借助交易制度来促进产权流通和社会的专业化发展。在产权制度和主体制度不断完备的条件下,另一个现实局面是,由于社会分工的细密化,每个人的生产活动都被限制在极小的专业范围内,故而每个人都无法生产出自己所需要的全部产品。而随着社会的发展,人的需求范围越来越广泛,特别是在从商品经济进化到市场经济之后,不但市场的广度和深度得到极大拓展,而且市场的交易方式、交易类型、交易对象和交易机制都发生了根本性变革。因此,为了满足人的多样化需求,交易成为连接供需的最有效渠道。民商法通过所有权制度保障了民事主体在文明社会中的劳动价值,承认并保护其通过劳动所获得的财富的合法性和正当性。而合同制度不但把交易规则固定下来,从而使交易行为的结果更具可预见性,同时实现了财产和产品在不同主体间的有序转移。特别是民商法认可不同主体之间的能力差异,通过创设合同制度用以鼓励财产流转来丰富民事主体的社会生活,并借此形成了刺激不同主体在合规秩序下努力创造个体财产的机制,以此间接地为社会文明的蓬勃旺盛培养了生命力。商行为制度将当事人之间的合同关系外化为各种以营利为目的的市场行为,并将其直接服务于市场主体的经营行为。从该意义上来说,一个国家民商法律制度的完善程度不仅决定了一个国家法治化水平的高低,而且直接决定了该国社会经济的活力、动力和潜力。

民商法依靠保障制度来维护社会发展的平稳运行。社会发展的两个阶段分别是无秩序社会与创造秩序、有社会秩序与维护秩序。社会的良性运行需要有条不紊的秩序化境界;而社会关系的失序和社会行为的失控既会害及社会的正常运行,也会影响个人权利的享有和行使。民商法通过对产权制度、主体制度与交易制度等的创设主要解决的是社会的基本运行规则和运行秩序问题。但由于不同主体之间存在明显的利益冲突,因此当民事主体在追逐自己利益最大化的时候,对其他民事主体的侵害实难避免,为此需要通过法律救济制度矫正失衡的民事关系,保障主体的合法权益。与刑法、行政法等公法主要依靠国家机关公力救济实现对权益和秩序的保障目的不同,民商法对私权主体的保障主要采取的是私力救济手段:其不但允许受侵权主体享有制止侵害和实施正当防卫的权利,而且还直接赋予了私权主体通过留置、扣押等方式展开自我救助的权利,以此来使失序的规范得以复位,民事主体的合法权益得以保障。

三

良好的社会治理能够保障社会的稳定发展和人民的安居乐业,而民商法作为一种载体、一种手段、一种文化,能够对共同体的社会治理产生系统性、潜在性和广泛性的影响。

民商法能够服务并贯彻多重化的社会治理目标。民商法作为一种制度,是社会治理的一般化工具,其存在的重要意义之一便是服务于社会治理。为此,需要民商法在社会关系的诸多关键领域充分利用其基础性、包容性的制度张力,将民为邦本、求仁睦邻、权责匹配、社会责任等政治主张转化为符合公平正义等现代化法治要求的制度设计。所以,民商法在主体制度中明示法律主体的平等地位并重视对弱势群体的照顾,通过特留份制度有效保护了未出生胎儿的合法权益,在继承关系中通过倾斜分配遗产的方式对生活有特殊困难又缺乏劳动能力的继承人给予关爱;在物权制度中通过确立有利生产、方便生活、团结互助、公平合理的立法原则,不但有效平衡各物权主体之间的权利义务关系,而且宣示了社会和谐的友爱精神;同时也在合同制度中通过确立缔约过失责任对违背诚信要求的行为进行必要的惩戒,通过确立情势变更原则矫正当事人之间失衡的权利义务关系。

民商法能够动员和鼓励广泛性的社会治理主体共同参与社会治理。现代化社会治理的发展趋势之一即是社会治理取代社会管理,这不同于此前社会治理应当完全仰赖于国家的假定。其意味着社会秩序的维护和达成不再是政府单方面的事务,而是政府与公民和社会共同的事务;政府不再是单一的管理主体,社会不再是被管理的客体;治理过程不再是自上而下的单向度管控,而是多元主体的平等协商与合作。而民商法在这一转变过程中所能发挥的功效体现在动员、鼓励并在适当程度上要求私法中的角色,如单位、公司、机关、学校等,有意识地树立法律主体的意识,承担民商法中的规范性义务,缓解并降低国家治理社会的成本和压力。

民商法能够为社会治理提供更加精细化的治理手段,而治理手段的针对性强弱直接关联到社会治理的效果。因此,民商法在技术信仰一念成佛、一念成魔的艰难抉择中,秉持以人民利益为中心的坚定信仰,通过精细化的制度设计,不但有效完成了"求善祛魔"的责任担当,而且极大强化了社会治理的有效性和正当性。典型的如民商法通过明示自然人享有人身自由、人格尊严等各项权利和利益,完成了自然人的本体化构造;通过强调人格权不得放弃、转让或者继承,完成了人格利益的物质化剥离;通过规定禁止以任何形式买卖人体细胞、人体组织、人体器官、遗体,宣誓了人本身的神圣性;通过重申私人生活安宁和私密空间、私密活动、私密信息受法律保护,维护了人的尊严;通过要求从事与人体基因、人体胚胎等有关的医学和科研活动应当遵守法律、行政法规和国家有关规定,不得危害人体健康,不得违背伦理道德,不得损害公共利益,对与自然人相关的商业化和非商业化利用划定了明确的红线。这些制度设计不再把人视为被管理的对象,而是把人作为社会治理的参与者和社会治理主要保护的对象,从而极大地提高了社会管理的正当性。

四

民商法与人类文明也有着千丝万缕的联系。在社会文明的建造过程中,民商法对人类文明繁衍火种的守护、对人类文明物质基础的累积、对人类文明永续发展的追求以及对人类文明道德品格的塑造同样发挥着其他法律无法替代的作用。

民商法守护了人类文明的繁衍火种。人是人类文明繁衍的唯一火种。而民商法,尤其是民法,强调自然人本身才是人类文明存在的根本意义和最终归宿。因为基于人类群体的视角,社会只有在有人存在的世界才有意义。故而对自然人的守护便是人类文明的胜利,毕竟:树高千尺,其必有根;江河万里,其必有源。为了让人活得更像一个人,民商立法不断强化对人身自由和人格尊严的开放性保护,重视对人本身的隐私和个人信息的尊重,引入社会经济发展的利益相关者理论、社会责任理论、代际公平理论等,这一切的一切都是在奉行人类至上的信仰。

民商法繁荣了人类文明的物质基础。为了保障人类社会生活的极大丰富,民商法助推了全球经济数百年突飞猛进的发展。其对人类物质文明的繁荣主要表现在:其一,为全球性市场经济的建设配套了关键性制度,尤其是发明了独立于自然人之外的另一个社会主体——公司法人制度。在市场经济的环境中,当以公司为载体的资本财团嗅到价格机制所传导的利益气息之后,便会自发地投资谋利;而当这种利益预期为众多市场主体所感知和认同时,利益的发源地和集散地就会成为众多市场主体的掘金地,从而通过市场的力量形成高度竞争的场面。由此导致的结果是,创新性会随着竞争程度而不断攀升,商品的进化周期极速加快,新兴产业不断取得突破性发展。其二,民商法对产权制度的明晰和对私有产权神圣而不可侵犯的普遍认可,为人类文明的物质创造提供了源源不竭的追逐动力。其三,民商法的意思自治理念极大程度促进了人类的创新。创新本身是社会发展的灵魂,自由或自治的精神使得创新不断获得源泉的滋养。同时,由于创新劳动的过程极为不易,创新劳动取得的成果具有不可小觑的新颖性价值;故而民商法又通过法定垄断的制度对人类创新的劳动予以认可,以此形成社会创新的循环型闭环。因此,可以说民商法制度为人类物质文明的繁荣奠定了不可或缺的基础。

民商法是追求人类文明永续发展的引擎。对于人类文明的长久发展来说,民商法应该有特定的良心、格局和温度,需要持之以恒地加以坚守、支撑和传递。基于此,越来越多的民商法规则不再将视野局限于对国内行为的规制,而是聚焦于与国际规则的衔接和协调;不仅关心解决眼前存在的问题和难题,更强调为人类文明的发展提供长远的前瞻性制度设计。我国《民法典》通过确立人与自然和谐发展的绿色原则,强调关注代际的平衡发展,鼓励人类生产行为坚持可持续发展理念,节约资源、保护生态环境。此外,其通过强调市场主体遵守商业道德,维护交易安全,承担社会责任,为市场主体的行为在营利性之外注入了更多的理性要求和社会责任担当意识。

民商法塑造了现代人类文明的基本道德品格。人类文明从来不乏共识。毋庸置疑的是,文明是人类特有的,且文明与野蛮有着截然相反的价值取向和社会后果;但无论是同一国度不同时代的人类文明还是同一时代不同国度的人类文明,都存在一定的差异性。也恰恰正是这种差异性使人类文明拥有了不同的内在道德品格。对不同文明的道德品格的差异性进行诠释需要依附于一定的载体,而法律制度无疑是最为合适的载体之一,因为法律制度具有抽象性、合理性、权威性与代表性。换言之,人类文明的道德品格能够通过法律制度获得彰显,也为法律制度所塑造。而在所有的法律制度中,最能代表和塑造人类文明品性的便是民商法;这不仅是因为民商法文化本身就是人类文明的重要组成部分,更是因为民商法所尊崇的人本主义精神和民本主义理念完全契合了现代文明的核心要求。不仅如此,民商法还与人类文明具有很强的互动相生关系:一方面,民商法通过不断吸收和凝聚现代文明基因使其更具科学性;另一方面,民商法通过对文明要求进行规范化的表达,不但可以将文明的基因发扬光大,而且可以借助其倡导性和强制性的要求,改变人的道德观念,形塑其行为。我国《民法典》规定对见义勇为行为施以经济补偿和责任豁免规则,有利于营造济危救困的良好道德风尚;规定继承人应当本着互谅互让、和睦团结的精神处理遗产分配的规则,有利于打造健康友爱的亲情关系;强调家庭应当树立优良家风,弘扬家庭美德,重视家庭文明建设的法律规则,有利于构建文明和谐的家庭氛围。实际上,一部以天下为公、民为邦本为追求,恪守公平正义、自由平等基本价值理念,崇尚讲信修睦、亲仁善邻的民法典尽管无法从根本上解决人类所面临的所有现实问题,但却可以为人类文明的延续和扩展打下一根固本强基的定海神针。

五

在人类已经遨游过的历史长河中,民商法曾给人类打造了一副坚固的翅膀,它帮助人类顺利地从混沌时代跨越到璀璨斑斓的现代社会。在未来进程中,人类仍需借助民商法的人本精神、恢弘理念和精巧制度,乘风破浪,顺利到达文明自由、和谐富裕的理想彼岸。因此,如何进一步构建以良善为魂、以科学为本的系统民商法律制度,并更加充分地发挥民商法律制度在人类文明提升和社会经济发展中的作用,是法学理论工作者义不容辞的神圣责任。在已经过去的四十余年中,西政民商法学科在金平教授、杨怀英教授、黄名述教授、李开国教授等众多前贤的带领下,肩负学术强国之使命,心系感念苍生之情怀,筚路蓝缕,艰苦创业,在百花争艳的民商法学术园地,创建了独具西政特色的学术流派。在继往开来的社会主义新时代,西南政法大学民商法学科一众同人有志赓续诸多前辈之优良传统,接续谱写西政学术的荣光。我们希望能够和全国民商法学界同人携起手来,将学术研究的涓涓小溪汇成磅礴巨流,载着中华民族伟大复兴的巨轮,共同驶向灿烂辉煌的明天!

是为序!

赵万一

2022 年 10 月 26 日于山城重庆

前　言

　　法律的生命力在于实施。我国《民法典》颁行以后,法律实施亦成为《民法典》相关工作的重要主题。如何准确解释和适用制度则是实现《民法典》从"纸面上的法"转变为"行动中的法"的关键环节。作为民事司法适用类研究,本书遵循"案例—裁判—学理"的研究进路,以司法及学理分歧为问题基点,通过在理论与实务之间的往返穿梭追寻规则优化的妥当方案。所做研究对于统一《民法典》保理合同法的司法适用标准、推动构建保理合同法的司法规则体系和理论体系,具有显著意义。

　　我国前《民法典》时代有关保理合同纠纷的司法裁判素有分歧。《民法典》保理合同章"议题式"规定为该制度的适用留下了相当大的解释争议空间,并未能根本消弭相关裁判分歧和适用难题。本书对国内保理合同纠纷的司法裁判分歧进行全面梳理和类型化研究,进而从裁判逻辑、学理意见辨析、比较法借鉴等角度探讨化解裁判分歧的应然路径,提出并论证司法改进方案,着意构建《民法典》视阈下统一的保理合同纠纷裁判规则体系。

本书的写作有以下亮点：一是案情归纳，简练引题。各章篇首部分的"案情归纳"取材于众多真实案例，系对类案相应片段情节的提炼与重述。所归纳的案情对应各章所要讨论的主题，相应去除了无关情节信息，保留并初步组合了与下文主题直接相关的情节信息；这样既能显著减轻读者对繁杂的具体案例的阅读负担，又能使读者快速把握关键信息，实现简练引题。二是锚定分歧，一题一议。本书属于案例调研，但并未限于对案件裁判规则的一般性归纳和总结；而是以裁判及学理分歧为研究对象，以类案对比为基本手段，以推进裁判规则的一致化为研究目标，对保理合同法司法适用中的争议问题进行专题式讨论。各专题研究既有对相关裁判观点和学理意见的全面集成和系统梳理，更有对规则适用之应然路径的深入研判。受研究主题所限，本书对于保理合同法的相关问题有所取舍，在学理上虽有讨论但未形成明显的裁判争议或分歧的问题暂未被纳入本书的研究范围。三是多维观照，持论有据。对于重点着墨的规则优化之应然路径，本书研究立足于保理交易中多方利益交织、多重规范共存的实际，坚持公平、效率、安全等多元价值考量，以及对制度、理论与实务的多维审视，深刻剖析，允当立论，力求在保理人、应收账款债权人（让与人）与应收账款债务人之间，保理人与让与人的破产、扣押债权人之间，金融安全与产业链供应链安全之间达到利益均衡。

本书论证了保理合同作为附债权让与担保的借款合同的基本观点。在此基础上，论述了保理人权利的行使规则。就有追索权保理人的权利行使而言，主张应按照债权让与担保关系框架下主债权与担保权行使的固有规则裁判，不宜将应收账款债权人、债务人对保理人的责任关系定性为连带责任，提出宜重视"补充责任说"在规范保理人违约救济路径上的裁判意义，且应明确保理人追索权的效力规则。就无追索权保理人的权利行使而言,当保理人因源自基础合同的商业纠纷面临应收账款回收障碍时,其对应收账款债权人拥有追索权;此时,应结合适用《民法典》中的合同解除、违约责任等制度,对保理融资债权予以救济。当应收账款债务人发生基于自身信用的坏账时,保理人对应收账款债权人无追索权;此时,在无相反约定的情况下,保理人在其承诺的担保付款额度内不能要求让与人回购应收账款或不能反转让应收账款;基于无追索权保理作为融资性保理和借贷担保的实际情况,保理人仍可要求应收账款债权人偿付保理融资款本息,同时与其保付的债务人坏账额进行折算。

在保理合同的内容构成问题上,本书认为,保理人以金融服务提供者的身份对实体交易环节的适度介入构成了保理合同的必有内涵,因而在性质归属上保理合同不能完全脱离基础交易而沦为纯粹的借贷关系。基于此,提出应收账款管理或者催收可以成为保理合同除应收账款转让外的唯一内容,且应作为融资型保理合同的必备内容。

就保理合同中的将来应收账款问题,本书认为,将来应收账款应指应收账款债权人基础合同项下的给付义务未履行完毕时的预期应收账款;该给付义务已履行完毕后,相应的应收账款就不再是将来应收账款,而是现有应收账款。此种界定符合国内现行部门规章、企业会计制度的相关规定,亦与国内多数相关司法裁判的立场一致。将来应收账款仅指无基础关系的将来应收账款和有基础关系、卖方尚未履行给付义务的将来应收账款。就将来应收账款可否叙作保理合同客体的问题,本书认为,宜超越原中国银行业监督管理委员会(以下简称原银监会)规章的相关禁止性规定,根据《民法典》第761条的规定,认可将来应收账款均可被纳入保理合同的客体;即便对于债权确定性较弱的无基础法律关系的将来应收账款,从尊重商事主体交易自治性、顺应保理业务发展和保理规范现代化需要等角度考虑,亦应畅通交易主体将其约定为保理合同客体的通道。关于将来应收账款的确定性问题,本书认为,有基础法律关系的将来应收账款的确定性可以指向该未来债权的可区分性或可识别性;但针对无基础法律关系的将来应收账款确定性的衡量,则应首先坚持高度发生可能性或合理可期待性的判定标准。在将来应收账款确定性的判定方法上,动态系统论所对应的判定标准更为宽松,更能满足将来应收账款融资激增和国内保理业发展的实际需求,能够最大限度地减小判定结果的模糊性,克服单一静态要素判定方法容易流于机械且可能诱发投机交易的弊端,已有相当多的国内实践基础和比较法上的既成经验,故可以作为判定将来应收账款确定性的优选方法。基于负担行为与处分行为的区分原理和合同自由原则,若叙作保理的将来应收账款不确定,则既不应影响保理合同的效力,亦不应影响保理合同的成立。就将来应收账款转让的法律效果问题,本书认为,立足于促进保理业发展的政策基点,应该支持将来应收账款转让效力可以溯及至有债权让与约定的保理合同生效之时,以较大程度地减少让与人破产对将来应收账款让与效果的影响,维护债权融资安全。

在保理人对应收账款真实性的审查义务问题上,本书认为,保理人的审查义务虽是服从金融监管的公法义务,但其对应着特定场合下的私法效果,因为该义务的履行是保理人对受让债权的真实性产生可以对抗应收账款债权人、债务人之信赖利益的前提。就保理人对应收账款真实性之审查义务的程度和范围而言,本书认为,应按照不同情形中保理人对应收账款债权真实性审查的便宜程度(客观可能性)和应收账款债权人或债务人对保理人信赖利益形成的影响程度大小,对保理人分别作形式审查要求或实质审查要求;单一的实质审查标准或形式审查标准均过于绝对,与保理交易的复杂状况不能兼容。本书同时认为,应区分应收账款债权人、应收账款债务人、保理人在保理交易中的过错状态,分别评判保理人未尽到审查义务的法律后果:当应收账款债权人与债务人通谋虚构应收账款时,除了保理人明知虚构事实以外,保理人不应因一般的审查过错而丧失保理合同中的相应债权;当让与人单方虚构应收账款、债务人不存在审查过失时,未尽审查义务将使保理人不能要求债务人支付应收账款,但仍可向应收账款债权人主张保理合同中的相应债权;当保理人与让与人通谋虚构应收账款时,所订"保理合同"无效,保理人不能依据"保理合同"向应收账款债权人和债务人主张权利;当保理人与债务人对让与人虚构应收账款均有审查过失时,相关裁判依据第三人侵害债权理论和损失原因力规则进行责任分配的做法值得重视。

关于保理交易中债权转让通知规则,本书认为,鉴于债权转让通知属于保理人的权利、通知规则应便于债务人及时确定债务履行对象,在解释论上应明确:保理人进行债权转让通知不以债权让与人不履行通知义务为前提。应以确保保理人能够证实保理合同和应收账款转让事实为宗旨,确定构成保理人有效通知所需"必要凭证"的范围及标准;保理人提供经公证的"必要凭证"仅应作为一种倡导性规定,不可作为强制性规定。在能够确证应收账款转让事实时,保理人的起诉或者提起仲裁应可构成有效通知,且应认可诉讼或仲裁方式的通知在最终判决前有阻止债务人向让与人履行的消极效力。鉴于债权转让登记和转让通知在制度功能上的差异性、保护应收账款债务人交易知情权的需要、根据交易主体身份区别适用规则的不合理性,应当明确:应收账款转让登记不能替代转让通知;即使在应收账款多重让与的情形中,债权转让登记与通知的效力冲突亦可通过坚持转让通知优先主义规则得以化解,仍无必要以债权转让登记替代或超越转让通知。从《民法典》第766条的规范意旨、保理交易中各方主体利益均衡等角度考量,暗保理人向让与人行使追索权不应以向债务人通知债权转让为前提。

关于商业保理融资期利率、逾期违约金费率及保理相关费用的适用规则,本书认为,裁判保理融资费率的法律依据可以参照适用最高人民法院民间借贷的相关规定;这符合保理融资法律性质和国家贷款利率市场化的改革趋势,亦与我国主要司法裁判现状一致。从维护金融安全、方便社会公众行为选择与决策的角度考量,国内商业保理融资期利率、逾期还款违约金费率在保持意定性原则的前提下,应有较为明确的上限限制;年利率18%有着一定的实践基础,可以作为法院在确定保理融资逾期违约金费率保护上限时的参考标准。关于预收的其他保理费用的性质,本书认为,若案涉交易合同被认定为借贷合同,则该部分费用应作为"砍头息"而从保理融资本金中扣除;若案涉交易合同被认定为保理合同,且保理人依约提供了应收账款管理、催收等相应金融服务,则预收的其他保理费用应为金融服务的合理对价(异于仅凭保理融资的利息收入),不应作为"砍头息"而从保理融资本金中扣除,仍作为计息基础;若实际未提供,则作相反处理。

目 录

第一章 有追索权保理合同的法律性质 001
 一、案情归纳和问题提炼 001
 二、主要裁判及学理分歧意见及其理由 004
 三、作为附债权让与担保借款合同的有追索权保理合同 006
 四、"应收账款转让说"解释有追索权保理的不当性 008
 五、"间接给付说"解释有追索权保理的不当性 011

第二章 有追索权保理合同中保理人的权利救济路径 013
 一、案情归纳和问题提炼 013
 二、主要裁判及学理分歧意见及其理由 020
 三、债权让与担保：保理人权利救济路径的规范基础 026
 四、连带责任：让与人、债务人对保理人责任关系的误读 028
 五、"补充责任说"对于保理人权利救济路径的规范意义 030
 六、保理人追索权的效力规则 034

第三章 无追索权保理合同的法律性质 037
 一、案情归纳和问题提炼 037
 二、主要裁判及学理分歧意见及其理由 040

三、无追索权保理作为附债权让与担保借款合同的性质
　　证立　043

四、债权让与担保框架下无追索权保理运行规则的展开　053

第四章　无追索权保理合同中保理人的权利救济路径　065

一、案情归纳和问题提炼　065

二、无追索权保理合同中保理人追索权规则的辩证适用　066

三、保理人有追索权时保理融资债权的救济　068

四、保理人无追索权时保理融资债权的救济　070

第五章　保理合同的内容　078

一、案情归纳和问题提炼　078

二、应收账款管理或者催收可以成为保理合同唯一内容的
　　证成　080

三、应收账款管理或者催收作为融资型保理合同必备内容
　　的证成　085

第六章　保理合同中的将来应收账款　094

一、案情归纳和问题提炼　094

二、将来应收账款：卖方义务未履行完毕的预期金钱债权　100

三、可叙作保理的将来应收账款之确定性的判断及法律
　　意义　104

四、将来应收账款转让效力溯及力规则的适用　124

第七章　保理人对应收账款真实性的审查义务　137

一、案情归纳和问题提炼　137

二、保理人对应收账款真实性之审查义务的性质和法律
    意义 143
三、保理人对应收账款真实性之审查义务的程度和范围 146
四、保理人未尽到审查义务的法律后果 152

第八章 保理交易中债权转让通知规则 159
一、案情归纳和问题提炼 159
二、保理人债权转让通知的有效条件 161
三、债权转让通知与债权转让登记的效力关系 178
四、暗保理人对债务人的债权转让通知与追索权
    行使的关系 189

第九章 商业保理融资期利率、逾期违约金费率及保理
相关费用的适用规则 193
一、案情归纳和问题提炼 193
二、裁判保理融资费率的法律依据 200
三、保理融资期约定利率的适用标准 205
四、逾期还款违约金费率的调整规则 208
五、预收的其他保理费用的性质 215

主要参考文献 217

第一章
有追索权保理合同的法律性质

一、案情归纳和问题提炼

（一）案情归纳

甲公司依据其与乙公司的买卖合同对乙公司享有1000万元应收账款债权。甲公司与A银行签订《有追索权保理合同》并约定：甲公司将上述1000万元应收账款让与A银行，A银行向甲公司发放900万元融资款，年利息率为8%。之后，甲公司与A银行分别履行了债权转让和发放融资款的义务。甲公司通知乙公司债权转让事实。乙公司承诺向A银行支付应收账款。应收账款清偿期限届至时，乙公司不能清偿债务。甲公司亦未偿付保理融资款本息。A银行向法院诉请：乙公司偿还应收账款1000万元；甲公司在900万元融资款本息范围内对乙公司的上述债务承担回购责任；确认应收账款多出保理款本息的差额归自己所有。

若上例中甲公司与A银行签订《有追索权隐蔽型保理合同》，约定：甲公司向乙公司代收应收账款，后转付给A银行。之后，甲公司被破产清算；破产管理人在清算期间收取应收账款200万元，未转付给A

银行。A 银行向法院诉请:确认上述 200 万元为共益债权,全额归 A 银行所有,而不列入破产财产范围。

(二)问题提炼

在国内的司法实践中,关于有追索权保理合同的法律性质,相关裁判立场明显不一致。核心争议在于:有追索权保理是单纯的应收账款转让、间接给付契约抑或应收账款让与担保?不同的性质判定结果对应着不同的裁判处理结果(见表 1-1)。

表 1-1 关于有追索权保理合同性质的裁判分歧示例

案号	当事人诉求或抗辩意见	裁判立场
最高人民法院民事裁定书,(2018)最高法民申 1479 号	保理人:自己系应收账款受让方,有权享有应收账款多出的保理款本息的差额	有追索权保理合同的性质为应收账款债权让与;但又非纯正的债权让与,表现为保理人在行使追索权的情况下,其所能主张的应收账款债权应限缩至对让与人的保理融资款本息债权范围以内,无权拥有应收账款多出保理款本息的差额
重庆市第五中级人民法院民事判决书,(2021)渝 05 民终 1665 号	保理人:债权让与人进入破产程序前已产生且转让给保理人的应收账款属于保理人的财产,若被破产后的债权让与人收取,则属于共益债务,保理人有取回权。债权让与人:自己在破产清算期间收取的已转让应收账款属于破产财产,非共益债务	有追索权保理合同的性质为应收账款债权让与。债权让与人进入破产程序前已产生且转让给保理人的应收账款属于保理人的财产;该账款若被进入破产程序的应收账款让与人收取,则属于共益债务,保理人有取回权。对保理融资款的追索权属于形成于破产受理日前的权利,没有特定财产设立担保,属于普通破产债权

续表

案号	当事人诉求或抗辩意见	裁判立场
浙江省杭州市西湖区人民法院民事判决书,(2012)杭西商初字第751号	保证人:本案属债权转让纠纷,无金融借款合同,保理人就金融借款和债权转让一并主张不符合法律规定。应收账款债务人:本案仅有债权转让关系,自己仅承担支付货款的义务,对保理人要求债权让与人偿付保理融资本息的主张无法律义务	有追索权保理合同的性质为应收账款让与担保。保理业务系金融业务的一种,保理合同纠纷案由应为金融借款合同纠纷。应收账款债务人向保理人支付应收账款;让与人就债务人不能偿还部分承担赔偿责任,并偿付利息
福建省福州市中级人民法院民事判决书,(2013)榕民初字第1287号	应收账款债务人:保理人不能基于两个不同法律关系同时向应收账款让与人和应收账款债务人主张权利,自己不是本案的适格被告	有追索权保理合同的性质为应收账款让与担保。有追索权保理所包含的金融借贷与债权转让存在主从关系,系保理不可分割的组成部分,均属于本案的审理范围;应收账款债务人的抗辩不能成立
福建省福州市中级人民法院民事判决书,(2014)榕民初字第1167号	不详	有追索权保理合同的性质为应收账款让与担保。有追索权保理所包含的金融借贷与债权转让为主从关系。债务人负连带清偿责任
福建省福州市中级人民法院民事判决书,(2015)榕民终字第1734号	保理人:请求应收账款债务人支付应收账款;应收账款让与人在保理融资本息范围内对应收账款承担回购责任	有追索权保理合同的性质为应收账款让与担保。金融借贷系主法律关系,债权转让关系系从法律关系;应收账款让与人对保理融资款本息负有首要偿还责任,应收账款债务人承担连带清偿责任。当保理融资本息债权未实现时,保理人仍保留对债务人主张应收账款的权利

续表

案号	当事人诉求或抗辩意见	裁判立场
最高人民法院民事判决书,(2017)最高法民再164号	应收账款债务人:保理人将应收账款反转让给应收账款让与人后,自己不再对保理人负偿付义务	有追索权保理合同的性质为具有担保债务履行功能的间接给付契约。保理人反转让应收账款的权利与其对应收账款债务人的求偿权不能并存,但其要求让与人偿还融资本息的追索权可与对应收账款债务人的求偿权并存

二、主要裁判及学理分歧意见及其理由

(一) 应收账款转让说

认为有追索权保理的性质为应收账款债权转让的,裁判及学理意见均有所见。主要理由有:保理人请求应收账款债务人偿付应收账款,其请求权基础是应收账款债权转让合同,而非借款合同;有关保理人启动追索权时保理合同的性质转换为借款合同以及按借款关系判令让与人返还借款的裁判规则,不符合有追索权保理合同的一般约定;[1] 有追索权保理合同中约定的应收账款转让属于实质性转让,而非形式转让,转让后的应收账款属于保理人的财产,而非应收账款让与人的责任财产;[2] 有追索权保理在规则目的、规则结构上有别于债权让与担保,反映了应收账款的真实销售关系,应被定性为债权让与。[3] 持"应收账款转让说"者进而认为,有追索权保理合同宜被认定为附追索条款的债

---

[1] 参见鑫晟保理有限公司、上海周贤房地产开发有限公司合同纠纷案,最高人民法院民事裁定书,(2018)最高法民申1479号。
[2] 参见重庆川江船务有限公司与重庆明德商业保理有限公司普通破产债权确认纠纷案,重庆市第五中级人民法院民事判决书,(2021)渝05民终1665号。
[3] 参见魏冉:《保理的概念及其法律性质之明晰》,载《华东政法大学学报》2021年第6期。

权让与;当保理人向应收账款债务人请求付款未能得到履行时,有权依据追索条款的约定请求应收账款债权人承担还款责任。[1]

(二)间接给付说

就有追索权保理的性质,在《民法典》颁布之前,少数裁判及学理意见认其为间接给付契约。意谓:在有追索权保理中,以应收账款让与人偿付保理融资款本息为内容的原定给付构成"旧债",基于应收账款转让以债务人向保理人支付应收账款为内容的它种给付构成"新债",整体架构为新债清偿(间接给付)法律关系;在保理人的债权未得实现之前,应收账款让与人、应收账款债务人各自的给付义务均不消灭,以此担保保理人债权的实现。[2] 但就保理人两种给付请求权的关系,最高人民法院的相关裁判立场为:保理人一旦向应收账款让与人行使追索权,则其所能要求债务人支付的应收账款即应限缩至保理融资款本息的额度以内;且该追索权仅在被解释为请求应收账款让与人偿付保理融资款本息时,方可与对应收账款债务人的求偿权并存,若被解释为向让与人反转让应收账款或请求让与人回购应收账款则不可并存(反转让意味着保理人已放弃对应收账款债务人的求偿权)。[3] 该裁判立场对之后部分地方案件的裁判亦产生了影响。[4]

(三)应收账款让与担保说

对有追索权保理的性质持"应收账款让与担保说"者认为:有追索权保理包含金融借贷与应收账款债权转让双重法律关系;其中,金融借

---

[1] 参见黄斌:《国际保理——金融创新及法律实务》,法律出版社2006年版,第22~23页;陈学辉:《国内保理合同性质认定及司法效果考证》,载《西北民族大学学报(哲学社会科学版)》2019年第2期;包晓丽:《保理项下应收账款转让纠纷的裁判分歧与应然路径》,载《当代法学》2020年第3期。

[2] 参见顾权、赵瑾:《商业保理合同纠纷的裁判路径》,载《人民司法(案例)》2016年第32期。

[3] 参见珠海华润银行股份有限公司等诉江西省电力燃料有限公司合同纠纷再审案,最高人民法院民事判决书,(2017)最高法民再164号。

[4] 参见国核商业保理股份有限公司与河南雷烁光电科技有限公司等其他合同纠纷案,上海市闵行区人民法院民事判决书,(2018)沪0112民初27377号。

贷为主法律关系，债权转让为从法律关系，整体架构为附应收账款让与担保的借贷合同关系；保理人受让应收账款债权，仅在于担保保理融资款本息的清偿，而非为了取得应收账款的溢价收益。我国前《民法典》时期，多数案件的裁判立场及部分学者秉持此说，并将有追索权的保理人与应收账款让与人之间的关系理解为代为管理并收取应收账款以清偿让与人所负保理融资主债务的信托关系。[1]《天津市高级人民法院关于审理保理合同纠纷案件若干问题的审判委员会纪要（一）》（津高法〔2014〕251号）规定："保理法律关系也不同于债权转让关系，保理商接受债务人依基础合同支付的应收账款，在扣除保理融资本息及相关费用后，应将余额返还债权人。"其亦是按照债权让与担保的机理阐释有追索权保理的。《民法典》颁行前后，"应收账款让与担保说"得到较有力的论证，[2] 渐显其理论及实践认可的优势。

三、作为附债权让与担保借款合同的有追索权保理合同

有追索权保理合同性质的认定是关系到规则构造及运行的重大价值判断问题，决定着保理合同权利义务的配置状态及法律适用效果。该问题在司法实践中的意义亦属显著。如在篇首案例中，当应收账款让与人被破产清算时，案涉保理合同性质的界定直接决定着保理人可

---

[1] 参见中国工商银行股份有限公司杭州保俶支行诉浙江德高贸易有限公司等金融借款合同纠纷案，浙江省杭州市西湖区人民法院民事判决书，(2012)杭西商初字第751号；中国银行股份有限公司福建省分行诉福州飞皇贸易有限公司等金融借款合同纠纷案，福建省福州市中级人民法院民事判决书，(2013)榕民初字第1287号；中国银行股份有限公司福州市晋安支行诉福建中科盛食品工业有限公司等金融借款合同纠纷案，福建省福州市中级人民法院民事判决书，(2014)榕民初字第1167号；贵州国创能源控股（集团）股份有限公司诉中国建设银行股份有限公司福州马尾支行等金融借款合同纠纷案，福建省福州市中级人民法院民事判决书，(2015)榕民终字第1734号；陈本寒：《新类型担保的法律定位》，载《清华法学》2014年第2期；林秀榕、陈光卓：《有追索权国内保理的法律性质》，载《人民司法（案例）》2016年第32期。

[2] 参见何颖来：《〈民法典〉中有追索权保理的法律构造》，载《中州学刊》2020年第6期；最高人民法院民事审判第二庭：《最高人民法院民法典担保制度司法解释理解与适用》，人民法院出版社2021年版，第136页；刘竞元：《民法典动产担保的发展及其法律适用》，载《法学家》2021年第1期；李宇：《保理法的再体系化》，载《法学研究》2022年第6期。

否对让与人在清算期间代收的应收账款行使别除权的问题。未来国内有追索权保理合同纠纷裁判规则的一致化有赖于对该类合同性质的明确。

相较而言,笔者认为,有追索权保理合同应被定性为附应收账款让与担保的借款合同。首要理由在于:我国《民法典》第766条规定的有追索权保理具备附债权让与担保借款合同的规则结构。就有追索权保理的性质,"应收账款转让说"、"间接给付说"与"应收账款让与担保说"的主要分歧有二:一是保理人就其收取的应收账款是否负有清算义务。若将有追索权保理定性为应收账款转让,则保理人实质性受让应收账款,对其没有清算义务;而若将有追索权保理定性为应收账款让与担保,则保理人形式上受让应收账款,实质上对所受让的应收账款负有清算义务。二是保理人实现其权利是否存在顺位限制。若将有追索权保理定性为间接给付,则保理人应先向应收账款债务人主张应收账款债权,仅在未获清偿时才能向应收账款让与人主张权利;而若定性为应收账款让与担保,则保理人对应收账款债务人的请求权和对应收账款让与人的请求权之间并无顺序限制。[1]《民法典》第766条规定:"当事人约定有追索权保理的,保理人可以向应收账款债权人主张返还保理融资款本息或者回购应收账款债权,也可以向应收账款债务人主张应收账款债权。保理人向应收账款债务人主张应收账款债权,在扣除保理融资款本息和相关费用后有剩余的,剩余部分应当返还给应收账款债权人。"据此,在有追索权保理中,保理人负有将收取的应收账款多出保理融资款本息及费用的余额返还给应收账款让与人的清算义务;同时,保理人可以择一或同时向应收账款债务人主张应收账款债权和向应收账款让与人主张追索权,该两项权利的行使无顺序限制。因而,

---

[1] 参见高圣平:《论民法典上保理交易的担保功能》,载《法商研究》2023年第2期。

有追索权保理符合应收账款让与担保的规则构造特征。

四、"应收账款转让说"解释有追索权保理的不当性

"应收账款转让说"的弊病之一在于不能在债权让与逻辑框架之内合理解释有追索权保理中的追索权问题。在有追索权保理中,保理人不能就受让的应收账款实现融资债权时,可依追索权机制向让与人反转让应收账款,从而拥有类似无条件"退货"的机会;表明保理融资款并非保理人受让应收账款的对价,而是借以获取融资收益的贷款本金或受让的应收账款及其追索权机制所担保的主债权。这在保理以外的一般债权让与中是不存在的,有追索权保理以此而与非因保理的债权让与相区别。为了圆合说服力不足的问题,持"应收账款转让说"者将有追索权保理解释为附追索条款的债权让与。但是,"附追索条款债权让与说"未说明追索条款的性质,且无法体现有追索权保理与无追索权保理之区分,因为无追索权保理亦有追索条款。[1] 另有持"应收账款转让说"者从认可无追索权保理为债权让与的"事实"出发,按照体系一致性逻辑推定有追索权保理亦应为债权让与;同时将追索权解释为"应允许"的"例外"——约定的"连带责任保证条款"。[2] 此说亦难免流于牵强。因为无追索权保理为债权让与之前提性论断的可靠性尚有进一步论证的空间,由此得出的结论自难谓牢靠;且对"允许例外"的根据也缺乏论证,仅归结为当事人意思自治并不能说明追索权作为例外规则的合理性,债权让与亦多出于约定,而约定亦要符合债权让与不包含追索权内容的一般交易规范;同时,对追索权作保证条款解释的路径亦说明了以信贷担保定性有追索权保理之解释方案的不可替代性。

---

[1] 参见李宇:《保理法的再体系化》,载《法学研究》2022年第6期。
[2] 参见魏冉:《保理的概念及其法律性质之明晰》,载《华东政法大学学报》2021年第6期。

新近持"应收账款转让说"者提出以下理由:第一,让与担保的融资保障目的不能囊括保理业务的实际情况。第二,在让与担保中,主债权实现后,担保人可要求返还担保物;而在有追索权保理中,应收账款让与之后不得返还。第三,在让与担保中,主债务履行期届满而主债权未得实现时方可行使担保权;而在有追索权保理中,有追索权的保理人拥有债权实现方式上的选择权。第四,在美国,根据《美国统一商法典》第九编的规定,将有追索权保理视同借贷担保的判例规则导致保理人受让的应收账款无法从让与人的破产财产中排除出去,进而影响保理市场对应收账款融资的信心,为此饱受批评。鉴于此,美国数州对法典条文作出补充规定,确认真实销售规则(true-sale doctrine)(应收账款销售双方可以通过销售意图的明确描述和登记系统,将相关交易确定为应收账款买卖而非担保),以此保障购买者对受让应收账款的完整权利。[1]

以上理由均不足以构成将我国《民法典》中有追索权保理定性为债权让与的根据:第一,有追索权保理即为融资型保理,仅就有追索权保理而言,其在融资目的方面与让与担保的制度目的并无二致。至于分户账管理、账目催收等非融资型保理业务,已超出有追索权保理合同论题本身,尽可按照当事人约定、参照委托合同等最相类似的规定加以规范即可,并不会因为对融资型保理的定性而受到影响。第二,有追索权的保理人并非如买受人一样不得返还应收账款。在有追索权保理的交易中,应收账款转让并非绝对转让,保理人收取应收账款后仍须进行清算,多出保理融资本息的部分须返还给应收账款让与人。而且,我国《民法典》第768条关于无公示对抗要件时采用平均受偿主义的规定亦意味着:保理人争夺的是应收账款的变价,而非债权本身;保理合同赋

---

[1] 参见魏冉:《保理的概念及其法律性质之明晰》,载《华东政法大学学报》2021年第6期。

予保理人的是优先受偿地位,而非买受人地位。[1]同时,在特定条件下应收账款让与人仍有回购应收账款的可能。第三,以保理人债权实现方式上的选择权说明其不符合让与担保中担保权实行的期限条件,理由不能成立。在有追索权保理交易中,保理人行使担保权(要求债务人偿付应收账款)亦需以保理融资债权和应收账款债权已届履行期而主债权未得实现为前提条件。且在具备让与担保权实现条件时,担保权人本即可以选择要求主债务人偿付债务和实现担保权;有追索权保理人债权实现方式上的选择权与让与担保的规则架构并不冲突。第四,真实销售规则并不能否定有追索权保理之担保性债权融资的实质。真实销售规则反映了债权交易多元化的事实,即债权买卖与债权融资是并存的交易形态,采取何者,以交易主体的意思表示而定。但无论如何,均不可依据债权买卖之交易形态的存在否定债权融资(保理是应收账款债权融资的类型之一)的存在,如同不能以猴子的存在而断定所有的猩猩都是猴子一样。融资型保理交易结构中包含了让与债权以担保融资的意思表示,这是将保理定性为债权融资的根本依据所在。第五,过分强调保理人对受让的应收账款的别除权有违我国金融服务实体经济的产业政策。是否只有将保理人受让的应收账款从让与人的破产财产中"排除出去"才是合理的?此处的别除权的依据何在?产业政策倾向才是关键。若将保理视同借贷担保的美国判例规则"饱受司法界批评"果有其事,则不排除受扩张保理业的金融资本导向影响的可能。而金融业的过度膨胀恰恰是当今美国经济正力图摆脱的发展之痛。我国国情不同于美国,保理等金融业服务实体经济发展的功能定位将会持续存在。在应收账款让与人面临破产清算时,将保理人在先受让的应收账款列为破产财产,否定保理人的别除权,对于保障实体经济领域破

---

[1] 参见王聪:《〈民法典〉保理合同的功能主义构造》,载《社会科学》2021年第8期。

产企业的债权人的合法权益、防止资产向金融领域的过度集中、维持良性健康的经济运行生态不无裨益。而且,我国《民法典》第766条按照清算型让与担保的逻辑规定了"余额返退"规则,亦不允许受让的应收账款未经清算而整体归属于保理人。

五、"间接给付说"解释有追索权保理的不当性

首先,"间接给付说"不能准确反映有追索权保理的实际交易过程。在间接给付中,须有先行存在的旧债或原定给付,须因清偿该旧债而为他种给付(新债)。[1] 而在有追索权保理中,为了减少融资风险,保理人往往要求应收账款债权人先转让应收账款(提供担保),后依申请发放额度等于或小于应收账款的保理融资款(产生主债务);即为担保之给付完成在先,主债务发生在后。这与间接给付所反映的新旧债发生顺序完全相反。其次,有追索权保理不具备间接给付中债权人就新债负先行变价义务之构造。根据德国民法学界的通说,在间接给付的情形下,债权人负有对他种给付(新债)予以努力优先变价的义务,只要变价是可能的,债权人就不能请求债务人履行原定给付义务(旧债)。[2] 在新债务不能履行、无效、被撤销或因实现无结果时,始得就旧债务请求履行。[3] 而在有追索权保理中,保理人可以择一或同时向应收账款让与人和债务人主张受偿,并无必须先要求债务人支付应收账款的义务;应收账款让与人并不能以保理人未先行变价为由抗辩。[4] 最后,"间接给付说"无从为保理人就受让的应收账款所拥有的优先受偿权提

---

[1] 参见史尚宽:《债法总论》,中国政法大学出版社2000年版,第820页。
[2] Vgl. Looschelders, Schuldrecht Allgemeiner Teil, 17. Aufl., 2019, S. 139; Brox/Walker, Allgemeines Schuldrecht, 33. Aufl., 2009, S. 127. 转引自潘运华:《民法典中有追索权保理的教义学构造》,载《法商研究》2021年第5期。
[3] 参见史尚宽:《债法总论》,中国政法大学出版社2000年版,第821页;郑玉波:《民法债编总论》,中国政法大学出版社2004年版,第486页。
[4] 参见李宇:《保理合同立法论》,载《法学》2019年第12期。

供合理解释。在间接给付的情形中,双方当事人之间仅有单纯的新债清偿协议;尽管有学者将其解释为具有担保功能的合同,但并未形成通说,现行法亦未对此予以明确规定,故很难说明债权人就债务人的他种给付拥有优先于普通债权人受偿的权利。根据我国《民法典》第 766 条、第 768 条的规定,有追索权的保理人就受让的应收账款显然拥有优先于让与人的其他普通债权人受偿的权利。这在间接给付的框架中是难以合理解释的。

就最高人民法院的相关裁判立场(保理人一旦向应收账款让与人行使追索权,则其所能要求债务人支付的应收账款即应限缩至保理融资款本息的额度以内),有学者正确地认为,即使在行使追索权的情况下,保理人亦可向应收账款债务人主张全额应收账款,而不应限于融资款本息。保理人因受让而拥有完整的应收账款权利,自可就应收账款全额受偿;应收账款债务人是保理融资债权债务关系以外的第三人,不应享有基于该债权关系的抗辩权;承认保理人可取得应收账款全额,才能合理对接我国《民法典》第 766 条中的余额返退规则;若将保理人向债务人主张的应收账款限定于融资款额度内,将导致债务人需额外核实融资款数额且可能分别被诉,徒增债务人负担。[1] 该立场及其说理殊值赞同。

---

[1] 参见李宇:《保理法的再体系化》,载《法学研究》2022 年第 6 期。

第二章

有追索权保理合同中保理人的权利救济路径

一、案情归纳和问题提炼

（一）案情归纳

保理人与应收账款债权人签订有追索权保理合同（包含公开型和隐蔽型），合同对于保理人追索权与对应收账款债务人付款请求权的关系或无约定，或有较模糊的约定。之后，应收账款债权人将债权转让给保理人，并在中国人民银行征信系统进行债权转让登记（或将应收账款债务人开立的票据背书转让给保理人），同时将转让情况通知应收账款债务人（在公开型保理的情况下）。应收账款债务人向债权人（或向保理人）寄送收到转让通知的回执并承诺向保理人付款。按照合同约定，保理人向应收账款债权人提供一定数额的保理融资款（或等于或小于所受让的应收账款额）。应收账款清偿期限届至时，债务人不能清偿全部债务或部分债务。保理人提出的诉讼请求主要有：第一，请求应收账款债权人与债务人就全部债务承担连带责任；第二，请求应收账款债务人首先清偿债务,应收账款债权人在前者不能清偿的范围内承担连带责任;第三,仅请求应收账款债务人或债权人清偿。

(二) 问题提炼

在有追索权保理中,债务人不能清偿应收账款时,保理人如何行使权利?即保理人对应收账款债权人的追索权和对债务人的付款请求权之间的行使关系如何?应收账款债权人、债务人对保理人的责任形态如何界定?对此问题的处理,国内司法裁判及学理意见分歧较大(见表2-1)。

表2-1 有追索权保理人权利救济路径的裁判分歧示例

案名及案号	基础合同性质	保理类型	保理人权利行使的约定	保理人诉求	法院裁判
中航国际煤炭物流有限公司、中航国际煤炭物流有限公司新疆分公司、天津钦浩国际贸易有限公司与锦州银行股份有限公司天津广开支行合同纠纷案,天津市高级人民法院民事判决书,(2017)津民终170号	买卖合同	公开型有追索权国内保理/银行保理	未约定应收账款债权人、债务人向保理人负连带责任	同时(无顺位要求)请求应收账款债权人、债务人偿付保理融资本息	不支持同时诉请,起诉应收账款债权人后无权再诉债务人
珠海华润银行股份有限公司等诉江西省电力燃料有限公司合同纠纷案,江西省南昌市中级人民法院民事判决书,(2015)洪民二初字第435号;江西省高级人民法院民事判决书,(2016)赣民终325号	买卖合同当事人变造货品和应收账款额度,保理人不知情,仍按保理关系处理	公开型有追索权国内保理/银行保理	未约定应收账款债权人、债务人向保理人负连带责任	同时(无顺位要求)请求应收账款债权人、债务人偿付保理融资本息	不支持同时诉请,起诉应收账款债权人后无权再诉债务人

续表

案名及案号	基础合同性质	保理类型	保理人权利行使的约定	保理人诉求	法院裁判
珠海华润银行股份有限公司等诉江西省电力燃料有限公司合同纠纷再审案,最高人民法院民事判决书,(2017)最高法民再164号	买卖合同当事人虚构应收账款,但保理人不知情,故仍按保理关系处理	公开型有追索权国内保理/银行保理	未约定应收账款债权人、债务人向保理人负连带责任	同时(无顺位要求)请求应收账款债权人、债务人偿付保理融资本息	支持同时诉请,应收账款债权人承担补充赔偿责任(一方已履行部分,另一方相应扣减清偿义务)
沈阳农村商业银行股份有限公司浑南支行与沈阳石化产品交易中心有限公司等金融借款合同纠纷案,上海市第三中级人民法院民事判决书,(2021)沪03民初689号	融资租赁合同	公开型有追索权国内保理/银行保理	未约定应收账款债权人、债务人向保理人负连带责任	同时(无顺位要求)请求应收账款债权人、债务人偿付保理融资本息	支持同时诉请,应收账款债权人承担补充责任(未支持保理人无顺位要求的诉求)
深圳市索菱实业股份有限公司、广州海印商业保理有限公司等保理合同纠纷案,广东省广州市中级人民法院民事判决书,(2021)粤01民终1362号	买卖合同	公开型有追索权国内保理/商业保理	约定卖方未足额退还保理融资本息前,保理人仍有权要求买方付款	主诉应收账款债务人,同时诉请应收账款债权人对债务人不能清偿部分承担连带责任	支持同时诉请,应收账款债权人承担补充责任(支持保理人的诉求)

续表

案名及案号	基础合同性质	保理类型	保理人权利行使的约定	保理人诉求	法院裁判
平安银行股份有限公司大连分行、葛洲坝环嘉(大连)再生资源有限公司等金融借款合同纠纷案,辽宁省大连市中级人民法院民事判决书,(2021)辽02民初148号	应收账款债务人与债权人涉嫌虚构应收账款,但保理人不知情,故仍按保理关系处理	公开型有追索权国内保理/银行保理	未约定连带责任	主诉应收账款债务人,同时诉请应收账款对债务人不能清偿部分承担偿付责任	支持同时诉请,应收账款债权人承担补充责任(支持保理人的诉求)
中信商业保理有限公司深圳分公司案,广东省深圳市福田区人民法院民事判决书,(2018)粤0304民初38092号	买卖合同	公开型有追索权国内保理/银行保理	未约定连带责任	同时起诉应收账款债务人、债权人和汇票承兑人	支持同时诉请,应收账款债权人承担补充责任
交通银行股份有限公司河南省分行、中国石油天然气股份有限公司乌鲁木齐石化分公司合同纠纷案,河南省郑州市金水区人民法院民事判决书,(2020)豫0105民初26595号	买卖合同	隐蔽型有追索权国内保理/银行保理	约定债权人在未退足保理融资本息前,保理人仍可向买方要求付款	主诉应收账款债权人,同时诉请应收账款债务人承担连带责任	支持同时诉请,应收账款债权人承担补充责任

续表

案名及案号	基础合同性质	保理类型	保理人权利行使的约定	保理人诉求	法院裁判
中民国际融资租赁股份有限公司诉武汉和润物流有限公司等融资租赁合同纠纷案,天津海事法院民事判决书,(2020)津72民初467号	融资租赁合同	有追索权国内保理/银行保理	未约定连带责任	要求应收账款债权人、债务人对保理融资本息债权承担连带责任	支持同时诉请,应收账款债权人承担补充责任,承担责任后可向债务人追偿(以无约定为由未支持保理人的诉求)
重庆天原化工有限公司与中国工商银行股份有限公司重庆朝天门支行等金融借款合同纠纷案,重庆市高级人民法院民事判决书,(2020)渝民终312号	买卖合同	公开型有追索权国内保理/银行保理	约定了连带责任	主诉应收账款债务人,同时诉请应收账款债权人对债务人不能清偿部分承担连带责任	以约定的连带责任为依据,判决支持同时诉请,应收账款债权人承担补充责任

续表

案名及案号	基础合同性质	保理类型	保理人权利行使的约定	保理人诉求	法院裁判
嘉茂通商业保理（深圳）有限公司等与泉州安盛船务有限公司等合同纠纷案,北京市第三中级人民法院民事裁定书,(2019)京03民初412号之四	买卖合同	隐蔽型有追索权国内保理/商业保理	未约定连带责任	庭审中撤回对应收账款债务人的诉请,仅诉应收账款债权人	鉴于未约定连带责任,判决应收账款债权人承担补充责任;因放弃对债务人的诉请,致使债权人的责任范围无法确定,故驳回诉请
嘉茂通商业保理（深圳）有限公司等与泉州安盛船务有限公司等合同纠纷案,北京市高级人民法院民事裁定书,(2021)京民终670号	买卖合同	隐蔽型有追索权国内保理/商业保理	未约定连带责任	庭审中撤回对应收账款债务人的诉请,仅诉应收账款债权人	支持择一诉请,无顺位限制。改判理由:未约定顺位的,保理人诉请有自由选择权,不受顺位限制

续表

案名及案号	基础合同性质	保理类型	保理人权利行使的约定	保理人诉求	法院裁判
山东魏桥创业集团有限公司与中国建设银行股份有限公司上海徐汇支行等保理合同纠纷案，上海金融法院民事判决书，(2021)沪74民终1075号	融资租赁合同(售后回租)	公开型有追索权国内保理/银行保理	未约定连带责任	要求应收账款债权人、债务人对保理融资本息债权负连带清偿责任(主诉债权人)	支持同时诉请应收账款债权人、债务人，但不得重复受偿(任一组债务履行部分应在另一组债务中等额扣除)
海尔金融保理(重庆)有限公司、济宁市耀益商贸有限公司等合同纠纷案，山东省青岛市中级人民法院民事判决书，(2021)鲁02民初2422号	买卖合同	公开型有追索权国内保理/商业保理	不详	同时起诉应收账款债权人、债务人承担连带责任	支持同时诉请应收账款债权人、债务人承担连带责任，未列明清偿顺序，仅附注债务人"将来支付的款项须进行相应扣除"

续表

案名及案号	基础合同性质	保理类型	保理人权利行使的约定	保理人诉求	法院裁判
海尔金融保理(重庆)有限公司、西王淀粉有限公司等保理合同纠纷案,山东省青岛市中级人民法院民事判决书,(2022)鲁02民初263号	买卖合同	公开型有追索权国内保理/商业保理	不详	同时起诉应收账款债权人、债务人承担连带责任	支持同时诉请应收账款债权人、债务人承担连带责任,未列明清偿顺序,附注保理人不得就已从债务人受偿的部分再要求债权人回购

二、主要裁判及学理分歧意见及其理由

(一)排斥说

按照此裁判立场,保理人的追索权实际为向应收账款债权人反转让债权的权利或回购权,保理人行使追索权即丧失对应收账款债务人的权利。在"珠海华润银行股份有限公司等诉江西省电力燃料有限公司合同纠纷案"中,一审法院即认为,保理人已经选择将应收账款债权反转让给让与人且其借以向让与人主张返还保理融资款的诉求已获另案判决支持,意味着保理人已放弃对应收账款债务人的求偿权,故不支持对债务人的诉请。该案二审法院进而认为,在有追索权保理中,保理人可以选择向应收账款债权人或债务人主张权利,但"应收账款债权人或债务人一方对保理银行履行义务,则另一方免除相应的清偿责任";该案保理人实质上仅拥有"一笔债权",其要么依据债权转让协议要求

应收账款债务人还款,要么根据保理合同约定的回购(反转让)条件,要求应收账款债权人归还保理融资本息;保理人既然已选择诉请应收账款债权人还款且得到另案判决支持,便不再享有对应收账款债务人的债权。[1]在"中航国际煤炭物流有限公司、中航国际煤炭物流有限公司新疆分公司、天津钦浩国际贸易有限公司与锦州银行股份有限公司天津广开支行合同纠纷案"中,法院裁判亦表达了同样的立场。[2]按照此种裁判立场,只要保理人将应收账款债权反转让给让与人,即便其保理融资本息债权未得全部实现,其也不再享有对应收账款债务人的求偿权。亦有学者认为,若保理合同仅约定了有追索权而未特别约定追索权的内容,若允许保理人同时向应收账款债权人及债务人主张权利,将会使保理人双重受偿,法理上难谓妥当,[3]故"排斥说"为佳。

(二)不真正连带责任说

按照该裁判及学理意见,在有追索权保理中,债务人不能按期支付应收账款时,保理人可以同时诉请应收账款债权人和债务人还款,但应收账款债务人负终局责任,即应收账款债权人承担付款责任后,可向债务人追偿。持此意见者在责任顺位问题上的立场又不一致。有的强调应收账款债务人为第一顺位还款人,应收账款债权人承担补充责任,承担责任后可向债务人追偿。[4]有的则认为应收账款债权人与债务人不存在责任顺位先后。[5]有学者断言,不真正连带责任规则已经成为处理有追索

---

[1] 参见珠海华润银行股份有限公司等诉江西省电力燃料有限公司合同纠纷案,江西省南昌市中级人民法院民事判决书,(2015)洪民二初字第435号;江西省高级人民法院民事判决书,(2016)赣民终325号。
[2] 参见中航国际煤炭物流有限公司、中航国际煤炭物流有限公司新疆分公司、天津钦浩国际贸易有限公司与锦州银行股份有限公司天津广开支行合同纠纷案,天津市高级人民法院民事判决书,(2017)津民终170号。
[3] 参见李志刚:《〈民法典〉保理合同章的三维视角:交易实践、规范要旨与审判实务》,载《法律适用》2020年第15期。
[4] 参见中民国际融资租赁股份有限公司诉武汉和润物流有限公司等融资租赁合同纠纷案,天津海事法院民事判决书,(2020)津72民初467号。
[5] 参见茆荣华主编:《上海法院类案办案要件指南》(第4册),人民法院出版社2021年版,第490页。

权保理中应收账款债权人与债务人责任关系的基本裁判思路。[1]

(三)补充(顺位)责任说

该说的核心内涵有二:一是同时请求说。该观点认为在保理融资债权未得完全实现以前,保理人在向应收账款债权人行使追索权的同时,并不丧失对应收账款债务人的付款请求权;只有在保理人的债权因应收账款债权人的履行而完全实现后,保理人对债务人的债权才同时消灭。[2] 以此对立于上述"排斥说"。二是责任顺位说。该观点认为保理融资债权届期未得清偿时,应收账款债务人应为第一顺位的还款责任主体,应收账款债权人在债务人不能清偿的范围内承担(连带或相应)责任。[3] 换言之,保理人应先向应收账款债务人主张债权,就未能实现的部分再向应收账款债权人主张返还保理融资款本息或者回购应收账款债权。由此,应收账款债权人承担的是一种补充责任。国内持此立场的裁判亦不在少数。[4]

"补充责任说"的主要理由有:第一,同时请求说可通过间接给付(或新债清偿)理论获得支持。该观点认为在有追索权保理中,应收账

---

[1] 参见丁俊峰:《民法典保理合同章主要条文的适用》,载《人民司法(应用)》2021年第4期。
[2] 参见《天津市高级人民法院关于审理保理合同纠纷案件若干问题的审判委员会纪要(二)》第8条、《深圳前海合作区人民法院关于审理前海蛇口自贸区内保理合同纠纷案件的裁判指引(试行)》第24条。
[3] 参见孙超:《保理所涉纠纷中的利益衡量与裁判规则》,载《人民司法(案例)》2016年第32期;陈辛迪、胡爱民:《有追索权保理法律性质研究》,载《地方财政研究》2020年第7期;包晓丽:《保理项下应收账款转让纠纷的裁判分歧与应然路径》,载《当代法学》2020年第3期。
[4] 参见珠海华润银行股份有限公司等诉江西省电力燃料有限公司合同纠纷再审案,最高人民法院民事判决书,(2017)最高法民再164号;深圳市索菱实业股份有限公司、广州海印商业有限公司等保理合同纠纷案,广东省广州市中级人民法院民事判决书,(2021)粤01民终1362号;嘉茂通商业保理(深圳)有限公司等与泉州安盛务有限公司等合同纠纷案,北京市第三中级人民法院民事裁定书,(2019)京03民初412号;交通银行股份有限公司河南省分行、中国石油天然气股份有限公司乌鲁木齐石化分公司合同纠纷案,河南省郑州市金水区人民法院民事判决书,(2020)豫0105民初26595号;重庆天原化工有限公司与中国工商银行股份有限公司重庆朝天门支行等金融借款合同纠纷案,重庆市高级人民法院民事判决书,(2020)渝终312号;中信商业保理有限公司深圳分公司案,广东省深圳市福田区人民法院民事判决书,(2018)粤0304民初38092号;沈阳农村商业银行股份有限公司浑南支行与沈阳石化产品交易中心有限公司等金融借款合同纠纷案,上海市第三中级人民法院民事判决书,(2021)沪03民初689号。

款债权与保理融资债权之间构成间接给付关系;按照间接给付架构中所包含的"旧债未得清偿时新债不得消灭"的逻辑规则,保理融资债权未得实现时,保理人追索权的行使并不消灭对应收账款债务人的付款请求权。[1] 第二,责任顺位说可借助"无先诉抗辩权的一般保证"解释方案获得支持。该观点认为在有追索权保理中,就保理人之应收账款债权的实现,应收账款债权人依据追索权规则承担一般保证责任,追索权规则相当于由应收账款债权人为债务人的履行提供担保;但与一般保证不同的是,应收账款债权人对债务人不享有先诉抗辩权,[2] "债务人不能清偿"仅应指保理人要求债务人清偿届期应收账款而未获清偿这一客观事实,无须以诉讼等方式提出,也不要求客观不能清偿。[3] 亦有学者认为,责任顺位说符合民法基本原理和当事人真意。[4]

(四)连带责任(债务)说

该说认为,应收账款债权人和应收账款债务人对保理融资款债权的清偿承担连带责任。在保理合同中约定的保理融资款债权届期之时,如应收账款债务人尚未清偿或尚未完全清偿应收账款,保理人则在"向应收账款债权人主张返还保理融资款本息或者回购应收账款债权"

---

[1] 参见沈阳农村商业银行股份有限公司浑南支行与沈阳石化产品交易中心有限公司等金融借款合同纠纷案,上海市第三中级人民法院民事判决书,(2021)沪03民初689号;珠海华润银行股份有限公司等诉江西省电力燃料有限公司合同纠纷再审案,最高人民法院民事判决书,(2017)最高法民再164号。值得注意的是,针对应收账款债务人提出保理人向应收账款债权人反转让权后自己不再对保理人负清偿义务的抗辩,上述第二个判决书在说理中认为,保理人在另案中向应收账款债权人主张权利属于行使追索权,而非债权的反转让(约定解约权),并不发生解除债权转让合同的效果。这种将追索权的行使区别于债权反转让的意见,值得再予商榷。

[2] 参见中国工商银行股份有限公司乌鲁木齐钢城支行与中铁物资集团新疆有限公司、广州诚通金属公司合同纠纷案,最高人民法院民事判决书,(2014)民二终字第271号;珠海华润银行股份有限公司等诉江西省电力燃料有限公司合同纠纷再审案,最高人民法院民事判决书,(2017)最高法民再164号;交通银行股份有限公司河南省分行、中国石油天然气股份有限公司乌鲁木齐石化分公司合同纠纷案,河南省郑州市金水区人民法院民事判决书,(2020)豫0105民初36395号;沈阳农村商业银行股份有限公司浑南支行与沈阳石化产品交易中心有限公司等金融借款合同纠纷案,上海市第三中级人民法院民事判决书,(2021)沪03民初689号。

[3] 参见包晓丽:《保理项下应收账款转让纠纷的裁判分歧与应然路径》,载《当代法学》2020年第3期。

[4] 参见贺小荣主编:《最高人民法院第二巡回法庭法官会议纪要》(第1辑),人民法院出版社2019年版,第50页。

与"向应收账款债务人主张应收账款债权"之间择一请求或者同时请求;两者之间在适用上并无先后顺序之分。[1] 国内司法实践中,有相当一部分法院持此裁判立场。[2]

"连带责任(债务)说"的理由主要有:第一,有追索权保理之借贷担保性质及结构决定了保理人可以择一或者同时请求。持此立场者均将有追索权保理的交易性质界定为借贷担保,即谓保理人对应收账款债权人的保理融资本息请求权为主债权,保理人受让的应收账款债权系为担保主债权之清偿而存在;在此结构之下,保理人本即可以择一或者同时主张主债权和以应收账款为标的的担保权。司法实践中,对一般课予主债务人与担保人清偿责任之判决的执行并未出现持反对意见者所担心的"双重受偿"的问题。正是基于有追索权保理交易具有担保功能的法理,《最高人民法院关于适用〈中华人民共和国民法典〉有关担保制度的解释》(以下简称《民法典担保制度解释》)第66条第2款后段规定,"保理人一并起诉应收账款债权人和应收账款债务人的,人民法院可以受理"。[3] 第二,有追索权保理作为物上担保的性质决定了保理人行使权利时不应有顺序限制。与一般保证不同,有追索权保理属于债权让与式的物上担保;而物上担保交易中的物上保证人对主债务

---

[1] 参见朱晓喆、刘剑峰:《虚假应收账款保理交易中保理人的信赖保护》,载《人民司法(应用)》2021年第4期;潘运华:《民法典中有追索权保理的教义学构造》,载《法商研究》2021年第5期;高圣平:《论民法典上保理交易的担保功能》,载《法商研究》2023年第2期。

[2] 参见福州开发区福燃煤炭运销有限公司与中国建设银行股份有限公司福州城南支行等金融借款合同纠纷案,福建省高级人民法院民事判决书,(2016)闽民终579号;山东魏桥创业集团有限公司与中国建设银行股份有限公司上海徐汇支行等保理合同纠纷案,上海金融法院民事判决书,(2021)沪74民终1075号;嘉茂通商业保理(深圳)有限公司等与泉州安盛船务有限公司等合同纠纷案,北京市高级人民法院民事裁定书,(2021)京民终670号;海尔金融保理(重庆)有限公司、济宁市耀益贸易有限公司等合同纠纷案,山东省青岛市中级人民法院民事判决书,(2021)鲁02民初2422号;海尔金融保理(重庆)有限公司、西王淀粉有限公司等保理合同纠纷案,山东省青岛市中级人民法院民事判决书,(2022)鲁02民初263号。

[3] 有追索权保理"既然具有担保功能,在诉讼中,也应当参照担保的规定处理。根据《民法典担保制度解释》第26条的规定,一般保证中,债权人一并起诉债务人和保证人的,人民法院可以受理。参照该规定,保理人一并起诉应收账款债权人和应收账款债务人,人民法院也可以受理"。参见最高人民法院民事审判第二庭:《最高人民法院民法典担保制度司法解释理解与适用》,人民法院出版社2021年版,第557页。

人均无顺序利益可言,故应收账款债务人并不负担对保理人的第一顺位还款责任。不作顺位限制、允许保理人同时起诉应收账款债权人和债务人,便于查明各方当事人的讼争内容,以提高诉讼效率。在保理人可以向应收账款债权人、债务人主张权利时,债务人"不能清偿"的条件业已成就,在此情形下,仍要求保理人先向应收账款债务人求偿,未果时才能向债权人追索,实属多余。部分监管文件中有关债务人支付应收账款应为"第一还款来源"之类的表述表明监管机关和行业协会警示保理人在叙作保理业务时关注应收账款本身的真实性和确定性,并不能当然得出保理人负有先行收取应收账款义务的解释结论;[1]即便能得出,亦因在《民法典》实施后即无上位法依据而应予以修正。[2]

值得关注的是,在同为"连带责任(债务)说"的意见中,有学者同时认为应将应收账款债权人列为第一顺位还款人。其理由在于:依有追索权保理的本质特征,应收账款债权人系主债务人,其偿还保理融资款实为履行金融借贷产生的主债务,其应承担应收账款无法收回的风险,并对保理融资款负有首要的、最终的偿还责任。[3]

(五)让与担保固有规则说

该说的内容为:应根据债权让与担保的固有逻辑规则规范保理人对应收账款债权人、债务人求偿权行使的关系,而不必诉诸连带责任说;该两项求偿权不妨同时或分别主张,仅不得重复受偿而已。主要理由有:第一,《民法典》第766条有追索权保理制度系按照债权让与担保的逻辑架构的;在此框架之下,保理人的追索权本质为向借款人索还融资本息的主债权请求权,向债务人的求偿权实为担保权;允许保理人同

---

[1] 参见李宇:《保理合同立法论》,载《法学》2019年第12期。
[2] 参见高圣平:《论民法典上保理交易的担保功能》,载《法商研究》2023年第2期。
[3] 参见陈光卓:《保理案件审理中的法律问题和司法对策》,载《人民司法(应用)》2015年第13期。

时主张两项求偿权,符合借贷担保的固有逻辑。[1] 第二,《民法典》第766条规定的应收账款债权人、债务人对保理人的责任并不能被解释为连带责任(债务)。原因是:其一,虽符合"债务人为数人""债务人各负全部给付责任"之连带责任构成要件,但不具备连带责任"数人负同一债务""债权人仅得受领一次给付"之要件。有追索权保理中,应收账款债权人和债务人各自对保理人所负债务并非同一债务,债务人不因应收账款债权人向保理人偿还融资款而免责,其仍因保理人返还应收账款而对应收账款债权人负有义务。其二,在有追索权保理中,应收账款债权人和债务人之间不存在双向或单向的追偿关系。应收账款债权人向保理人偿还融资款后,可向债务人主张原有的应收账款债权,但此请求权并非连带债务人内部的追偿权;应收账款债务人向保理人清偿后,无权向应收账款债权人追偿,其所清偿的本为自己应负债务,实无令应收账款债权人分担之理。[2]

三、债权让与担保:保理人权利救济路径的规范基础

在有追索权保理中,应收账款债权人、债务人对保理人的责任性质究竟应作何解释?这里当然首先要遵循约定优先的原则,即若保理合同中明确约定了应收账款债权人、债务人对保理融资本息债权的实现承担连带保证或一般保证责任,则为就责任形态对追索权内容的特别约定,应予优先适用。[3] 实践中,针对当事人在保理合同中约定了连带责任、保理人亦诉请应收账款债权人和债务人承担连带责任的情况,部分法院仍然按照补充责任的规则,裁判将应收账款债务人列为第一顺

---

[1] 参见何颖来:《〈民法典〉中有追索权保理的法律构造》,载《中州学刊》2020年第6期。
[2] 参见李宇:《保理法的再体系化》,载《法学研究》2022年第6期。
[3] 参见李志刚:《〈民法典〉保理合同章的三维视角:交易实践、规范要旨与审判实务》,载《法律适用》2020年第15期。

位还款人,[1]该做法明显违背意思自治原则,难谓妥当。当然,若约定了连带责任,保理人诉请承担补充责任,则应予以支持。因为此时的补充责任仅为保理人行使权利的一种方式,可以为连带责任所涵盖,意为保理人在连带责任框架所能提供的多元债权实现方案中选择了有责任顺位的权利行使方案。

针对上述问题,困难之处在于:仅约定为有追索权保理,但对追索权的内容未作特别约定或约定不明时,如何解释应收账款债权人、债务人对保理人的责任形态?如上所示,或是出于责任预判意识的缺乏,保理交易实践中多数合同未对责任形态作详细约定。这凸显了以公平合理规则化解该难题的重要性。以上裁判及学理分歧亦是在此前提之下方有其讨论意义。对此,笔者认为,应以利益平衡为基本考量,[2]兼顾《民法典》体系化逻辑、行业规范和政策导向,综合把握相关裁判规则的选择及适用。

与保理人违约救济路径相关的一个前置性问题是有追索权保理的法律性质。如前所述,较有说服力的主流学理意见认为有追索权保理应被定性为债权让与担保。对此,笔者亦持赞同立场,意为:在有追索权保理中,应收账款债权人将自己的债权让与保理人,以担保保理人对其拥有的保理融资款本息债权的实现;保理融资款本息债权为主债权,以应收账款为标的的担保权为从债权。在此法律关系架构之下,就应收账款债权人、债务人对保理人的责任关系(保理人的违约救济路径)问题,相关裁判至少应遵循以下规则:第一,主债务人自己物上担保规

---

[1] 参见交通银行股份有限公司河南省分行、中国石油天然气股份有限公司乌鲁木齐石化分公司合同纠纷案,河南省郑州市金水区人民法院民事判决书,(2020)豫 0105 民初 26595 号。

[2] 在保理规则设计与制度解释的利益考量问题上,有学者主张强化对保理商(受让人)利益的保护就应该成为规则设计与法律解释的出发点与落脚点,并在此基础上适当平衡其他各方利益。参见孙超:《保理所涉纠纷中的利益衡量与裁判规则》,载《人民司法(案例)》2016 年第 32 期。另有学者则认为,现行保理合同制度有重保理人利益保护而轻债务人利益保护之弊。参见黄和新:《保理合同:混合合同的首个立法样本》,载《清华法学》2020 年第 3 期。在此问题上,笔者赞同利益综合平衡的立场。

则。有追索权保理交易属于应收账款债权人以自己的财产(应收账款债权)为自己的债务设定的担保,相应的责任配置裁判应遵循主债务人自己物上担保规则。第二,保理人在违约救济路径的选择上有充分自主权。按照借贷担保的一般法理,作为主债权人的保理人既可以同时要求应收账款债权人履行主债务(返还保理融资款本息)和担保债务(落实为要求应收账款债务人清偿),亦可以就此两项请求权择一或按顺序主张,法院均应予以支持。第三,主债权未得完全实现之前,担保债务不消灭。按照借贷担保的固有规则,保理融资主债权得完全实现之前,保理人系于应收账款之上的担保权效力不消灭。因而,在应收账款债务人不偿还届期债务时,即使保理人选择向应收账款债权人要求返还保理融资款本息,其也并不会因此丧失对应收账款债权人的担保债权(表现为对应收账款债务人的求偿权)。就此,上述"排斥说"的裁判规则是不足为取的。

四、连带责任:让与人、债务人对保理人责任关系的误读

在有追索权保理中,应收账款债权人、债务人对保理人的责任形态不具备连带责任(债务)的实质要件。理由如下:第一,应收账款债权人、债务人并非处于如连带债务人一样的同等法律地位。在保理人的担保权法律关系中,担保权人为保理人,担保义务人不是应收账款债务人而是应收账款债权人,意为应收账款债权人以自己的财产(债权)为自己的保理融资债务设定担保。无论是在有追索权保理还是在无追索权保理中,均体现了应收账款债权人以自己债权让与担保保理融资债务的构造特征,所不同的仅为在后者应收账款债权人不对债务人的偿债能力负责而已。应收账款债务人并非独立的担保义务人,并不承担连带担保保理融资本息债权实现的直接责任,不具备与债权人一起向保理人承担连带责任的独立法律地位,而仅在自己基础合同债务范内配合应收账款债权人担保义务的履行,处于类似履行辅助人的地位。因而,在保理中,针对保理融资主债权,仅有应收账款债权人(同时为借款人和担保人)一个直接债务人,不存在构成连带债务所必需的两个以上直接债务人,因而其责任形态非连带债务。第二,不具备连带责任(债务)之"单一债权债务关系"之构成特征。在债权让与担保定性的前提下,保理人的追索权与向债务人索款权的请求权基础各异,对应不同的债权债务关系,不具备解释为连带责任(债务)的条件。保理人向债务人索款权的依据在于应收账款债权人与债务人之间的基础合同以及应收账款债权人与保理人之间的债权转让协议,债务人基于在基础合同中的债务而对保理人负清偿义务。保理人追索权的义务主体为应收账款债权人,其请求权基础有二,即应收账款债权人与保理人的借款合同要素和债权让与担保合同要素(分别对应《民法典》第766条规定的"返还保理融资款本息"请求权和"回购应收账款债权"请求权[1])。不同的请求权基础造成应收账款债权人与债务人对保理人所负债务因不具备"数人负同一债务"之构成特征,从而不应归属为连带责任(债务)。正是在此意义上,上述"让与担保固有规则说"的相关说理论证是可靠的;而"连带责任(债务)说"则对前说有关不具备连带债务之"数人负同一债务"等实质要件的说理未作正面回应和反驳性论证,其说服力明显不足,不能成立。

既然不是连带责任(债务),则无须遵循连带债务的逻辑规则。如连带债务中,债权人对其债权实现路径有任意选择权,可对连带债务人

---

[1] 就回购(或反转让)应收账款债权请求权,有学者认为在无特别约定的情况下,其缺乏请求权基础(参见王聪:《〈民法典〉保理合同的功能主义构造》,载《社会科学》2021年第8期);亦有裁判意见认为回购应收账款请求权的基础是应收账款债权人与保理人之间的借款合同[参见珠海华润银行股份有限公司等诉江西省电力燃料有限公司合同纠纷再审案,最高人民法院民事判决书,(2017)最高法民再164号]。就此,笔者认为,该请求权依据可以从债权让与担保规则中得以解释。依据现行法,应收账款债权人仅转让债权的交换价值,而仍拥有对债权的支配权,就让与担保物(债权)的价值仍负有保障保理人担保权实现的义务;故即使无约定,该回购请求权亦可对应为债权人的法定担保义务,从而具备规则依据。

择一、同时、先后主张债权,不受法定顺序限制。应收账款债权人、债务人对保理人的责任关系不应受制于连带债务的既定规则,而应根据《民法典》的直接规定、保理交易惯例、经济发展需求厘定规则。尤其是保理人在向应收账款债权人、债务人主张债权的顺位问题上,可在连带债务之"无顺位"逻辑之外据实予以取舍。

五、"补充责任说"对于保理人权利救济路径的规范意义

就应收账款债权人、债务人对保理人的责任关系,国内相当多的裁判适用补充(顺位)责任规则。这说明"补充责任说"具有一定的实践代表性。由之,尽管该说在主流学理意见中备受否定,但其实践合理性仍然是值得深入追问和探究的。

具体而言,补充责任的适用分两种情形:一是当事人主张,法院支持;二是当事人未主张,法院依职权适用。就第一种情形而言,规则的适用采当事人主义,符合意思自治的基本法理,同时亦能为保理之让与担保借贷关系的固有规则所涵盖和支撑(主债权人本即有选择救济路径的权利),殊值肯定。正是在此意义上,《深圳前海合作区人民法院关于审理前海蛇口自贸区内保理合同纠纷案件的裁判指引(试行)》第24条第3项规定:"合同约定债务人不能清偿债务时,保理商对债权人享有追索权或者应收账款债权回购请求权,保理商一并起诉债权人及债务人,主张债务人承担清偿责任、债权人在债务人不能清偿的范围内承担相应责任的,应予支持。"这当然是应予赞同的。就上述第二种情形而言,则涉及对保理人违约救济路径选择权的限制,此种限制的正当性问题需要进一步讨论。

笔者认为,补充(顺位)责任规则的正当性依据至少有以下几点:

第一,保理有着不同于借贷的固有功能和本质属性。按照《天津市高级人民法院关于审理保理合同纠纷案件若干问题的审判委员会纪要

(一)》(津高法〔2014〕251号)的阐释,"保理法律关系不同于一般借款关系。保理融资的第一还款来源是债务人支付应收账款,而非债权人直接归还保理融资款";《中国银行业保理业务规范》(银协发〔2016〕127号)第5条亦规定,"保理融资的第一还款来源为债务人对应收账款的支付"。这是国内关于补充(顺位)责任规则的较早阐释,国内适用该规则的裁判亦大多出现在上述文件出台以后,难说不是受其影响所致。值得追问的是该规定背后所蕴含的理念。就此,有学者认为,上述文件中有关表述仅欲警示保理人在叙作保理业务时关注应收账款本身的真实性和确定性,并不意味着保理人权利行使有顺位要求。[1] 笔者认为,此说显然有悖于条文内容的字面含义,亦不符合条文的内在逻辑和理念。上述条文意在立足保理有别于借贷的固有功能阐释补充(顺位)责任规则的合理性。意为同为融资手段的保理与借贷尽管在服务实体经济、提高客户资金流转效率上有着共同的价值追求,但是,就目标实现路径,保理则更进一步,即通过与客户(应收账款债权人)的债务人之间直接法律关系的建立,为客户提供风险管理服务,以深入管控、化解风险。换言之,保理的核心功能在于减少或化解客户在生产资金及利润回笼上的风险。这应为保理金融在服务实体经济方面不同于借贷的优势所在。相应地,将应收账款债务人列为第一顺位还款人,有利于彰显保理为客户化解资金回笼风险之功能定位和服务实体经济、尽可能实现基础合同交易目的之价值预设,同时可以避免将保理人的回款压力过分集中于应收账款债权人,从而使保理融资沦为短期信用贷款。

第二,将应收账款债务人列为第一顺位责任主体,对于保障反向保理中供应链生态稳定有着显著的实践意义。反向保理,是指由作为买方的核心企业(应收账款债务人)发起,凭借自身的强资信能力,承诺对

---

[1] 参见李宇:《保理合同立法论》,载《法学》2019年第12期。

保理人受让的应收账款按期支付,以此换取保理人向处于供应链上下游的中小供应商、分销商(应收账款债权人)提供融资。实践中大量存在的供应链金融平台均以此规则为底层架构逻辑。在反向保理交易中,应收账款债务人能否支付应收账款至关重要:不仅是反向保理交易关系赖以形成的根本依据,更是保障供应链经济生态稳定发展的关键所在。若在发生保理人回款障碍时不将核心企业列为第一顺位责任人,则无异于舍本逐末,几乎毫无意义;这不仅可能造成偿债压力向资信能力本就不足的中小供应商过度集中,进而加剧保理人的回款风险,还会因核心企业推诿甚至逃避付款义务形成"蝴蝶效应",损害供应链生态的稳定发展。

第三,补充(顺位)责任规则符合追索权的本质属性。追索权实际为保理人在标的应收账款上之担保权效力的延伸,意为保理人担保权就应收账款债务人的责任财产无从实现时,可继续延伸至应收账款债权人的责任财产得以实现,保理人担保权同时以应收账款债权人、债务人的责任财产为实现保障。而担保权的延伸效力本即具有补充性、顺位性,仅在担保权不能就担保物的初始形态实现时发生。因而,补充(顺位)责任规则亦可从担保权延伸效力解释论中获得支撑。

应该看到,补充(顺位)责任规则的正当性基础在于对保理有别于借贷的法政策考量,该规则本身并不能从《民法典》体系化逻辑及让与担保固有规则中得以合理解释。因而,将来在制定相关司法解释时,需要在深入论证并明确保理交易功能定位的基础上,参酌有关金融监管和产业发展政策,决定是否统一规定和适用补充(顺位)责任规则。易言之,将来相关司法解释是否规定此规则,取决于司法裁判是否以及在何种程度上能够清晰定位保理交易的特有功能。

需要进一步讨论的问题是:若统一规定补充(顺位)责任规则,如何避免对保理人违约救济路径选择权的不当限制?若将补充(顺位)责任规则理解为一种诉讼程序上的先后制约性,则势必会造成对保理人违约救济路径选择权的限制。有学者进而指出,不作顺位限制、允许保理人同时起诉应收账款债权人和债务人,便于查明各方当事人的讼争内容,以提高诉讼效率。[1] 此论将"补充(顺位)责任说"等同于"排斥说",忽略了前者亦包含"允许保理人同时请求"的内涵,其批驳理由难以成立。如前所述,为避免补充责任规则对保理人救济路径选择权的限制,有法院将保理人追索权效力下的应收账款债权人回购债权义务解释为"放弃先诉抗辩权的一般保证",意为应收账款债权人对于保理人融资债权实现之保证责任的"补充性"并不表现为诉讼程序上的先后制约性,保理人可以同时起诉应收账款债权人和债务人。笔者认为,仅就其保障保理人诉讼权利的目的而论,此种解释有其成立依据;但其为达目的而炮制出"放弃先诉抗辩权的一般保证"的概念,则缺乏明确的法律依据,显得过于牵强和扭曲,不足采用。实际上,按照《民法典担保制度解释》第26条第2款的规定,即使在一般保证中,法院亦可受理债权人同时诉请债务人和保证人,只要在判决主文中明确执行顺位即可。[2] 可见,若将追索权解释为应收账款债权人为债务人清偿应收账款提供的一般保证,则可直接以此条款为依据,允许保理人一并起诉应收账款债权人、债务人;即便不遵循一般保证的解释思路,亦可在相关司法解释中参照上述条款作类似规定。由此,可在遵循补充(顺位)责任规则的同时,兼顾保理人违约救济路径的选择权,避免对保理人诉讼权利的不当限制。

---

[1] 参见高圣平:《论民法典上保理交易的担保功能》,载《法商研究》2023年第2期。
[2] 就此,有学者认为该司法解释已将先诉抗辩权改造为"先执行抗辩权"。参见李志刚:《〈民法典〉保理合同章的三维视角:交易实践、规范要旨与审判实务》,载《法律适用》2020年第15期。笔者认为,此论尚可商榷,因为该条款仅针对债权人同时诉请债务人和一般保证人的情形,在债权人仅起诉一般保证人时法院并未否定保证人的先诉抗辩权。

033

六、保理人追索权的效力规则

（一）追索权兼有担保权和主债权履行请求权的双重属性

就保理人追索权的法律性质，学理上的分歧意见表现为：一是担保权说。认为追索权是应收账款债权人对债务人的履行能力承担的一种担保责任，[1] 抑或为保理人就受让的应收账款债权的实现对债权人享有的担保权。二是主债权说。认为在有追索权保理中，主债权是保理融资款本息债权，而非应收账款债权；追索权仍以债权人的资产作为还款来源，并未增加责任财产的范围，故不构成担保权；追索权本身即为保理融资款本息主债权。[2]

笔者认为，追索权兼有担保权和主债权履行请求权的双重属性，不可偏废。理由在于：第一，有现行法依据。针对有追索权保理合同，《民法典》第766条明确规定追索权意指返还保理融资款本息请求权或回购应收账款请求权。该两项请求权分别对应追索权之主债权履行请求权属性和担保权属性。尽管回购（反转让）应收账款请求权与主债权履行请求权的行使在客观效果上具有某种程度的一致性，但前者有回购担保的性质，是服务于主债权实现的从权利。可见，若将追索权仅视为主债权履行请求权本身，显然与《民法典》的规定不符。第二，追索权是保理人担保权效力的延伸，应收账款债权人以其所让与应收账款的全值担保主债权的实现，有延伸担保应收账款债权实现的效力。依据《民法典担保制度解释》，我国现行法认可的仅为清算型让与担保，而非归属型让与担保。《民法典》第766条第2句规定的"剩余部分应当返还"（余额返退）规则亦表明了同样的精神。由此，在有追索权保理中，应收

---

[1] 参见孙超：《保理所涉纠纷中的利益衡量与裁判规则》，载《人民司法（案例）》2016年第32期。
[2] 参见何颖来：《〈民法典〉中有追索权保理的法律构造》，载《中州学刊》2020年第6期。

账款债权人仅转让了应收账款的交换价值,而仍拥有对应收账款抽象意义上的归属权;在保理融资主债权未得实现以前,应收账款债权人始终负有就让与担保物(应收账款)的全部价值担保主债权实现的义务;该义务的范围不仅及于担保物的真实性,而且及于担保物的品质(应收账款债务人的偿债能力)。故当主债权不能就债务人的清偿得以实现时,应收账款债权人依追索权规则负延伸担保义务,符合清算型让与担保的法理逻辑。此时的追索权是保理人担保权效力的延伸,担保物为虽被让与但仍抽象归属于债权人的应收账款债权。第三,若将追索权仅视为主债权履行请求权本身,则无从反映保理的本质特征,亦与保理交易的实际状况不符。回购(反转让)应收账款请求权体现了保理之债权让与的实质内容,以及保理与基础交易合同之间的客观联系。若将追索权仅视为主债权履行请求权本身,则无从反映保理的本质特征,易使保理混淆于借贷。相反,为凸显保理的固有功能计,应侧重强调追索权的延伸担保效力内涵。同时,在保理交易实践中,保理融资款往往与应收账款存在额度上的差异,此时的主债权履行请求权显然有别于回购应收账款请求权;若将追索权仅视为主债权履行请求权本身,则不能与保理交易的实际相吻合。

(二)保理人反转让应收账款并不丧失对应收账款债务人的求偿权

在上述珠海华润案再审判决中,针对应收账款债务人提出其清偿义务因保理人向让与人反转让债权而消灭的抗辩,法院认为,保理人在另案中向应收账款债权人主张权利属于行使追索权,而非债权的反转让(约定解约权),并不产生解除债权转让合同和消灭债务人清偿义务的效果。[1] 此种说理包含了两层逻辑:认可保理人反转让应收账款等

---

[1] 参见珠海华润银行股份有限公司等诉江西省电力燃料有限公司合同纠纷再审案,最高人民法院民事判决书,(2017)最高法民再164号。

于解除债权转让合同,并丧失对应收账款债务人的求偿权;追索权的行使并不包含反转让应收账款债权的内涵。

笔者认为,以上两层说理逻辑均值得再予商榷。其一,如果案件审理时关于追索权的内涵含混不清的话,则《民法典》第766条已然明确规定,追索权包含保理人要求让与人回购应收账款的请求权,亦即向让与人反转让应收账款的权利。因此,上述判决尽管有着绑定债务人责任的正当目的,但其所采取的追索权行使与债权反转让相区别的逻辑难谓妥当。其二,多重法理规则足以支撑:在有追索权保理中,保理人并不因反转让应收账款而丧失对应收账款债务人的求偿权。首先,相对于由债务人向保理人支付应收账款的原约定,向让与人反转让应收账款构成了一项新债;依间接给付(新债清偿)原理,新债未得实现以前,旧债不消灭;由此,保理人反转让应收账款并不丧失对应收账款债务人的求偿权。其次,依上述保理人担保权效力延伸说原理,保理人反转让应收账款实为其担保权效力的自然延伸;担保权延伸效力的发生仅以主债权不能就原初担保物优先受偿为前提,并不以消灭原初义务人之义务为必要;据此,在保理人反转让应收账款时,亦可实现对应收账款债务人的责任绑定。

第三章
无追索权保理合同的法律性质

一、案情归纳和问题提炼

（一）案情归纳

甲公司依据其与乙公司的融资租赁合同对乙公司享有2000万元应收租赁款。甲公司与A银行签订《无追索权国内保理合同》，约定：甲公司将上述2000万元应收账款让与A银行，A银行向甲公司发放1600万元融资款，融资利率以基准利率加浮动幅度确定；应收租赁款到期时，A银行直接要求乙公司偿付。之后，甲公司与A银行分别履行了债权转让和发放融资款的义务。甲公司通知乙公司债权转让事实。乙公司承诺向A银行支付应收账款。应收账款清偿期限届至时，乙公司不能清偿债务。甲公司亦未偿付保理融资款本息。A银行向法院诉请：乙公司偿付应收租赁款；甲公司承担共同（连带）还款责任。

（二）问题提炼

相较于有追索权保理，无追索权保理不仅满足了客户较低成本的融资需求,[1]更以其"无追索权"的运行特质,使客户得以在获得融资的同时仍能对合作伙伴保持自身正常的资信外观和商誉,[2]从而有着可观的受众需求面和广阔的实践发展前景。保理业务类型的发展有赖于相关理论的成熟和法律的规范化。对于无追索权保理合同性质的认定无疑是关涉保理交易主体权利义务配置规则及法律适用效果的重要问题。如上述案例所示,不同裁判立场的核心争议亦在于无追索权保理合同的性质认定问题。若视其为应收账款转让,则债务人不偿付应收账款时,保理人对应收账款让与人无任何意义上的追索权,包括不能向应收账款让与人索还保理融资本息;而若视其为借贷担保,则基于主债权独立性原理,即使保理人对应收账款让与人无追索权(无权要求其回购债权),亦应支持保理人要求应收账款让与人偿还保理融资本息(见表3-1)。

---

[1] 例如,一家大型企业集团想要收购一家女装制造厂,卖方希望以现金形式获得大部分购买价格。但是,除了额外的借款和资产抵押,时间限制和市场条件使无论私募还是公募的证券发行都是不可取的。此时的解决方案便是保理,即由保理商将被收购公司在正常经营过程中产生的应收账款直接购买,对卖方(被收购方)无追索权,也不需要收购方提供资产质押。这样一来,卖方(被收购方)得到了所需的现金,其灵活转产便有了资金来源。See Reisman, Albert F., What the Commercial Lawyer Should Know about Commercial Finance and Factoring, *Commercial Law Journal*, Vol. 79:5, p. 146 – 156 (1974).

[2] 实践中存在一种普遍的商业偏见,即接受保理,意味着保理客户的应收账款已被"典当"(pawned),保理客户即将破产。按照规定,当需要通知应收账款债务人(买方)或需要债务人同意才能转让债权时,保理客户(应收账款债权人,卖方)较普遍地存在因被污名化而失去交易伙伴的顾虑。这个问题正在被克服,因为具有无追索权特征的保理(免去了融资方遭受保理商追索的潜在负担)正变得越来越广为人知和被接受。See Pisar, Samuel, Legal Aspects of International Factoring-An American Concept Goes Abroad, *Business Lawyer* (ABA), Vol. 25:4, p. 1505 – 1516 (1970).

表 3-1 关于无追索权保理法律性质的裁判分歧示例

案号	保理合同类型及相关约定	当事人诉求或抗辩意见	裁判立场
辽宁省大连市中级人民法院民事判决书,(2016)辽02民终6057号；北京市第三中级人民法院民事判决书,(2021)京03民终1858号	无追索权国内保理合同约定:应收账款债务人由于资信原因不能按期足额偿付应收账款时,保理人无权向应收账款让与人追索未偿融资款；应收账款让与人向保理人承诺无条件付款	保理人:请求应收账款让与人与债务人承担共同(连带)清偿责任或违约责任	无追索权保理人不能向应收账款让与人索还未偿融资款。倾向于认为无追索权保理合同为应收账款转让合同
广西壮族自治区柳州市柳北区人民法院民事判决书,(2014)北民二初字第404号；湖北省鄂州市中级人民法院民事判决书,(2020)鄂07民初33号	兼有无追索权保理/有追索权保理条款。其中无追索权保理部分约定:若债务人由于资信原因在约定期限内不能足额偿付应收账款,保理人无权向应收账款让与人追索未偿融资款；或非由于应收账款债务人资信原因导致应收账款偿付障碍时,保理人有追索权	保理人:仅诉请应收账款让与人返还保理融资款本息	无追索权保理人可以向应收账款让与人索还未偿融资款。倾向于认为无追索权保理合同为借贷担保合同
江苏省无锡市惠山区人民法院民事判决书,(2016)苏0206民初7228号	无追索权国内保理合同约定:本合同到期且应收账款让与人对保理人的保理预付款本息及全部应付款项已全部清偿时,保理人可将受让的未承担信用风险担保责任且尚未清偿的应收账款一并反转让给应收账款让与人	履行情况:债务人未付应收账款,保理人直接从应收账款让与人的账户上扣款	就保理融资本息的偿付未形成诉讼,实际认可无追索权保理人可以向应收账款让与人索还未偿融资款。倾向于认为无追索权保理合同为借贷担保合同

二、主要裁判及学理分歧意见及其理由

(一)应收账款转让合同说

无追索权保理的核心规则内容是:当应收账款债务人由于自身原因发生坏账时,保理人不能将受让的应收账款债权反转让给债权人。这相当于保理人以提供保理融资为对价向客户购买了不可回转的债权。在此意义上,国内多数学理意见将无追索权保理定性为债权买卖(抑或附卖回权约款的特种债权买卖);[1]国外学界亦有类似观点。[2]中国银行业协会发布的《中国银行业保理业务规范》(银协发〔2016〕127号)中将无追索权保理另称为买断型保理(buy-out factoring),亦倾向于将其理解为一种债权买卖。

但是,至于将无追索权保理定性为债权买卖的理由,未见有较为详尽而系统的论证。从持此意见的学者们的零散阐述中大致可以窥见的理由有:第一,于无追索权保理,作为应收账款债权转让对价的融资款实际上是保理人通过买卖取得债权的价款,[3]即使是保理人预付的垫款亦非在应收账款债务人由于自身原因产生坏账时仍需由应收账款债权人(借款人)偿还的贷款;第二,不允许保理人向应收账款债权人反转让债权,亦即不能要求借款人偿还融资款,不符合担保借贷关系的特征;[4]第三,保理人在应收账款到期时支付受让款的义务在应收账款债

---

〔1〕 参见方新军:《现代社会中的新合同研究》,中国人民大学出版社2005年版。类似观点是从便于确定案由和表述判决主文的角度考虑,将无追索权保理定性为债权转让。参见陈学辉:《国内保理合同性质认定及司法效果考证》,载《西北民族大学学报(哲学社会科学版)》2019年第2期。亦有学者认为,无追索权保理合同中约定的特定情形下的反转让权,其性质可被解释为卖回权,是买卖的特别约款;该种保理属于特种买卖,有别于一般债权买卖。参见李宇:《保理合同立法论》,载《法学》2019年第12期。

〔2〕 See Daniel L. Girsberger, Defenses of the Account Debtor in International Factoring, *American Journal of Comparative Law*, Vol. 40:2, p. 467 – 502 (1992); Carroll G. Moore, Factoring-A Unique and Important Form of Financing and Service, *Business Lawyer* (ABA), Vol. 14:3, p. 703 – 727 (1959).

〔3〕 参见黄薇主编:《中华人民共和国民法典合同编解读》,中国法制出版社2020年版,第925页。

〔4〕 See Lerner, Shalom, Factoring in Israel, *Penn State International Law Review*, Vol. 27:3, p. 791 – 802 (2009).

权人的资产负债表上反映为流动资产而非借款。[1] 对此,笔者认为,保理融资款(贷款或预付垫款)并非购买应收账款债权的对价,而是相对独立的主债权;无追索权时不能反转让债权并非等于无权要求借款人还本付息;债权让与仅为实现保理人融资本息债权的担保手段,能否反转让债权(是否有追索权)仅关乎担保权实现路径的选择问题。至于笔者持此意见的理由,出于篇章布局上的考虑,容后展开于下文相应部分之中。在此需强调的是:上述关于保理人支付受让款的义务仅被计为应收账款债权人的流动资产的描述,反映的是到期保理(maturity factoring)的运行情况;在该类保理中,应收账款债权人并无融资需求,保理人于应收账款到期后才向债权人支付的受让款的确不能被视为融资。但到期保理并不能代表预付保理和其他融资性保理的类型特征,立足前者而否定整个保理的融资性特征是以偏概全的错误做法。

(二)混合合同说

顾名思义,此说即是认为无追索权保理系包含了借款、债权买卖、担保、委托等多重法律关系的混合合同。持此观点的学者在两个层次上肯定无追索权保理的混合合同性质。一是从一般意义上判断保理的混合合同性质,[2] 进而认定无追索权保理亦为混合合同(基于种属关系逻辑)。作此定性的依据大致为:第一,保理合同的标的具有多元性。该观点认为应收账款债权转让、保理人提供金融服务等行为共同构成保理合同的标的,二者缺一则不构成保理合同;标的的多重性构成了保理合同区别于其他典型合同的重要特征。[3] 第二,保理合同具有多元

---

[1] See Reisman, Albert F., What the Commercial Lawyer Should Know about Commercial Finance and Factoring, *Commercial Law Journal*, Vol. 79:5, p. 146 – 156 (1974).

[2] See Chapichadze, Ya. O., The Mixed Nature of a Factoring Contract, *Bulletin of Kharkiv National University of Internal Affairs*, Vol. 2000: Special Issue, p. 218 – 221 (2000).

[3] 参见崔建远:《保理合同探微》,载《法律适用》2021 年第 4 期;王轶、高圣平等:《中国民法典释评·合同编典型合同》,中国人民大学出版社 2020 年版,第 5 页;黄和新:《保理合同:混合合同的首个立法样本》,载《清华法学》2020 年第 3 期。

化功能。该观点认为保理合同兼有贸易信用(trade credit)、支付(payment)、担保索赔(guarantee claims)、管理(management)和金钱交换(exchange in money)等多种功能,因而属于混合合同。[1] 二是直接在无追索权保理层面上断定其为混合合同。典型如拉伦茨(Larenz)教授和卡纳里斯(Canaris)教授认为,无追索权保理是包含借贷、委任及买卖之类型因素的混合契约;其对价结构是借贷、委任的类型,而其风险结构是买卖的类型。[2] "混合合同说"顾及了无追索权保理之内在法律关系具有复合性的事实,是在探讨无追索权保理法律性质时值得重视和参考的学理解释样本。但该说亦有解释力上的显著短板,不容全盘采纳。

(三)附担保的借款合同说

持此观点的学者认为,无追索权保理包含了保理人与应收账款债权人之间的担保借贷关系,债权人将应收账款用于担保自己向保理人申请的保理融资,[3] 保理人通过提供融资获取利息收益。该说在肯定其中应收账款让与的担保功能之外,更加看重保理作为短期融资工具的借贷性质及功能,[4] 并以此将保理与销售交易加以明确区分。[5] 持此观点的理由,主要有:第一,保理交易中的应收账款债权转让和保理融资款的支付不能构成对价关系,保理人对应收账款不能如买受人那样终局性保有,特定情况下需要向保理客户返还;第二,保理人追求的对价是

---

[1] See Rusu, Ion., Theoretical Forays into the Functions of the Factoring Contract, *Studii Juridice Universitare* (SJU), Vol. 2011:1-2, p.192-214 (2011).

[2] See Larenz/Canaris, Lehrbuch des Schuldrechts, Band Ⅱ·Halbband 2, Besonderer Teil, 13. Aufl., München 1994, §65 Ⅲ 1. 转引自黄茂荣:《论保理合同》,载《法治研究》2021 年第 3 期。

[3] See Joubert, Nereus L., The Legality of Continuity Clauses in Factoring Contracts, *South African Law Journal*, Vol. 111:3, p.604-613 (1994).

[4] See Pal, Fruzsina-Agnes, The Factoring Contracts Guarantee Function, *Revista Romana de Drept al Afacerilor*, Vol. 2021:3, p.91-104 (2021).

[5] See White, The Recent Erosion of the Secured Creditor's Rights through Cases, Rules and Statutory Changes in Bankruptcy Law, 53 *Miss. L. J* 389, 423 (1983), cited from Girsberger, Daniel L., Defenses of the Account Debtor in International Factoring, *American Journal of Comparative Law*, Vol.40:2, p.467-502 (1992).

保理融资款发放至应收账款到期期间的资金使用费,即向保理客户收取的利息收益;第三,保理合同赋予保理人的仅为就受让的应收账款债权优先于保理客户的其他债权人受偿的地位,而非买受人地位。[1]

该观点不再以扁平化视角看待无追索权保理的内在法律关系构造,抓住了无追索权保理作为融资担保类保理的主导性特征,有助于实现对无追索权保理法律性质的准确定位和深化理解,殊值赞同。其不足之处在于未能阐明其中担保的类型。鉴于此,本书拟以此观点为基础,对其立论依据作一深入论述和补充。

三、无追索权保理作为附债权让与担保借款合同的性质证立

我国《民法典》中无追索权保理作为相关保理交易实践的制度概括,反映的是预付的融资性保理的运行状况。以此为基础,笔者将其定性为附债权让与担保的借款合同。理由如下:

(一)"附债权让与担保的借款合同说"准确反映了无追索权保理内含法律关系的构造特征

关于无追索权保理,一个不争的前提性事实是:融资性保理不同于应收账款债权买卖。[2] 在前者,交易标的指向两个债权,保理人请求客户就保理融资还本付息的债权和保理人受让的应收账款债权;前债权为主债权,后债权作为担保前债权实现的从债权而存在;保理人受让应收账款时无须支付购买价款,仅需向债权让与人提供保理融资、应收账款管理或催收等综合金融服务;保理人就融资以外的金融服务与客户形成委托合同关系。而在应收账款债权买卖中,交易标的仅指向一个

---

[1] 参见王聪:《〈民法典〉保理合同的功能主义构造》,载《社会科学》2021年第8期。
[2] 有学者明确区分应收账款作为资产的买卖与用于获取贷款的不同,并列出具体的区分标准(listing criteria distinguishing purchase of assets from loan)。See Peter H. Weil, *Asset-Based Lending-An Introductory Guide to Secured Financing* 616 et seq. (1989), cited from Girsberger, Daniel L., Defenses of the Account Debtor in International Factoring, *American Journal of Comparative Law*, Vol. 40:2, p. 467 – 502(1992).

应收账款债权，在此之外不存在保理人的保理融资债权；出卖人转让债权与买受人支付受让款构成对价关系，交易结果是买受人失去对受让款的所有权；当事人之间亦不同时存在应收账款委托管理关系。无追索权保理的内在法律关系构成同融资性保理。

在无追索权保理中，对于保理客户而言，让与应收账款债权与获得融资借款之间构成了手段与目的意义上的牵连关系，债权让与仅为实现保理人融资本息债权的担保手段。债权让与的最终目的并非在于获取受让价款，而在于以应收账款债权为担保基础获取保理人的融资授信；保理人的交易目的亦非获得仍有实现风险的应收账款债权，而是通过提供有回收保障的保理融资获取利息收益。基于应收账款债权让与和获得保理融资之间的牵连性，保理人必不能同时保有该两个交易环节的利益成果；否则，将有失交易公平原则。若以担保机制解释无追索权保理，则其中的清算规则可以确保避免保理人双重获利。

但凡为融资性保理，保理融资款均须遵守借款合同之"还本付息"的规则。相应地，在无追索权保理中，保理融资款(贷款或预付垫款)并非购买应收账款债权的对价。尽管应收账款债权人在债权让与完成后便因不负回购义务而失去对应收账款债权的支配(由此，似乎符合买卖合同中出卖人债务履行的特征)，但是，保理人并未因为取得应收账款债权而当然失去对保理融资款债权的支配，其在交易中对保理融资款债权的处分并非所有权让渡意义上的处分，而仅为使用权让渡意义上的处分；应收账款债权人对保理融资款亦仅有占有使用权，且需支付资金占有使用费(实际为融资利息)，届期时尚须返付本金。相应地，基于担保借贷关系下保理融资本息主债权的独立性规则，即使无追索权时不能反转让应收账款债权，亦非意味着"不能要求借款人偿还融资款"；将无追索权保理中"无追索权"等同于无须返还融资，进而否定其担保借贷性质的观点是不能成立的。

至于在债务人发生坏账时保理人是否能够反转让债权(有无追索权)的问题,则纯属保理融资债权的担保权实现路径的设定问题。在以应收账款债权让与担保保理融资本息债权的实现方面,无追索权保理和有追索权保理的机制构造总体上是相同的。[1] 差别仅在于保理人担保权的实现路径和担保物范围不同:无追索权时,保理人不能通过反转让应收账款债权的方式担保保理融资本息债权的实现,其就应收账款享有的担保权益的实现只能寄希望于债务人的偿债能力,担保物的范围仅限于应收账款债务人的责任财产;有追索权时,保理人可以通过反转让应收账款债权的方式担保保理融资本息债权的实现,其就应收账款享有的担保权益的实现有着债务人和债权人偿债能力的双重保障,担保物的范围从债务人的责任财产延伸至债权人的责任财产。

(二)其他有关无追索权保理法律性质的学理解释均不能全面、准确地反映该类保理的本质特征

前述"债权买卖说"的缺陷在于不能对无追索权保理内含法律关系尤其是借贷关系给予全面、合理解释。无追索权保理是一种包含了债权让与、提供保理融资、应收账款管理及催收等事项的综合交易安排,相应兼含债权买卖、借款、委托等合同关系。"债权买卖说"仅就其中的债权让与合同关系断言整个无追索权保理为买卖合同,并未顾及其中的借款、委托等合同关系,更未能捕捉债权让与的真实意图及其背后的借款担保法律关系本质;这显然是"盲人摸象"的逻辑,极为不妥。

关于"债权买卖说",一个看似更有力的论据是:在应收账款债务人发生坏账时,保理融资债权不能就应收账款债权人的回购得以实现;这不符合借贷担保的固有规则以及主债权独立性规则。如有学者即认

---

[1] 笔者认为,仅因《民法典》规定了应收账款回款余额应否返还债权人的差异,无追索权保理侧重体现为归属型债权让与担保,而有追索权保理则接近于清算型债权让与担保。

045

为,"受让人无法向应收账款的债务人收取债务时,亦不能转而向转让人收取债务,则该交易不符合担保权益(security interest)的原则"。同时认为,"担保物始终是债务的附属品,它担保债务,但不能取代债务";"收到担保物的贷款人可以要求借款人偿还贷款,且无义务必须通过执行抵押物的方式实现债权";无追索权保理剥夺了贷款人要求借款人还贷的自主选择权,因而不是担保借贷关系。[1] 笔者认为,该论据亦不能成立。理由在于:其一,该论据混淆了应收账款债权和保理融资本息债权,且以前债权上的担保机制不当替代后债权(主债权)的担保机制。在无追索权保理中,至少存在应收账款债权和保理融资本息债权;就以前债权担保后债权的交易结构而言,该保理为债权让与担保式的借贷合同。就其担保机制而言,有追索权时,应收账款债权人以自身的责任财产保证应收账款债权的最终实现,进而间接担保保理融资本息债权的实现;无追索权时,应收账款债权的实现失去了债权人责任财产的保障。上述论据立足应收账款债权无法要求转让人偿付,断言保理融资本息债权亦无从要求转让人偿付,显然混淆了主债权和作为担保物的从债权的规范地位。该论据以此逻辑进而否定保理融资债权在实现上应有的自主性亦是站不住脚的;因为,即使在无追索权时,保理人仍可选择依据借款合同直接要求用款人还本付息。其二,追索权的设定目的仅在于减小应收账款债权实现的不确定性,无追索权并不等于保理人丧失了要求借款人偿还融资本息的权利。保理融资债权的担保权益植根于应收账款债权而非蕴含其中的底层货物,[2] 其实现本身即有一定的不确定性。追索权的设定意图仅在减小该种不确定性;即使无追

---

[1] See Lerner, Shalom, Factoring in Israel, *Penn State International Law Review*, Vol. 27:3-4, p.791-802 (2009).

[2] See Pisar, Samuel, Legal Aspects of International Factoring - An American Concept Goes Abroad, *Business Lawyer*(ABA), Vol. 25:4, p.1505-1516(1970).

索权,保理融资主债权亦有可能通过应收账款债务人的清偿得以优先实现,或可通过要求用款人还本付息得以实现;其中,以应收账款债权让与担保保理融资主债权的交易结构并未因此而改变。其三,无追索权保理系以买受人责任财产保障的应收账款债权担保保理融资债权,本已具备借贷担保交易的实质特征。在无追索权保理中,保理融资本息债权可以就应收账款债权的实现结果(尽管该结果只能寄希望于债务人以其责任财产进行的清偿)优先受偿。就以债务人的责任财产保障的应收账款债权担保保理融资本息债权而言,交易已经"符合担保权益的原则"了。"不能转而向转让人收取债务"仅意味着该担保权的担保物范围不能延伸至转让人的责任财产而已,并不能因此而否定无追索权保理的担保借贷性质。

前述"混合合同说"的缺陷主要有:其一,对无追索权保理法律性质的概括有失笼统化和表面化,未触及保理合同法律性质的实质特征,有隔靴搔痒之嫌。笔者认为,即使为混合合同,亦需要进一步确定其整体法律性质,以便更妥当地适用规则。在确定混合合同的适用规则时,德国法上奉行"吸收理论"(Absorptionstheorie of the German Law),即由处于主导地位的合同规则决定合同的整体性质,其他次要规则仅在不抵触的情况下才可适用;当各种因素的地位势均力敌时,将合同目的作为主导性判定因素考虑进去。[1] 据此,当虑及无追索权保理的制度使命在于促进实业融资,其中的债权转让仅为融资的担保手段时,对该类保理合同理当不停留于混合合同层面上的界说,而应具体定性为附债权让与担保的借款合同。其二,如果不能做到使无追索权保理之内在法律关系和谐兼容,则难以消弭内含的法律关系之间的规则逻辑冲突。

---

[1] See Joubert, Nereus, The Legal Nature of the Factoring Contract, *South African Law Journal*, Vol. 104: 1, p. 88 – 103 (1987).

因为,从根本上讲,买卖关系与借贷、委任关系是相互排斥的,不可在对同一合同的性质界定中等量齐观。某种意义上,当从风险负担角度,立足保理人对受让债权提供坏账担保的规则,将无追索权保理界定为买卖,便意味着保理人对出卖人不再负有提供融资、受托管理事务之对价性义务。〔1〕所谓"买卖之风险结构"与"借贷、委任之对价结构",其实是难以并存共处的。

(三)将无追索权保理解释为附债权让与担保的借款合同,符合《民法典》以担保机制构建保理制度的体系逻辑

沿着民法体系化思维路径审视,〔2〕不难发现:我国《民法典》以实质担保观构建保理合同制度的逻辑是清晰可见的。《民法典》第388条第1款首次将作为担保物权设立依据的担保合同范围扩展至"其他具有担保功能的合同",且列为第四分编"担保物权"之"一般规定",从而为构建保理、融资租赁、所有权保留等非典型担保提供制度框架。全国人大常委会相关立法草案说明中明确了保理、融资租赁等属于《民法典》第388条第1款规定的"其他具有担保功能的合同",对保理合同的担保功能给予肯定解释。〔3〕2021年1月1日起施行的《民法典担保制度解释》亦明确将保理合同统一纳入"非典型担保"部分加以规定。可见,无论从立法本意上还是从司法立场上衡量,《民法典》中的保理合同(包含无追索权保理)均为担保机制制度化的产物,应被置于融资担保的框架内才能得以合理解读。

以融资担保机制解读无追索权保理,亦符合《民法典》"保理合同"

---

〔1〕 参见黄茂荣:《论保理合同》,载《法治研究》2021年第3期;尹力、易欣星:《我国国际保理中保理商的风险与防范对策研究》,载《东岳论丛》2009年第5期;马永梅、李少抒:《论银行保理商国际保理风险的法律防范》,载《南方金融》2005年第11期;万猛:《银行保理业务风险的法律分析》,载《中国金融》2004年第1期。

〔2〕 参见孙宪忠:《民法体系化科学思维的问题研究》,载《法律科学(西北政法大学学报)》2022年第1期。

〔3〕 参见时任全国人大常委会副委员长王晨在2020年5月22日第十三届全国人民代表大会第三次会议上所作的《关于〈中华人民共和国民法典(草案)〉的说明》。

章的内部体系逻辑。主要体现为：首先，《民法典》中无追索权保理以保理人向客户提供保理融资为事实前提。《民法典》第766条和第767条均规定了保理人收取的应收账款与保理融资款本息的折算关系问题；这说明其中的有追索权保理和无追索权保理均为融资类保理，均包含保理人向应收账款债权人提供保理融资从而拥有作为担保对象的主债权的事实基础。其次，担保机制是有追索权保理和无追索权保理的制度逻辑纽带。以让与的应收账款债权担保保理融资款本息债权的实现，是融资类保理业务内容的应有之义和核心要点，亦是《民法典》架构保理制度以及相继规定有追索权保理和无追索权保理的重要事实依据。在此意义上，应收账款债权与保理融资债权之间的担保关系成为有追索权保理和无追索权保理能够并立于《民法典》"保理合同"章的共同纽带。易言之，该两种保理所能区分的依据，仅在于保理人是否对应收账款债务人的付款提供坏账担保（《民法典》第761条描述的保理人提供的"应收账款债务人付款担保"），[1]而非其中应收账款债权与保理融资债权之间的担保关系。担保机制构成了该两类保理的共同特征，亦是无追索权保理赖以"栖身"于保理"家族"的"基因凭证"。最后，将无追索权保理纳入"有担保功能的合同"的依据并非指"保理人对应收账款债务人提供坏账担保"。因为若将保理合同的担保功能定位于此，则有追索权保理便会因为不具有这方面的特质而不具备担保功能，其亦不应被列入"有担保功能的合同"。而这显然是荒谬的。因此，以融资担保的机制解释无追索权保理，在制度层面上亦是有其内部体系逻辑依据的。

---

〔1〕 于有追索权保理，保理人对应收账款债务人不负坏账担保责任，在后者不能偿付应收账款时，保理人可追索至应收账款债权人，要求其返还保理融资款本息或者回购应收账款债权，是为"有追索权"；于无追索权保理，保理人则对应收账款债务人提供坏账担保，即使后者不能偿付应收账款，若无事前特约，保理人亦不能要求应收账款债权人承担相应责任，是为"无追索权"。

（四）"附债权让与担保的借款合同说"贴合无追索权保理的运行实践及相关司法取向

笔者从2021年9月至2022年1月通过对"北大法宝"数据库之"司法案例"子库中约37件涉无追索权保理合同纠纷的案例进行逐案分析的结果显示：所有案例中涉及的无追索权保理合同均伴有保理人向应收账款债权人预付保理融资的约定及事实。在部分典型案例中，相关保理合同甚至约定，在无追索权保理业务中，应收账款债权人向保理人负按期偿还融资本息和依约定回购应收账款的双重义务（保理人的保理融资款本息债权实现时，可以向债权人反转让应收账款债权）。[1] 这说明，保理人的交易目的并非在于拥有一个本就存在坏账风险的应收账款债权，而在于通过信用风险经营获取融资增益——利息及服务费等。据此，国内无追索权保理交易模式实际是一种以应收账款债权让与为担保手段的借款合同关系。

商业保理实践有着类似的情况。根据中国服务贸易协会商业保理专业委员会发布的《国内商业保理合同（示范文本）》（适用于无追索权保理业务），无追索权保理合同有关于应收账款融资的系统安排；并且明确将应收账款融资界定为"在已受让应收账款到期日之前，保理商向卖方支付保理首付款的行为"，而"保理首付款"则被界定为保理商因受让债权而向卖方预付的一部分保理转让款；而且，卖方须向保理商支付保理首付款使用费。同时，该示范文本规定，在发生商业纠纷时，无追索权保理人仍可向卖方反转让应收账款债权。卖方向保理商支付的反转让款包含两大部分：一是保理商实际发放的保理首付款及担保付款

---

[1] 参见广西壮族自治区柳州市柳北区人民法院民事判决书，(2014)北民二初字第404号；湖北省鄂州市中级人民法院民事判决书，(2020)鄂07民初33号。有案例中的无追索权国内保理合同约定：该合同到期且债权人对保理人的保理预付款本息及全部应付款项已全部清偿时，保理人可将受让的未承担信用风险担保责任且尚未清偿的应收账款——反转让给债权人。参见博耳（无锡）电力仪表有限公司诉洛阳华中铝业有限公司等追偿权纠纷案，江苏省无锡市惠山区人民法院民事判决书，(2016)苏0206民初7228号。

金额扣除已受清偿的应收账款的余额,实际为保理融资款本金;二是卖方到期未付款,包括保理商未受清偿的应收账款融资额度承诺费、保理手续费、保理首付款使用费等,实际为保理融资收益(含有利息和服务费)。[1] 据此,国内无追索权商业保理亦体现了附债权让与担保的借款合同交易架构。

按照借款担保合同的思路裁判无追索权保理纠纷,是国内法院颇具代表性的司法取向。在相关司法实践中,针对无追索权保理合同纠纷,相当一部分法院将其按金融借款合同纠纷裁判,支持保理人要求应收账款债权人就保理融资款还本付息的请求。[2] 甚至有法院将该种裁判思路明确阐释为:"融资性保理业务的主要功能是资金融通,而债权转让仅是实现资金融通的手段,可以将融资性保理纠纷的案由确定为借款合同纠纷,保理商为商业银行的,可确定为金融借款合同纠纷。"[3] 根据《天津市高级人民法院关于审理保理合同纠纷案件若干问题的审判委员会纪要(二)》(津高法〔2015〕146 号)第 7 条、第 8 条的规定,应收账款债权人可以将保理回款专户以特户的形式进行质押,作为保理融资债权实现的担保;债务人未依约支付全部应收账款时,债权人可以依约定负有回购义务;保理商在扣除保理融资本息及相关费用后,应将保理回款的余款返还债权人。这些规定在未明确区分适用的保理类型的情况下,可视为亦适用于无追索权保理;其以应收账款债权让与担保保理融资债权的规则及裁判设计思路是显见的。

---

[1] 参见《中国服务贸易协会商业保理专业委员会关于发布〈国内商业保理合同(示范文本)〉的通知》(商保委字〔2016〕第 32 号)第 18.1.17 条、第 18.1.19 条、第 18.1.20 条、第 20 条、第 25 条、第 30.1 条至第 30.3 条。
[2] 参见中国工商银行股份有限公司柳州分行诉柳州市卓瑞商贸有限公司等金融借款合同纠纷案,广西壮族自治区柳州市柳北区人民法院民事判决书,(2014)北民二初字第 404 号;中国信达资产管理股份有限公司湖北省分公司诉鄂州市金博物资有限公司、鄂州市兴盛源房地产开发有限公司金融借款合同纠纷案,湖北省鄂州市中级人民法院民事判决书,(2020)鄂 07 民初 33 号。
[3] 中国工商银行股份有限公司南京雨花支行与南京建工集团有限公司、刘仙胜等金融借款合同纠纷案,江苏省南京市中级人民法院民事判决书,(2018)苏 01 民终 2485 号。

(五)将无追索权保理解释为担保借贷有着比较法上的借鉴依据

《美国统一商法典》提供了保理交易的规则依据。该法典第9-101条至第9-507条规定了"担保权益"(security interest)的系列规则,其中明确规定了已转让的"账款"(accounts)作为担保物的法律地位。保理商可以通过提交融资声明(financing statement)或占有动产文据(chattel paper)[1]的方式,使其应收账款担保权益免受竞争性索赔。一般认为,该处包含了转让人(保理客户)向受让人(保理人)转让合同权利以作为保理融资款本息债务担保的规则。[2] 与该规则相对应的保理交易运行过程则体现为:保理客户通过通常称为"已转让账户日报"的书面文书完成应收账款转让,保理商根据该文书中提及并附有的发票金额和数量为保理客户批准融资信用额度;一旦商品发货并将发票副本提供给保理商,客户就会立即获得相应资金,可以随时提取其信用额度减去合理准备金[3]的所有余额。除了保理合同本身外,月度报表是保理安排中的主要工具。月度报表包括"销售账户"(account sales)(一个包含保理客户向其债务人开具并转让给保理商的所有销售发票和信用记录的简明清单)和"往来账户"(account current)(保理商与客户之间的主要账户)。在"往来账户"中,保理客户按照销售账户中的发票净额获得授信,并根据保理商汇入款项的额度付费;该账户余额的利息以6%的年利率借记和贷记。保理商亦可基于对客户财务状况的信赖向其提供超额预付款(over-advances),该笔预付款记入双方的"往来账

---

[1] "chattel paper"指动产文据,"即用以证明金钱给付义务以及在特定财产上的担保利益或对该财产进行租让的书面文件。在很多情况下,动产文据由一个票据和一个担保协议组成。当交易被一个这样的担保协议或租约以及一个或一系列票据所证明时,这些书面文件结合在一起就构成动产文据"。参见薛波主编:《元照英美法词典》,潘汉典总审订,北京大学出版社2017年版,第219~220页。

[2] See Philbrick, William C., The Use of Factoring in International Commercial Transactions and the Need for Legal Uniformity as Applied to Factoring Transactions between the United States and Japan, Commercial Law Journal, Vol.99:1, p.141-156(1994).

[3] 在无追索权保理中,准备金是保理客户(供应商)用于吸收退货、补贴缺陷商品以及应对其他可能的意外情况的储备金,并非保理客户担保应收账款债权实现的坏账准备金。

户",通过客户转让应收账款偿还,或通过对客户应收账款债权项下库存商品的留置权担保其优先受偿。在无追索权的商业保理中,保理商承担应收账款债务人的坏账风险;保理客户发货并提交相应发票副本后,保理商须向保理客户转移所有信用。[1] 由此可见,美国现行法规制下的无追索权保理亦主要是融资类保理;尽管实践中以债权买卖为直接交易形式,但其中的预付垫款本质上仍是保理商在受让的债权未得变现以前提供给客户的贷款融资;该融资债权就受让的应收账款或其项下的库存商品留置权优先受偿。该规则框架为我们以担保借贷机制阐释无追索权保理提供了比较法上的借鉴依据。

四、债权让与担保框架下无追索权保理运行规则的展开

一般认为,我国《民法典》第388条规定的"其他具有担保功能的合同"统摄了包含让与担保在内的非典型担保类型。[2] 以此为依据,同时在遵从《民法典》第401条(禁止流押)、第428条(禁止流质)之基本精神的前提下,《民法典担保制度解释》第68条正式确立了财产让与担保制度。[3] 以上规定为债权让与担保这一有着广泛的理论及实务认可度[4]且在金融借贷领域颇为盛行[5]的担保类型提供了解释适用依据。在债权让与担保的规则逻辑下,无追索权保理的运行规则应作以下阐释:

---

〔1〕 See Silverman, Herbert R., Factoring: Its Legal Aspects and Economic Justification, *Law and Contemporary Problems*, Vol. 13:4, p.593 – 608(1948).

〔2〕 参见高圣平:《民法典动产担保优先顺位规则的解释论》,载《清华法学》2020年第3期。

〔3〕 该解释条文将让与担保物界定为"财产";其外延除了动产以外,能涵盖包含债权在内的权利。

〔4〕 参见席志国:《民法典编纂视野下的动产担保物权效力优先体系再构建——兼评〈民法典各分编(草案)〉二审稿》第205 – 207条》,载《东方法学》2019年第5期。

〔5〕 参见陈本寒:《新类型担保的法律定位》,载《清华法学》2014年第2期;潘运华:《民法典中有追索权保理的教义学构造》,载《法商研究》2021年第5期。

(一)"应收账款多取不退"规则[1]的矫正适用：担保权[2]的清算实现

《民法典》第767条规定的"应收账款多取不退"规则的法理依据在于无追索权保理业务中的保理融资包含了更大的风险成本。[3] 而以债权让与担保的规则逻辑衡量，保理人向应收账款债务人收取账款以折抵保理融资款本息和相关费用的行为，实则为保理人担保债权的清算实现过程。以是观之，"应收账款多取不退"规则若被强行适用，则会面临以下问题：

第一，"应收账款多取不退"规则有悖于清算型让与担保的现行法规定。《民法典担保制度解释》第68条仅赋予担保债权人就让与担保财产的变现价值优先受偿的权利，亦即仅认可了清算型财产让与担保的法律地位，并未承认以担保财产处分权事前让渡为特征的归属型让与担保的合法性。"应收账款多取不退"规则内含了一个对应收账款债权进行归属性处分的逻辑，显然与清算型让与担保的现行法规定存在体系冲突。

第二，"应收账款多取不退"规则不符合保理商务惯例。保理人向债务人收取的应收账款在扣除保理融资本息及其他费用后仍有余款时，对该余款的归属应当如何处理，一直都是一个属于当事人协商范围内的商务条款。[4] 在国内保理业务的实践中，有些无追索权保理合同明确约定：保理人有权从收取的应收账款中扣除保理融资款本息及应收账款债权人欠付的其他款项，并将剩余款项作为保理余款支付至应

---

[1]《民法典》第767条规定："当事人约定无追索权保理的，保理人应当向应收账款债务人主张应收账款债权，保理人取得超过保理融资款本息和相关费用的部分，无需向应收账款债权人返还。"为便于行文表述，均将该条文中保理人收取的超出保理融资款本息和相关费用的应收账款余额无需返还的规定简称为"应收账款多取不退"规则。

[2] 此担保权仅指基于本书债权让与担保逻辑成立的保理融资本息主债权就保理人受让的应收账款享有的让与担保权；下文如无特别说明，均以"保理人担保权"指称。该担保权有别于应收账款质权。

[3] 参见黄薇主编：《中华人民共和国民法典合同编解读》，中国法制出版社2020年版，第927页。

[4] 参见田江涛：《聚焦！"保理"成为〈民法典〉有名合同的原因及立法评述》，载北大法律信息网2021年3月8日，https://www.pkulaw.com/lawfirmarticles/47c227e4e56259a0c847d1dbf320210abdfb.html。

收账款债权人指定的账户;若债务人支付的应收账款金额小于保理融资款及已发生的保理融资利息,应收账款债权人有义务按照保理人的要求补足差额。[1] 另有些无追索权保理合同甚至约定:保理融资款本息债权全部实现时,保理人可将受让的未承担信用风险担保责任且尚未清偿的应收账款一并反转让给债权人。[2] 天津市高级人民法院(以下简称天津高院)亦在相关司法文件中认可:保理商收取的应收账款在扣除保理融资本息及相关费用后,余额应返还给应收账款债权人。[3] 可见,国内无追索权保理业务实践中向来存在向债权人返退应收账款余款的约例。《民法典》无追索权保理合同条款强制规定"应收账款多取不退"规则,与上述保理商务的实际运行状况不太相符,实务适用中难免会面临争议。

第三,"应收账款多取不退"规则的法理依据难以成立。当保理人向债务人收取的应收账款多于其保理融资款本息时,保理融资本息债权已经可以全额实现了,此种情况下,保理人因不能向应收账款债权人追索而影响债权实现的融资风险已不存在,"应收账款多取不退"规则设定的法理依据已不成立。相反,此时若令保理人取得超出融资本息的利益,则该利益在无特别约定依据的情况下已然构成不当得利;若不将该部分利益返还给债权人,显然于理不公,于法无据。

鉴于以上问题,笔者认为,在解释论层面上,《民法典》第767条规定的"应收账款多取不退"规则不应当被理解为强制性规范,而仅应作为任意性规范,授权当事人在交易实践中选择适用。如此才能缓解规

---

〔1〕 参见中建投租赁股份有限公司与宋某某等合同纠纷案,北京市第二中级人民法院民事判决书,(2019)京02民初292号。
〔2〕 参见博耳(无锡)电力仪表有限公司诉洛阳华中铝业有限公司等追偿权纠纷案,江苏省无锡市惠山区人民法院民事判决书,(2016)苏0206民初7228号。
〔3〕 参见《天津市高级人民法院关于审理保理合同纠纷案件若干问题的审判委员会纪要(一)》(津高法〔2014〕251号)第2条(保理法律关系的认定)。

则的体系性冲突,同时较好地满足国内保理业务运行的实际需求。

(二)库存留置权:保理人担保权的效力延伸

保障融资类保理业务稳健发展的关键在于有效降低保理融资债权实现的风险。在无追索权保理中,保理融资债权在债务人获准受担保的坏账额度内失去向应收账款债权人追索实现的机会,保理人的融资安全尤显重要。由内在规则构造决定,无追索权保理在追求融资安全上的主要规范着眼点是最大限度地降低应收账款债务人的信用风险。[1] 对此,按照上述证成的债权让与担保的规则逻辑,我国《民法典》的担保制度基本能够解决保理融资债权就债务人金钱形态的责任财产优先受偿的问题。相应地,保理融资债权能否就债务人非金钱形态的责任财产优先受偿?具体而言,当债务人在保理融资完成后未按期偿还应收账款时,保理人可否留置受让债权项下卖方待交付的库存商品以增强自己担保权的效力?就此问题,《民法典》留置权制度尚无针对性回应,殊值讨论。

针对上述问题,比较法视野中颇受关注的是美国法中的库存留置权制度(inventory liens),意为按照担保权效力自动延伸至担保品收益的规则,保理人可就应收账款基础合同项下的商品及其转化利益享有担保权。其基本要点有:保理人在受让应收账款债权后,可以借助一定的公示手段,[2] 宣示其对受让债权项下的商品拥有留置权,以担保自己已付或将付的预付款(债权);基于一种保理人留置权"追随"原理(the

---

[1] See Lerner, Shalom, Factoring in Israel, *Penn State International Law Review*, Vol. 27:3-4, p. 791-802 (2009).

[2] 起初是将留置权人的姓名和其作为保理人的名称张贴在商品存放地点的入口处;继而要求发布一份有关留置权人在商品中担保权益状况的通告;后来发展为需根据《美国统一商法典》向应收账款债权转让人维持与所转让权利有关的办公和记录所在州的州务卿(secretary of state)提交"担保权益"通知,进行备案登记。州务卿,指美国各"州政府中负责州各种日常事务的官员,如在州长签发的法令、文件上加盖州政府印章,批准州政府措施,依法提交法律议案,提交提名证明,保存公共档案,负责公司注册等。州务卿在一些州由选举产生,而在另外一些州则是委任的"。参见薛波主编:《元照英美法词典》,潘汉典总审订,北京大学出版社2017年版,第1233页。

"follow through" theory of the factor's lien),留置权的效力首先及于托付给保理人的所有商品(无论是否由他占有),[1]在商品被处分的情况下留置权的效力及于任何应收账款或因处置商品而产生的其他收益;[2]在《美国统一商法典》辖区内,依法登记的留置权可使保理人优先于破产保理客户的其他债权人受偿。在美国,以纽约为起点,后大多数州颁布了保理人留置权法。[3] 欧洲各国大多缺少有关保理的直接、专门立法,保理商只能从相关规定中寻求适合自己业务开展的法律依据。在德国,尽管学理上有所谓的"扩展财产"原则["extended property"(Verlingerter Eigentumsvorbehalt)]支持基础合同中的供应商对其交付的商品及收益拥有留置权,但就该留置权的享有主体问题,法院立场尚未完全明确:联邦最高法院支持基础合同的出卖人为留置权主体,个别下级法院则倾向于支持保理商享有该留置权。[4]

与我国《民法典》第十九章规定的留置权制度相比,美国保理人留置权制度有着显著不同,体现为:第一,美国保理人留置权的效力范围及于留置动产被处分后的收益;我国法中留置权的效力仅及于被债权人占有的债务人的动产。第二,美国保理人可留置的对象财产不以其能够占有为条件,出于促进保理交易发展的政策目的,保理人对于已预付垫款被客户送到加工厂的在制品亦可有留置权。第三,美国保理人

---

〔1〕 即使是被保理客户送到加工厂进行加工的在制品,只要保理商支付了垫款,即使不为保理商占有,亦属留置权的行使对象。此种界定系针对之前法院仅将留置权赋予"负责出售商品的人"的做法所做的调整。

〔2〕 关于留置权的对象范围,有些州规定仅限于商品,有些州规定包含商品及商品转手后的收益。宾夕法尼亚州规定,在商品转让后,买受人不论是否知悉,均可取得不负担留置权的商品;但是,即使保理商此后未实施任何进一步的行为,其留置权均在因此种转让而产生的收益上,继续对借款人(保理客户)的后续购买人、受让人、质权人和其他债权人有法律约束力,并可强制执行。在马里兰州和特拉华州,只有当保理商的留置权协议有相应约定时,留置权才会转移至应收账款或现金收益上;而在纽约州、新罕布什尔州和新泽西州,根据法律,即使没有达成相关协议,留置权也会从货物转移到出售货物所产生的收益或应收账款上。

〔3〕 See Silverman, Herbert R., Factoring: Its Legal Aspects and Economic Justification, *Law and Contemporary Problems*, Vol. 13:4, p. 593 – 608 (1948); Moore, Carroll G., Developments in Factoring, Inventory Liens and Accounts Receivable Financing, *Business Lawyer* (ABA), Vol. 17:3, p. 801 – 811 (1962).

〔4〕 See Pisar, Samuel, Legal Aspects of International Factoring-An American Concept Goes Abroad, *Business Lawyer* (ABA), Vol. 25:4, p. 1505 – 1516 (1970).

基于与基础合同"不同的法律关系"而留置库存商品及收益。传统的留置权源于基础合同关系，担保的主债权为应收账款债权，留置权人为应收账款债权人（商品出卖人）。在保理人留置权中，保理人仅是凭借保理合同中被应收账款债权担保的保理融资主债权而对基础合同项下的库存商品拥有留置权；严格来讲，保理人留置的库存商品与保理融资主债权并非属于"同一法律关系"。[1] 第四，美国保理人留置权须借向法定机构提交担保权益通知的登记行为获得对抗效力；我国法中的留置权为法定担保物权，更倾向于遵循"占有对抗"规则。

保理人库存留置权实际上将保理人基于保理合同的担保权的效力延伸至担保品（债权）项下的动产。从债权让与担保的担保品仅有期待价值且有赖于债务人的履行实现等特性看，此种延伸有利于补强保理人担保权的效力，有利于降低应收账款债务人的信用风险进而促进无追索权保理交易的发展。在此意义上，秉持推动国内保理业务进步的宗旨，借鉴比较法上的有益资源，对我国《民法典》留置权制度作适当延伸解释，是有其必要性的。

但是，就解释续造路径而言，笔者认为，不必在我国现行担保制度体系以外，另行全面照搬美国法上的保理人库存留置权制度，仅需选择其有益点，对我国留置权制度进行适应保理交易需求的完善性解释即可。具体解释建议及理由如下：其一，依据我国《民法典》第448条解释展开我国保理人留置权规则。该条文的但书部分规定"企业之间留置"可不受"留置动产应与债权属于同一法律关系"之规则的约束，这恰能为不具备严格意义上的"法律关系同一性"特征的保理人留置权的构造

---

[1] 这里包含了一个担保品（应收账款债权）的从权利（留置权）随担保品的让与而移转的逻辑；美国和德国法院有关不认可保理人留置权的部分判例，显示的是对此种移转逻辑正当性的疑虑。但因保理人受让了应收账款债权，从其留置该债权项下的库存商品以保障该债权的实现角度看，此处的留置物与债权又不失"同一法律关系"上的牵连性；保理人的库存留置权正是在此意义上有其存在根据的。

提供制度通道。同时,因保理融资本息债权系保理人"持续经营中发生的债权",保理人所留置的库存商品亦非严格意义上与保理融资债权毫无牵连性的"第三人的财产",故保理人库存留置权亦不会因受到《民法典担保制度解释》第62条第2款、第3款的限制而不能实现。其二,将保理人留置权归为法定担保物权范畴,因保理人基于保理合同占有应收账款项下库存商品之事实而产生。如此设定符合我国留置权的总体制度属性。其三,将担保品范围限定为应收账款项下的库存商品,不包括库存商品被处分后的收益。因为我国《民法典》中的留置权的适用对象本就限于动产。同时,针对留置物被处分后的收益,在尚无系统的识别、公示规定的情况下将其自动归入担保物,可能引发新的隐形担保问题。[1]而且,针对该种收益,完全可以适用或参照适用《民法典》担保物权的物上代位性规则、担保人提前清偿或提存担保物转让价款规则实现保理人的担保权,不必专门设定效力自动延伸规则。其四,可留置的库存商品不以保理人直接占有为必要,受托间接管领亦可。如此可拓宽保理人留置权的适用空间,满足保理交易发展的不时之需。其五,对保理人留置权的公示采用"登记对抗"规则,纳入全国统一的动产和权利担保登记公示系统运行。这一方面符合消除隐名担保的立法宗旨,另一方面是因为原有的"占有对抗"规则对留置权的公示过于消极被动,不利于留置权对抗效力和公信力的彰显。另外,保理人留置权毕竟与保理人就受让的应收账款债权拥有的担保权不同,在具体登记品类上应有所区分。

(三)登记:保理人担保权生效兼对抗要件

与其他动产与权利担保物权一样,保理人就受让的应收账款债权享有的担保权亦须解决合理公示以防落入隐名担保窠臼的问题。无公

---

[1] 参见龙俊:《民法典中的动产和权利担保体系》,载《法学研究》2020年第6期。

示方式曾是传统非典型担保长期未得立法认可的重要缘由。我国现行法虽然已将保理合同中的担保列为非典型担保类型之一,但《民法典》并未如出卖人保留的所有权、融资租赁合同出租人所有权那样,明确规定保理人担保权的公示规则。在此问题上,笔者认为,秉持对《民法典》相关规定的科学解释方法,对于保理人担保权而言,登记既应被理解为成立(生效)要件,亦应被理解为对抗要件。理由如下:

第一,采登记成立(生效)规则符合类推适用逻辑。我国《民法典》第445条沿袭《物权法》的相关规定,对应收账款质权明确采用"登记生效主义"规则。个中原因是比起汇票、本票等有价证券,应收账款债权的权利证券化程度低、可识别性弱;如此规定的目的在于通过登记增强该权利质权成立的公示效果,以利于第三人迅速、便捷、清楚地了解该权利质权的存在,更能保护质权人和其他第三人利益。[1] 而保理人担保权同样是以应收账款债权为标的的担保物权,其与应收账款质权除了在标的权利归属上的差别以外,在担保权公示所面临的制约条件上并无二致;应收账款质权的成立和生效采登记要件主义的规范目的同样适用于保理人担保权。因而,按照类推适用规则,保理人担保权亦应遵循登记成立(生效)规则。

第二,"合理识别"标准并未否定应收账款上担保权登记成立(生效)规则。《民法典担保制度解释》第53条规定:"当事人在动产和权利担保合同中对担保财产进行概括描述,该描述能够合理识别担保财产的,人民法院应当认定担保成立。"该条文规定的"合理识别"标准当然亦适用于具有担保功能的保理合同中对应收账款的特定化要求。据此,若保理合同中对标的应收账款的概括描述没有达到能够合理识别

---

[1] 参见黄薇主编:《中华人民共和国民法典物权编解读》,中国法制出版社2020年版,第794页。

担保财产的标准,则保理人担保权、应收账款质权不成立。[1] 从表面上看,"合理识别"标准似乎与现行法中的应收账款质权登记设立规则相矛盾,实则不然。因为上述条文所包含的逻辑显然应为:"只有"对担保财产的概括描述达到能够"合理识别"的标准,才能设立应收账款担保权。这并非意味着"只要"通过概括描述能够"合理识别",即可设立应收账款担保权。易言之,"合理识别"的标准并非设立应收账款担保权的充分条件,而仅为必要条件。应收账款之上担保权的成立与生效除了须符合"合理识别"标准以外,仍须坚持《民法典》第445条规定的登记要件主义,以登记为法定前提条件。故即使保理合同中就应收账款债权让与担保的概括描述足以能使第三人"合理识别",但该保理人担保权在未获登记时亦是不能成立和生效的。由此可见,"合理识别"标准并不否定应收账款上担保权的登记生效规则,而只是对后者特殊适用情形的合理补充和延伸。

第三,采登记对抗规则符合体系解释逻辑。本着消灭隐形担保的宗旨,我国《民法典》在动产与权利担保公示上一以贯之地坚持了登记对抗规则。这一点不仅体现在《民法典》第403条关于动产抵押权公示规则的设计上,而且体现在第641条第2款关于出卖人对标的物保留的所有权、第745条关于出租人对租赁物的所有权等非典型担保权公示规则的设计上。这为登记对抗规则对保理人担保权的适用提供了纵向层面上的体系解释依据。从横向层面上看,此种解释结论亦是能够成立的。因为尽管《民法典》未直接规定保理人担保权的公示方法,但从《民法典》第768条的规定看,其在确定多个保理人担保权的顺位时,明确认可登记优先规则;这实际上间接认可了保理人担保权的登记对抗

---

[1] 参见高圣平:《民法典新担保制度司法解释对保理实务的影响》,载微信公众号"供应链金融五十人论坛",2021年2月5日。

规则。同时,《民法典担保制度解释》第 68 条有关财产让与担保的规定中有"当事人已经完成财产权利变动的公示"的限定,在债权让与担保的情形中,相关的"财产权利变动的公示"亦可被解读为登记。2021 年发布的《动产和权利担保统一登记办法》虽未明确对保理中的应收账款转让是否采登记生效规则,但其登记对抗主义立场是确定的。此外,对保理人担保权适用登记对抗规则,亦是符合国内保理行业关于应收账款登记转让的规范要求的。[1]

需要说明的是,在登记类别上,保理人担保权登记应与应收账款买卖登记、应收账款质权登记有所区分。由于保理交易包含了应收账款转让的内容,故保理人担保权登记应与应收账款买卖登记一样,被归入应收账款转让登记大类。但是,与纯粹的应收账款买卖不同的是,保理合同中的应收账款转让同时负载着对保理融资主债权的担保功能,仅转让应收账款并非双方交易的最终目的。因此,保理人担保权登记应有别于应收账款买卖登记,其登记内容中应另外有能够明示应收账款与保理融资债权之间担保关系的记载。保理人担保权登记与应收账款质权登记同属应收账款融资担保登记的范畴,但二者因在应收账款归属主体上的差别,而应分属于应收账款转让登记和应收账款质押登记。

与保理人担保权登记在性质上最为接近的是保理专户(保理回款专用户)担保登记。按照天津高院相关司法文件的规定,[2] 保理商为债权人提供融资后,双方可以在银行开立用于接收应收账款的专用账户;双方可以约定,在将该保理专户通过登记公示予以特定化并移交保理商占有后,可以作为保理融资的担保,在应收账款到期后,保理商可

---

〔1〕 参见《天津市高级人民法院关于审理保理合同纠纷案件若干问题的审判委员会纪要(一)》(津高法〔2014〕251 号)第 9 条(登记公示和查询的效力)的规定,以及中国银行业协会发布的《中国银行业保理业务规范》(银协发〔2016〕127 号)第 12 条的规定。

〔2〕 参见《天津市高级人民法院关于审理保理合同纠纷案件若干问题的审判委员会纪要(二)》(津高法〔2015〕146 号)第 7 条(保理专户中保理回款的性质认定)的规定。

就该专户中的回款优先受偿。文件规定该担保品特定化的路径是在"中国人民银行征信中心动产融资统一登记平台"的"应收账款转让登记"项下"保理专户"进行登记公示，较能准确地反映保理人担保权登记的类别属性。但是，文件中的相应表述为"约定将保理专户中的保理回款进行质押的"，这显然是在以应收账款（特户）质押的思路规定担保权登记，与其关于"应收账款转让登记"的类别规定自相矛盾。同时，在保理专户担保中，担保品更多指向作为应收账款债权实现结果的金钱，这使得保理专户担保不能完全取代以应收账款债权为担保品的保理人担保权。因此，若以保理专户担保登记为基础进行保理人担保权登记规则设计，则至少应就以上两点进行符合担保制度逻辑的改造。

综上，从无追索权保理内含法律关系的构造看，《民法典》中无追索权保理应为附债权让与担保的借款合同：应收账款债权让与为实现保理人融资本息债权的担保手段；保理融资款并非购买应收账款债权的对价。无追索权保理和有追索权保理有着相同的整体担保机制构造，仅因保理人担保权的效力范围不同而有别：无追索权时，保理人担保权实现的保障限于应收账款债务人的责任财产；有追索权时，保理人担保权的实行效力从应收账款债务人的责任财产延伸至债权人的责任财产。"债权买卖说""混合合同说"均不能准确反映无追索权保理的本质特征。"附债权让与担保的借款合同说"符合《民法典》以担保机制构建保理制度的体系逻辑和国内无追索权保理的运行实践。

《民法典》第767条规定的"应收账款多取不退"规则有悖于清算型让与担保的现行法规定，不符合保理商务惯例，且其法理依据不足，故应被解释为任意性规范，授权当事人在交易实践中选择适用。保理人库存留置权将保理人担保权的效力延伸至作为担保品的债权项下的动产，有利于补强保理人担保权的效力，降低应收账款债务人的信用风险。可以选择其有益点,依据我国《民法典》第448条解释展开我国保理人留置权规则。在法解释论上,宜将登记同时作为保理人担保权的成立(生效)要件和对抗要件。

第四章

无追索权保理合同中保理人的权利救济路径

一、案情归纳和问题提炼

（一）案情归纳

A公司依据其与B公司的买卖合同对B公司享有9000万元应收账款。A公司与C银行签订《无追索权国内保理合同》并约定：A公司将上述9000万元应收账款让与C银行，C银行向A公司发放8800万元融资款，融资利率以基准利率加浮动幅度确定；本合同到期且A公司对C银行的保理预付款本息及全部应付款项已全部清偿时，C银行可将受让的未承担信用风险担保责任且尚未清偿的应收账款一并反转让给A公司。之后，A公司与C银行分别履行了债权转让和发放融资款的义务。A公司通知B公司债权转让事实。B公司承诺向C银行支付应收账款。应收账款清偿期限届至时，B公司不能清偿债务。A公司亦未偿付保理融资款本息。C银行向法院诉请：A公司偿付保理融资款本息；B公司承担共同（连带）还款责任。B公司抗辩称，A公司在与自己进行买卖交易时存在欺诈行为,自己不应承担还款责任。

(二)问题提炼

我国《民法典》适应经济发展的实际需求,首次以民事基础法的形式明确了无追索权保理合同的法律地位,为相关交易实践的发展提供了制度依据。然而,该制度在适用层面上仍有相当大的可探讨空间。司法裁判中的相关问题有:无追索权的保理人是否在任何情况下均对应收账款债权人无追索权?保理人有/无追索权的事由范围如何界定?保理人有/无追索权时如何救济保理融资债权?保理人追索权规则与违约责任规则如何协调?应收账款债务人因自身信用不能偿还应收账款时,无追索权的保理人是否既不能向应收账款让与人反转让应收账款,也不能要求应收账款让与人偿付保理融资款本息?

二、无追索权保理合同中保理人追索权规则的辩证适用

无论是在国际贸易保理中,还是在国内保理交易中,就无追索权保理而言,通例均为不对其中的"无追索权"作绝对化阐释,而将其理解为仅适用于无商业纠纷的情况下应收账款债务人发生坏账的情形[例如,《国际保理公约》(Convention on International Factoring, CIF)规定的无追索权保理仅指保理人承担无商业纠纷的买方坏账风险的保理;[1]《国际保理通则》(General Rules for International Factoring, GRIF)第11条亦有同样的规定。就国内保理而言,原银监会2014年颁布的《商业银行保理业务管理暂行办法》、中国银行业协会2016年发布的《中国银行业保理业务规范》等均有同样的规定]。易言之,根据应收账款债务人发生坏账的原因决定是否适用追索权规则:若系债务人自身信用风

---

[1] See Frederique Mestre, Explanatory Report on the Draft Convention on International Factoring, *Uniform Law Review*, p. 84 – 149(1987).

险产生坏账,则保理商无权向债权人反转让债权,即对债权人无追索权;若因应收账款债权人与债务人之间的商业纠纷导致所让与债权存在瑕疵进而引发债务人产生坏账,则保理商有权向债权人反转让债权,从而拥有追索权。国内部分法院亦有类似的司法意见。[1] 之所以如此,是因为应收账款债权人与保理人各自的交易地位使然。从债权人的角度看,尽管其依据保理合同就所让与的债权对保理人负有瑕疵担保义务,但是根据比较法上关于债权转让的一般规则,该担保义务的范围仅限于对债权的真实性、不存在权利瑕疵等方面的担保,而并不包含对债务人履行能力的担保;[2]所以,当债务人因自身信用风险产生坏账时,保理人对债权人无追索权。从保理人的角度看,在无追索权保理中,保理人既非基础合同项下货物的保险人,亦非整个基础合同交易的担保人,而仅为信赖债务人资信状况而交易的综合金融服务提供者,故其所能提供的坏账担保亦只能限于因债务人的信用度及偿付能力不足产生的坏账,不应包括因基础合同的履行本身产生的坏账。[3]

关于无追索权保理合同中保理人享有追索权的事由,国内尚未有制定法层面的统一规定,仅在国内行业协会合同示范文本、个别试点地区法院的司法文件中有所涉及,实践中亦是任由当事人依据商业惯例约定适用。[4] 在相关裁判中,至少以下两种情形中保理人享有追索权的约定应为有效:一是应收账款债权人与债务人之间发生商业纠纷致使债务人不能如期偿还账款的。债权人应当就其转让的应收账款债权负瑕疵担保义务;在此意义上,将买卖双方的商业纠纷列为保理人享有追索权的事由,有着牢靠的法理依据。债权人的瑕疵担保义务应解释

---

[1] 参见广东省广州市越秀区人民法院民事判决书,(2019)粤0104民初40945号。
[2] 黄薇主编:《中华人民共和国民法典合同编解读》,中国法制出版社2020年版,第925~926页。
[3] See Samuel Pisar, Legal Aspects of International Factoring-An American Concept Goes Abroad, *Business Lawyer* (ABA), Vol.25:4, p.1505–1516 (1970).
[4] 参见北京市第二中级人民法院民事判决书,(2021)京02民终5980号。

为具有一定的无条件性,即其应当保证所让与的债权不会因任何己方缘故造成保理人如期回款障碍;否则,债权人即须回购应收账款,即便其无实质责任但未及时化解纠纷从而阻碍了保理人按期回款亦是如此。中国服务贸易协会商业保理专业委员会发布的《国内商业保理合同(示范文本)》(适用于无追索权保理业务)有关"商业纠纷"的界定及其所导致的保理人追索权的情形设计即体现了上述理念。该项触发保理人追索权的事由可扩展约定为:商业纠纷发生后债权人未在约定期限内通知保理人或未按约定有效解决纠纷从而影响保理人如期回款;商业纠纷的有效解决结果是债权人有责任而债务人无须付款(包含不存在有效债务和因债权人违反禁止债权转让的约定所致的债务人无须向保理人付款)。二是应收账款债权人违反其与保理人之间的合同致使保理人不能回收或不能足额回收应收账款的。作为债权让与人,应收账款债权人负有不因自己的行为而使转让的债权价值落空或者减损的义务。因而,当应收账款债权人违反保理合同致使保理人债权受损的,亦应触发保理人对债权人的追索权。具体情形有:债权人虚构应收账款欺诈保理人的;债权人不按约定向保理人移交间接回款的;债权人超出保理人批准的授信额度或还款保证额度使用保理融资款的;等等。

三、保理人有追索权时保理融资债权的救济

在无追索权保理合同中,当债权人违反对所让与债权的瑕疵担保义务或者因过错造成所让与的债权价值减损或落空时,保理人拥有追索权,即可以向债权人反转让应收账款债权。此种追索权的行使,表现为作为保理合同基础性履行内容的债权转让的反转,从而产生合同解除的效果。由此,应结合现行法中的合同解除、违约责任等制度,解释保理人有追索权时保理融资债权的救济问题。《民法典》"保理合同"章中涉及债权人违反瑕疵担保义务的过错行为的条文,均有依据合同解除、违约责任制度

寻求保理人有追索权时保理融资债权救济路径的解释空间。

针对债权人虚构应收账款的欺诈行为，《民法典》第763条仅规定了应收账款债务人参与虚构行为的，"不得以应收账款不存在为由对抗保理人"，并未对债权人欺诈行为之责任作出规定。显然，此条文仅为保理人针对对方当事人的欺诈行为救济保理融资债权的特殊规定，按照《民法典》体系化适用逻辑及"具体规定——一般规定"的寻法路径，该情形下应同时允许适用《民法典》第一编第六章关于欺诈行为的规定和第三编第七章关于合同解除、第八章关于违约责任的规定。具体而言，在保障保理融资债权上，除了可以依据《民法典》第763条支持保理人要求债务人支付参与虚构的应收账款以外，仍可根据债权人过错行为对合同履行利益的影响程度，支持保理人向债权人追究违约责任、行使解约权或撤销权。当保理人行使解约权或撤销权时，双方当事人之间会发生应收账款债权的回转和已付融资款的返还，其客观效果同于保理人行使追索权。就债权人的"明显欺诈行为"，《天津市高级人民法院关于审理保理合同纠纷案件若干问题的审判委员会纪要（一）》规定无追索权保理中的保理商"有权追索已付融资款并不承担坏账担保义务"。该规定亦体现了合同解除、撤销制度的适用思路，其作为对《民法典》第763条适用效力的补充，可以作为相应司法裁判的参考依据。

同时，针对应收账款债权人不当变更或终止基础合同致使保理人的合同利益受损的行为，《民法典》第765条在附加了"债务人接到应收账款转让通知"的假定条件后，规定此种变更或终止"对保理人不发生效力"，意为保理人此时仍可依据基础合同变更或终止前的债权状况请求债务人偿还应收账款。[1] 该条文与上述第763条一样，位列有/无追索权保理条文之前，是关于保理合同规则的一般规定，一体适用于有/

---

[1] 参见黄薇主编：《中华人民共和国民法典合同编解读》，中国法制出版社2020年版，第921页。

无追索权保理合同。然而当无追索权保理合同的保理人遭遇该条规定的情形时，其在该条规定的救济手段以外，针对债权人的不当行为还有哪些救济手段，该条文亦未明确。按照同样的《民法典》体系化适用逻辑，此条文亦为关于当事人一方违约时另一方救济债权的特殊规定，相同情形下亦应同时允许适用《民法典》第三编第七章关于合同解除、第八章关于违约责任的规定，支持保理人追究对方当事人的违约责任，或以行使追索权的方式，解除保理合同并索赔。针对应收账款债权人单方或与债务人恶意串通变更基础合同导致保理商合同目的落空或利益受损的行为，《天津市高级人民法院关于审理保理合同纠纷案件若干问题的审判委员会纪要(二)》(津高法〔2015〕146号)第5条即基于合同总则的一般规定，赋予保理人"违约索赔"或"解约+索赔"的救济路径。与《民法典》第765条相比，该条纪要规则所涵盖的应收账款债权人、债务人的相近违约行为更为全面、具体，符合民法适用的体系化逻辑规则，其对于前者的补充适用作用值得重视。

四、保理人无追索权时保理融资债权的救济

当应收账款债务人因自身信用风险[1]不能按期偿还应收账款时，无追索权保理合同的保理人须按约定向应收账款债权人担保付款，其对债权人无追索权。需要讨论的问题是：此时的保理人如何实现自己的保理融资本息债权？其中的"无追索权"仅指保理人无权向应收账款债权人反转让债权，还是同时意味着保理人不能要求应收账款债权人偿还保理融资本息呢？

在国内相关司法实践中，无追索权保理人或起诉应收账款债务人，

---

〔1〕 中国服务贸易协会商业保理专业委员会发布的《国内商业保理合同(示范文本)》(适用于无追索权保理业务)第18.1.13条规定："信用风险：指买方因商业纠纷以外的原因所导致的买方未能在已受让应收账款到期日足额付款的风险。"

或起诉应收账款债权人,或一并起诉,均有其例。围绕上述问题,目前的司法、学理意见难谓一致,主要呈现为以下几种处理模式:第一,保理人对应收账款债权人既不能反转让债权亦不能追索未偿保理融资款,仅应要求应收账款债务人还款。在无追索权保理人仅起诉应收账款债务人的多数案件裁判中,法院均正面支持保理人的诉求,一般不涉及保理人可否向应收账款债权人追索未偿融资款的问题,[1]即使应收账款债权人对保理人的未偿融资款缺口巨大亦是如此。[2] 其中,部分案件所涉保理合同对相应情形下保理人不能向应收账款债权人索还未偿融资款定有明约;审理法院亦在裁判说理中认为,相应情形下的保理人仅应要求应收账款债务人还款。[3] 即便在保理人同时请求应收账款债权人承担连带清偿责任或违约责任的少数案件裁判中,法院亦以"无追索权保理人不能向应收账款债权人索还未偿融资款"为由,将应收账款债权人排除在还款责任主体之外。[4] 就相应情形下保理人不能向应收账

---

[1] 参见江西省宜春市中级人民法院民事判决书,(2016)赣09民初213号;北京市第二中级人民法院民事判决书,(2021)京02民终5980号;吉林省长春市中级人民法院民事判决书,(2016)吉01民初920号;山东省济宁市中级人民法院民事判决书,(2019)鲁08民初60号;山东省聊城市东昌府区人民法院民事判决书,(2020)鲁1502民初1456号;重庆市高级人民法院民事判决书,(2020)渝民终183号;浙江省宁波市中级人民法院民事判决书,(2017)浙02民初499号;重庆市北碚区人民法院民事判决书,(2021)渝0109民初2887号;广东省四会市人民法院民事判决书,(2019)粤1284民初2037号;广东省深圳市福田区人民法院民事判决书,(2016)粤0304民初18246号;上海市浦东新区人民法院民事判决书,(2020)沪0115民初11390号;四川省成都市锦江区人民法院民事判决书,(2017)川0104民初5479号;四川省德阳市旌阳区人民法院民事判决书,(2020)川0603民初500号;四川省什邡市人民法院民事判决书,(2017)川0682民初1190号。

[2] 参见深圳谨诚商业保理有限公司与贾某亭等合同、无因管理、不当得利纠纷案,北京市第三中级人民法院民事判决书,(2017)京03民初248号。案涉保理合同约定保理服务费(含利息、服务费)由应收账款债务人承担。保理商向应收账款债权人全额支付与应收账款等额的保理融资款1.5亿多元,后收取债务人保证金1500多万元、保理服务费28万多元、间接回款5000多万元。保理商仅诉请应收账款债务人支付货款、保理服务费及违约金,获法院判决支持。

[3] 参见中国工商银行股份有限公司三峡宜昌自贸区支行、宜昌三峡全通涂镀板有限公司融资租赁合同纠纷案,湖北省宜昌市中级人民法院民事判决书,(2018)鄂05民终3214号;中建投租赁股份有限公司与宋某某等合同纠纷案,北京市第二中级人民法院民事判决书,(2019)京02民终292号。

[4] 参见中国工商银行股份有限公司大连青泥洼桥支行与大连阿尔滨集团有限公司、中国融资租赁有限公司合同纠纷案,辽宁省大连市中级人民法院民事判决书,(2016)辽02民终6057号;侯马市鸿为帆汽车服务有限公司等与盈信普惠(厦门)融资租赁有限公司合同纠纷案,北京市第三中级人民法院民事判决书,(2021)京03民终1858号。

款债权人索还未偿融资款,亦有国内学者持相同立场。[1] 第二,保理人可以直接向应收账款债权人索还未偿保理融资款。案涉保理合同对保理融资债权架构了多重担保权;同时约定:对无追索权业务,应收账款债权人未按照合同约定回购应收账款的,保理人有权在原融资利率基础上加收罚息、复利。针对保理人仅诉请应收账款债权人返还保理融资款本息的请求,法院依据借款合同规则予以支持。[2] 相关裁判意见认为:"融资性保理业务的主要功能是资金融通,而债权转让仅是实现资金融通的手段,可以将融资性保理纠纷的案由确定为借款合同纠纷,保理商为商业银行的,可确定为金融借款合同纠纷。"[3] 第三,保理人应首先要求应收账款债务人还款,其次才可以向应收账款债权人索还未偿保理融资款。天津高院明确认为:"保理法律关系不同于一般借款关系。保理融资的第一还款来源是债务人支付应收账款,而非债权人直接归还保理融资款。"[4] 依此立场,应收账款债务人、债权人分别为第一、二顺位的还款主体。

上述第三种裁判意见虽就保理融资债权的实现路径持"顺位说",但其包含了无追索权保理人可要求应收账款债权人偿还保理融资本息的立场,在这一点上,第二、第三种裁判意见是一致的。可见,以上裁判分歧的核心在于:无追索权保理人可否按照借款合同规则要求应收账款债权人偿还保理融资本息?

---

〔1〕 参见李宇:《保理合同立法论》,载《法学》2019 年第 12 期。
〔2〕 参见中国工商银行股份有限公司柳州分行诉柳州市卓瑞商贸有限公司等金融借款合同纠纷案,广西壮族自治区柳州市柳北区人民法院民事判决书,(2014)柳北二初字第 404 号;中国信达资产管理股份有限公司湖北省分公司与鄂州市金博物资有限公司、鄂州市兴盛源房地产开发有限公司金融借款合同纠纷案,湖北省鄂州市中级人民法院民事判决书,(2020)鄂 07 民初 33 号。
〔3〕 参见中国工商银行股份有限公司南京雨花支行与南京建工集团有限公司、刘某某等金融借款合同纠纷案,江苏省南京市中级人民法院民事判决书,(2018)苏 01 民终 2485 号。案涉保理合同虽为有追索权保理,但该说理意见系就融资性保理的整体状况所作的判断,亦可认为适用于无追索权保理。
〔4〕 参见《天津市高级人民法院关于审理保理合同纠纷案件若干问题的审判委员会纪要(一)》(津高法〔2014〕251 号)第 2 条(保理法律关系的认定)。

笔者认为,对于以上核心问题,宜区分具体情况处理。若当事人在无追索权保理合同中约定了在债务人因自身信用发生坏账时保理人可要求应收账款债权人偿付保理融资本息,则应从其约定;若有关于保理人在相同情形中不得要求应收账款债权人偿付保理融资本息的相反约定,亦应从其约定。若仅约定为无追索权保理,但未就债务人因自身信用发生坏账时保理人可否要求应收账款债权人偿付保理融资本息的问题作出约定或者约定不明,而保理人又诉请应收账款债权人偿付保理融资本息的,法院不宜绝对地不予受理或者驳回起诉,而应将保理人诉请标的额与其保付的应收账款折算后作出明确裁判。换言之,若无相反约定,"无追索权"仅指保理人在其承诺的担保付款额度内不能要求让与人回购应收账款或不能向让与人反转让应收账款;此时的保理人仍可要求让与人(借款人)偿付保理融资款本息。主要理由如下。

第一,约定优先符合意思自治原则。就保理人可以要求让与人偿付保理融资本息的约定,其本即符合融资性保理的借贷属性,自应予以支持。就保理人不能要求让与人偿付保理融资本息的相反约定,这看似对无追索权的保理人不利、不公,实则不然。因为这是出于主体意思自治前提下的自由约定;况且,实践中,保理人之所以承诺"保付"而放弃求偿保理融资本息的权利,往往与其争取合作机会、获取更高的融资利息或服务费、信赖应收账款债务人的偿债能力等方面的利益权衡相联结,其选择已然包含了风险成本最小化的考量。

第二,无相反约定时推定保理人仍可要求借款人偿付融资本息,符合无追索权保理作为融资性保理和借贷担保的实际情况。无追索权保理包含了保理人向应收账款让与人提供保理融资款的活动,本质上属于借贷担保交易,保理人自可要求借款方还本付息。按照无追索权保理作为附债权让与担保借款合同的规则架构,保理人作为贷款人本就拥有要求借款人偿还融资本息的债权,[1]该债权是作为担保对象的主债权;保理人受让的对于债务人的应收账款债权处于担保物的地位,其功能在于强化主债权实现的保障度。即使该担保物因应收账款债务人的信用问题不能实现其担保功能,主债权仍应有其自身的独立性及履行效力,而非随之整体消灭。故而,在无相反约定的情况下,将"无追索权"解释为"不得向应收账款让与人索还未偿融资款"的裁判立场显然是有违借贷担保合同的固有规则逻辑的。在上述应对保理人同时起诉应收账款债权人和债务人的案件裁判中,尽管对应收账款债权人不应承担连带责任和违约责任的认定是恰当的,[2]但其"无追索权保理人不能向应收账款债权人索还未偿融资款"的裁判立场亦应予以否弃。

第三,应收账款债务人因自身信用发生坏账时,保理人融资本息债权在与应收账款债权人担保债权的抵销中得以实现。在无追索权保理中,保理人对应收账款债务人的信用风险有付款担保义务,这相当于应收账款债权人对保理人拥有的担保债权。在保理人的融资本息债权实现时,需要与应收账款债权人的担保债权进行折算,此时实际上发生了两项债权的抵销。应收账款债权人应将扣除保理人承诺的担保付款[3]后的保理融资本息余额归还保理人。即使保理融资债权在折算

---

[1] 在国内无追索权商业保理中,尽管相关文件禁止保理商向客户发放贷款,但作为贷款替代形式的预付垫款(保理首付款、对买方垫账担保付款)实际亦为一种借款融资,亦应遵循相同规则。对此,中国服务贸易协会发布的《国内商业保理合同(示范文本)》(适用于无追索权保理)中有关保理客户须向保理商支付保理融资款使用费等规定即为其著例。

[2] 应收账款债权人的付款责任源于其作为借款人的独立的还本付息义务,违反该义务时才负违约责任;其与应收账款债务人的担保责任有着不同的法律关系基础和法律性质。在无法律规定或明确约定的情况下,二者无法构成连带关系。

[3] 在国际保理规则中,无追索权保理人亦仅在"因债务人无力偿债而导致的坏账(non-payment)达到所授予的信用额度(credit limit)"时有担保付款责任。See Mestre Frederique, Explanatory Report on the Draft Convention on International Factoring, *Uniform Law Review*, p. 84 – 149(1987).

中被全部冲抵,[1]亦仅意味着该债权已经实现,并不能因此否定其存在根据。若规定保理人在应收账款债务人产生坏账时亦不得向借款人索还融资款本息,将掩盖其中债权抵销的事实和保理融资本息债权实现的真实过程,从而使无追索权保理中的债权变动失去法理解释依据。同时,允许保理人向应收账款债权人索还融资款,可以借此将保理融资利息纳入清算范围,遵从融资性保理业务的固有属性。

第四,我国《民法典》和国内商业保理行业合同示范文本均未将"无追索权"确定为"不能索还保理融资本息"。《民法典》第767条中的"应当向应收账款债务人主张应收账款债权"并非禁止性规定,亦未规定保理人无追索权时不能索还保理融资本息。基于"法不禁止皆自由"的一般法理,保理人理应有权向应收账款债权人主张保理融资本息。而且,该条文仅针对保理人从债务人处收取的应收账款多于应收的保理融资本息情形规定余额不退,并未就未能收取应收账款或收取数额不足覆盖保理融资本息的情形作出回应;在后一种情形下,法院理当支持保理人索还融资本息,以与其保付的应收账款折算。根据中国服务贸易协会发布的《国内商业保理合同(示范文本)》(适用于无追索权保理业务)第18.1.2条的规定,"无追索权"亦仅指保理人在相关情形下"不能向卖方反转让应收账款"。而且,该示范文本第31.1条明确规定,当保理商因应收账款债务人(买方)的信用风险向应收账款债权人(卖方)担保付款时,"应扣除保理商已就该应收账款发放的保理首付款以及其他卖方到期未付款";其中"应扣除"的款项实际上即是保理融资本息款。可见,国内无追索权商业保理行业规范亦支持保理人索还超

―――――

〔1〕 有些无追索权保理合同仅对应收账款债权人约定保理人可提供的保理融资额度及期限,若应收账款债务人因自身信用问题产生坏账,保理人仅在保理融资授信额度及期限内担保付款;则若担保付款额达到了保理融资授信额度,即相当于保理融资债权在冲抵中得以实现。参见喏嵘水产(上海)有限公司、郭益顿与辰瀚国际商业保理(深圳)有限公司、郭益顿买卖合同纠纷案,上海金融法院民事判决书,(2019)沪74民终1125号。

出付款担保授信额度的保理融资款本息。

第五,不当然关闭向应收账款债权人索还融资款的通道,有利于分散保理人的融资风险从而提高其经营积极性。从国内保理行业尤其是商业保理的运行状况看,当下的主要问题是与不良信用环境相关的商业保理业务激励不足的问题。[1]加上法院在多数相关裁判中均将应收账款债务人认定为唯一的还款责任主体,这自然会因应收账款债务人自身本已恶化的信用状况而加剧保理融资债权的实现风险,进而诱发金融呆账规模的扩张,严重挫伤保理商开展保理业务的积极性。在应收账款债务人因自身信用不能还款时,为保理人保留向借款人索还融资款的制度通道,有望缓解上述实际问题。

基于无追索权保理的特殊性,在规则适用上需要注意的是:保理人仅在其承诺的担保付款额度内对应收账款债权人无追索权。实践中,保理人承诺的"保付"额度体现为保理人对应收账款债务人因自身信用产生的坏账核准的授信额度。无追索权保理人仅在该授信额度内对应收账款债务人的坏账向让与人担保付款,冲抵相应额度的保理融资本息。对于应收账款债务人的实际坏账超出以上授信额度的部分,保理人则有权要求应收账款债权人归还保理融资本息。

综上,无追索权保理合同中的保理人并非绝对无追索权。当保理人因源自基础合同的商业纠纷或因应收账款债权人的违约行为面临应收账款回收障碍时,其对应收账款债权人拥有追索权。此时,应结合适用《民法典》中的合同解除、违约责任等制度,对保理融资债权予以救济。当应收账款债务人发生基于自身信用的坏账时,保理人对应收账款债权人无追索权,意味着保理人在其承诺的担保付款额度内无权要

---

[1]《中国保理产业发展报告(2019-2020)》显示,截至2019年12月底,全国已注册商业保理法人企业及分公司存量共计10,724家,相较2018年年底的11,541家减少了7.08%,是自商业保理试点以来的首次下降。商业保理企业数量的减少,与企业信用风险增加、实务中数量众多的保理融资款收回难度高相关。

求应收账款债权人回购应收账款或者反转让应收账款；在无相反约定时，保理人仍可要求应收账款债权人偿付保理融资款本息，同时与其保付的债务人坏账额折算。

CHAPTER 05 >>

第五章

保理合同的内容

一、案情归纳和问题提炼

(一) 案情归纳

2019年10月9日,A公司(应收账款债权人,卖方)与B保理公司签订《国内商业保理合同》。合同约定:A公司将自己对C公司(应收账款债务人,买方)享有的应收账款债权转让给B保理公司;B保理公司向A公司提供保理融资,保理首付款额度为560万元,保理融资期限自2019年10月9日至2021年10月20日,保理首付款使用费率年化利率为7.2%,逾期使用费率年化利率为24%;保理管理费67,200元,融资期满时缴纳;在应收账款到期日或宽限届满日,B保理公司未足额收回保理首付款及使用费的,A公司须向B保理公司回购未受偿的应收账款。上述合同签订后,B保理公司于2019年10月9日向A公司支付保理款560万元。在合同履行期间,A公司仅支付了首期保理款使用费。在应收账款到期日,B保理公司未收回保理款及使用费,A公司拒不回购未偿应收账款。2022年3月20日,B保理公司起诉A公司,请求:(1)判令A公司支付回购款560万元;(2)判令A公司支付保理融资款使用费16,800元(按照年利率7.2%,自2019年10月9日暂计算至2021年10月20日,后续使用费请求法院依法计算至债务实际履行完毕之日);(3)判令A公司支付应收账款管理费67,200元。

一审法院认为,案涉《国内商业保理合同》的实质为借款合同,合同约定的使用费及管理费已超过现行法规定的民间借贷利率上限,故不支持B保理公司第(2)项、第(3)项诉讼请求。判决:A公司向B保理公司支付回购款560万元和使用费(以560万元为基数,自2021年10月21日起按全国银行间同业拆借中心公布的贷款市场报价利率的4倍计算至该款付清之日止)。

二审法院认为,案涉《国内商业保理合同》构成保理合同,故改判支持B保理公司的全部诉讼请求。

(二)问题提炼

上述示例反映了国内相关裁判在保理合同内容构成问题上的分歧状况(见表5-1)。关于保理合同内容的构成,我国《民法典》第761条规定:"保理合同是应收账款债权人将现有的或者将有的应收账款转让给保理人,保理人提供资金融通、应收账款管理或者催收、应收账款债务人付款担保等服务的合同。"据此,应收账款转让是保理合同的必要内容。但是,除了应收账款转让内容以外,提供资金融通、应收账款管理或者催收、应收账款债务人付款担保等服务事项对于保理合同的构成分别居于何种地位,则是我国《民法典》未予明确的问题。国内学理和裁判中呈现出的相关问题有二:第一,除了应收账款转让内容以外,应收账款管理或者催收能否成为保理合同的唯一内容?第二,应收账款管理或者催收是否为融资型保理合同的必备内容?亦即,在当事人仅约定提供保理融资而未约定提供应收账款催收或者管理等服务时,是否不构成保理合同,而仅构成借款合同?

表 5-1 关于保理合同内容构成的裁判分歧示例

案号	当事人意见	裁判立场
广东省深圳市中级人民法院民事判决书,(2021)粤 03 民终 13869 号	连带保证人:提供了保理融资但未提供应收账款管理,只能以借款合同论	构成保理合同。理由:提供了保理融资但未提供应收账款管理并不影响保理合同的成立
山东省济南市中级人民法院民事判决书,(2021)鲁 01 民初 1174 号	应收账款债权人:名为保理合同,实为借款合同;不存在基础合同关系;没有应收账款转让;借款合同无效	构成保理合同。理由:有关于保理人追索权的约定,签订了应收账款转让申请暨确认书,让与人向保理人提供了基础合同及应收账款明细,符合保理合同的法律特征;保理人已尽到审慎义务,且未主张撤销合同
山东省高级人民法院民事判决书,(2021)鲁民终 2289 号	应收账款债权人:名为保理合同,实为借款合同;不存在基础合同关系;没有应收账款转让;借款合同无效	名为保理合同实为借款合同。理由:仅有融资约定,没有应收账款管理、催收等其他金融服务的约定,无法将融资与应收账款相关联时,只能以借贷论
湖南省岳阳市中级人民法院民事判决书,(2022)湘 06 民终 1522 号	应收账款债权人:实为借款合同关系,保理管理费和超限利息不应支持	名为保理合同实为借款合同,支持应收账款债权人的抗辩意见。理由:除了约定提供保理融资以外,未约定提供应收账款催收、管理、坏账担保等其他金融服务;未约定将债务人支付的应收账款作为保理融资的第一还款来源

二、应收账款管理或者催收可以成为保理合同唯一内容的证成

就保理人仅提供应收账款管理或者催收服务可否构成保理合同的问题,国内相关学理意见分歧较大。反对论者认为,在保理合同的内容

构成上应该进行限缩解释,即提供资金融通或提供应收账款债务人付款担保两者必居其一,保理人不能在不提供"资金融通"和"应收账款债务人付款担保"的前提下,任意选择"应收账款管理或者催收"中的一项作为保理合同的唯一内容。[1] 肯定论者则认为,保理人受让应收账款后,仅提供应收账款管理或者催收而不提供融资服务的,仍可构成保理合同关系。[2] 笔者持肯定论的立场,即认为应收账款管理或者催收可以成为保理合同的唯一内容。理由如下。

(一)反对论的理由难以成立

归纳起来,反对论者的理由主要有:其一,若保理人不提供资金融通,只提供应收账款的管理或者催收服务,将严重违背民法的公平原则。保理人提供相关服务的费用和被转让的债权在很多时候完全没有对等性。而且,如果应收账款债务人破产,而保理人又不提供付款担保,此时的让与人因债权已经转让给保理人而陷入无法申报破产债权的不利地位。其二,根据保理行业的惯例,如果合同双方约定的是到期保理,则保理人必须提供"坏账担保";并以《澳门商法典》和《俄罗斯联邦民法典》有关保理合同定义的规定为据加以论证。其三,《商务部关于商业保理试点有关工作的通知》(商资函〔2012〕419号)以及天津、上海等地商业保理的管理办法均禁止保理公司专门从事或受托开展债务催收业务;若允许仅有应收账款管理或者催收的约定可以构成保理合同,则与这些规定的精神相背。[3]

上述理由均可质疑,理由在于:第一,即使只提供应收账款的管理或者催收服务,亦不会损害保理合同双方权利义务的对等性和公平原

---

[1] 参见方新军:《〈民法典〉保理合同适用范围的解释论问题》,载《法制与社会发展》2020年第4期。
[2] 参见魏冉:《保理的概念及其法律性质之明晰》,载《华东政法大学学报》2021年第6期;李宇:《保理法的再体系化》,载《法学研究》2022年第6期。
[3] 参见方新军:《〈民法典〉保理合同适用范围的解释论问题》,载《法制与社会发展》2020年第4期。

则。保理合同内含多种构成要素,并非都要以保理人提供资金融通或提供"应收账款债务人付款担保"的方式才能实现双方当事人之间的对价利益均衡。只提供应收账款的管理或者催收中的一项服务时,双方形成委托合同关系,与让与人(委托方)支付的服务费形成对价关系的是保理人(受托方)提供的应收账款管理或者催收服务,而非被转让的应收账款债权。应收账款转让并非实质意义上的所有权处分,而是接近于信托的委托代管(让与人并未失去应收账款债权),此时,保理人可替代让与人申报破产债权(代为申报破产债权本即为应收账款债权管理的应有内容),其所实现的债权利益须转付给让与人。另外,即使在融资型保理的情况下,按照债权让与担保的关系框架定性有追索权保理时,所让与的应收账款仅为保障保理融资债权实现的担保品,亦并非为保理人能够绝对支配的所有物;在应收账款债务人破产时,让与人也并未因转让应收账款而失去申报破产债权的机会。既然在保理人仅提供应收账款管理或者催收服务时,让与人于破产债权申报方面拥有如融资型保理下的同等交易地位,则无须再要求保理人提供"应收账款债务人付款担保"以实现双方利益的对等与均衡。况且,提供"应收账款债务人付款担保"仅对应无追索权保理的情形。在无追索权保理交易实践中,保理人多是出于对应收账款债务人履行能力的信赖、在核定的授信额度内提供坏账担保,且往往有着增进与保理客户合作机会的利益考量;若需同时提供应收账款管理或者催收服务,则此种"绑定"亦仅是为了提高保理服务的效能,并非为了解决仅提供应收账款管理或者催收服务时的利益"失衡"才给予坏账担保承诺。第二,其所引证的律例并不能准确说明到期保理合同必有提供"坏账担保"内容的结论。其所引证的《澳门商法典》第 869 条规定:"保理系指一方当事人为取得回报有义务管理他方因经营企业所生之现有或将来之债权及收取债款,并向其预付该等款项或承担债务人不清偿债务之全部或部分风险之合同。"该条文中"向其预付该等款项"的描述指向的显然是预付保理合同,已超出了其结论中所预设的到期保理合同的讨论范围。且就该条文的表述而言,能够明确的内涵应该是:保理人提供应收账款管理或者催收服务的约定是保理合同的必备内容。至于是否另需具备提供融资款或者"坏账担保"的内容,仍有结合法典的其他条文及当地交易习惯作确切考证的空间。第三,作为更新监管依据的《中国银保监会办公厅关于加强商业保理企业监督管理的通知》(银保监办发〔2019〕205号)并未禁止商业保理企业专门从事或受托开展与商业保理有关的催收、讨债业务。该文件规定,"商业保理企业不得……专门从事或受托开展与商业保理无关的催收业务、讨债业务"。该规定所禁止的是保理人在不受让应收账款债权的情况下代理客户进行催收、讨债的行为。商业保理企业受让应收账款并提供催收服务,已构成保理,而非"与商业保理无关",不属于该文件的禁止范围。保理企业的应收账款管理与催收不同于非法讨债。况且,法律、行政法规未规定催收业务属于限制经营或特许经营范畴,上述文件禁止商业保理企业从事催收业务,并无上位法依据。[1]

(二)国际、国内保理业相关规范为单纯的债务管理或催收类保理的存在和发展提供了空间

对于提供保理融资款、应收账款管理、应收账款催收、对债务人的拖欠提供坏账担保这4项业务,绝大多数国际、国内保理业相关规范均认可"四选一"方案,即只要具备其中任何一项业务类型的约定,即可构成保理合同。例如,国际保理商联合会(Factors Chain International,FCI)制定的《国际保理通则》在保理合同内容的构成上即采用"四选一"方案,深受国际保理业的赞同。国际保理商联合会与国际保理协会

---

[1] 参见李宇:《保理法的再体系化》,载《法学研究》2022年第6期。

于 2014 年联合制定的《示范保理法》(Model Factoring Law)在规定保理合同的内容构成时并不限定提供保理服务的数量,将收款保理(collection factoring)认定为保理的一种类型。国内保理业相关部门规章、地方性司法指导文件、行业规范亦明确采"四选一"说。如《商业银行保理业务管理暂行办法》第 6 条第 1 款、《天津市高级人民法院关于审理保理合同纠纷案件若干问题的审判委员会纪要(一)》(津高法〔2014〕251 号)第 2 条、《中国银行业保理业务规范》(银协发〔2016〕127 号)第 4 条。中国服务贸易协会商业保理专业委员会 2016 年 12 月 14 日发布的《国内商业保理合同(示范文本)》(适用于有追索权保理业务)第 1.1.1 条规定:"保理:指保理商受让应收账款,并向卖方提供应收账款融资、应收账款管理、应收账款催收、还款保证中全部或部分服务的经营活动。"该协会 2018 年发布的团体标准《商业保理术语:基本术语》(T/CATIS-001-2018)第 2.1 条采"四选二"说,而 2020 年发布的团体标准《商业保理合同准则》(T/CATIS 003-2020)第 3.1 条改采我国《民法典》第 761 条的表述。此种规定亦为"四选一"方案的采纳留有解释余地。上述国际、国内保理业相关规范为单纯的债务管理或催收类保理的存在和发展提供了空间。

(三)允许单纯的债务管理或催收类保理的存在符合保理业的应有功能定位及其实际发展需求

与处于起步阶段的国内保理业发展现状相联系,人们对保理功能的首要定位是融资。实际上,现代保理是以应收账款转让为核心的综合性金融服务,其服务品类不应仅以融资为侧重。叙作保理的核心目的在于加快企业的现金流转,保障实体交易的高效顺畅。[1] 在加快现金流的操作路径上,比起通过融资增补企业账面资金的方式,强化企业

---

〔1〕 参见魏冉:《保理的概念及其法律性质之明晰》,载《华东政法大学学报》2021 年第 6 期。

应收账款管理与回收的方式往往更具有优势。因为后者可以让企业在零融资成本的条件下从根本上解决现金流的问题。企业应收账款的管理与催收并非易事，往往需要财务、法务、生产、市场等多个专业部门的通力协调方可完成。事实上，处于卖方端、有着加快现金流需求的中小企业大多无法胜任专门且复杂的债事管理。债务管理或催收类保理恰能满足企业在应收账款管理与回收方面的专门化需求，使企业可以专注于对本业的生产经营。同时，在保理规则的国际化标准尚未达成一致、国内保理业处于起步期的大环境下，若在国内现行法中对保理概念作过于狭窄的定义，将会不当地限制保理业务的发展。因而，为预留保理的未来发展空间计，亦应认可债务管理或催收类保理的法律地位，即当保理人仅提供收款或者分户账管理等服务、而不提供融资或债务人坏账担保时，仍应构成保理合同。

三、应收账款管理或者催收作为融资型保理合同必备内容的证成

（一）我国《民法典》规定的保理合同主要是融资型保理合同

自 1993 年中国银行加入国际保理商联合会以来，我国银行保理业务逐步深入展开。2014 年以来，商务部主导的商业保理试点工作亦在逐步推开，商业保理企业的注册数量近年来稳步增长。在国内交易实践中，无论是银行保理还是商业保理，均以融资为主要功能定位，其业务形态亦均表现为预付的融资型保理。若在"北大法宝""中国裁判文书网"等数据库中进行案例检索，不难发现：几乎所有案例中涉及的保理合同均伴有保理人向应收账款债权人预付保理融资的约定及事实。这说明进入司法裁判视野的绝大多数为融资型保理合同纠纷，折射出国内保理合同主要是融资型保理合同的现状。

相应地，我国《民法典》等现行规范所规定的保理合同亦主要是融资型保理合同。根据原银监会《商业银行保理业务管理暂行办法》以及

《天津市高级人民法院关于审理保理合同纠纷案件若干问题的审判委员会纪要(一)》的相关规定,[1]"保理融资"概念均指保理商在受让的应收账款到期之前依申请为债权人预期提供的资金融通;2016年修订出台的中国银行业协会《中国银行业保理业务规范》更是将融资比例及期限的确定、融资发放等安排列为包含无追索权保理在内的保理业务操作规程的必备内容。[2] 中国服务贸易协会商业保理专业委员会发布的《国内商业保理合同(示范文本)》中的保理合同(包含无追索权保理)规定中亦有关于应收账款融资的系统安排。这足以说明,在相关行业管理规范和司法文件中,保理处于预付保理、融资保理的预设框架之内。我国《民法典》规定的保理合同亦主要是融资型保理合同,即便是无追索权保理亦是如此。因为众所周知,保理场合下"追索权"问题所指皆为:在应收账款债务人产生坏账时,保理人可否向应收账款债权人反转让债权或可否要求其偿还保理融资本息。因而,但凡在有无追索权层面上被认知的保理,必然存在是否需要启动追索权以保障保理人预付融资债权之实现的必要性考量,亦当然包含保理人在受让的应收账款到期前预付保理融资(垫款或贷款)的前提性事实。易言之,追索权问题实质上是保理人预付融资债权实现路径选择的问题,二者必然相伴而生;非融资保理是不存在有无追索权问题的。同时,从我国《民法典》第767条规定的内容上看,其中亦明显蕴含了"无追索权保理以保理融资的预付为事实前提"的制度构造逻辑,否则,便不存在保理人收取的应收账款"在扣除保理融资本息和相关费用后有剩余"一说。

---

[1] 参见原银监会《商业银行保理业务管理暂行办法》第19条规定:"商业银行开展保理融资业务,应当根据应收账款的付款期限等因素合理确定融资期限。商业银行可将应收账款到期日与融资到期日间的时间期限设置为宽限期。"……"《天津市高级人民法院关于审理保理合同纠纷案件若干问题的审判委员会纪要(一)》(津高法〔2014〕251号)第11条规定:"相关概念的解释"……2.保理融资:保理商应债权人的申请,在债权人将应收账款转让给保理商后,为债权人提供的资金融通,包括贷款和应收账款转让预付款。"

[2] 参见《中国银行业协会关于印发〈中国银行业保理业务规范〉的通知》(银协发〔2016〕127号)第10条第2项规定:"保理业务操作规程至少应包含以下内容:……3.融资比例及融资期限……8.融资发放。"

(二)融资型保理合同与借贷合同的实务区分

国内相关裁判多对保理合同与借贷合同予以严格区分,并对"明保理实借贷"中的虚假行为予以否定。《中国银保监会办公厅关于加强商业保理企业监督管理的通知》(银保监办发〔2019〕205号)第1条第(4)项规定,"商业保理企业不得有以下行为或经营以下业务:……4.发放贷款或受托发放贷款"。可见,对于商业保理企业,现行规则亦明令禁止其借保理之名发放贷款。此种裁判取向及规定的宗旨显然在于:严格金融许可和监管,防范保理与借贷混业经营行为对金融秩序的不当冲击及由此引发的金融风险;明确和坚持保理业服务实体经济的功能定位,引导保理业回归本源,专注主业,实现良性发展。

具有融资功能是融资型保理合同和借贷合同的共同特征,但并非所有具有融资功能的交易均为借贷合同关系。融资型保理合同区别于借贷合同的根本点在于:前者以应收账款债权转让为核心构成要素,保理融资本息债权的实现涉及合同当事人以外的第三方,主要依靠应收账款债务人的还款实现。国内相关裁判亦主要秉持此种标准实现对融资型保理合同和借贷合同的区分,并作相应处理。也就是说,缺乏真实的应收账款转让的融资,仅认定为借贷合同关系,其效力按照借款合同的法律规定处理,只要不存在现行法禁止的高利放贷和以民间借贷为业的职业放贷的情形,均构成有效的借贷合同;只有具备真实的应收账款转让关系的保理融资,才被认定为保理合同关系。例如,在"王某某等与深圳清石保理有限公司合同纠纷案"[1]中,保理人、应收账款债权人、应收账款债务人三方签订了有追索权保理合同,亦有应收账款债权转让的约定及事实,但约定应收账款债务人作为保理融资的申请人;实

---

[1] 参见王某某等与深圳清石保理有限公司合同纠纷案,北京市第三中级人民法院民事判决书,(2021)京03民终2209号。

际保理融资申请中言明债务人申请融资系用于向供应商(应收账款债权人)"采购"。对此,二审法院认为,保理融资的发放对象应是应收账款债权人,即使是反向保理亦应如此;本案应收账款债权转让并不构成保理融资的依据。故按虚假表示规则,判定"保理合同"无效,按借贷合同关系处理。在"上海金广大道物流科技有限公司诉创普商业保理(深圳)有限公司合同纠纷案"[1]中,法院判定案涉合同不构成保理合同而构成借贷合同的主要依据并不在于未向应收账款债务人通知债权转让,而是在于:保理人的收益实际不是源于债务人清偿的应收账款本身,双方当事人的交易目的仅在于通过出借资金获得固定收益。相反,在"中国进出口银行与宁波众泰融资租赁有限公司合同纠纷案"中,针对融资租赁中的出租人向承租人提供融资在前(出租人据此抗辩认为自己仅为借贷的"通道方"、双方为借贷关系)而保理人向出租人提供融资在后且有关于出租人债权回购义务约定的事实,法院判定双方当事人之间因存在真实的应收账款转让而成立保理合同关系。[2] 真实的应收账款债权转让及其与保理融资收益的直接关联性是融资型保理合同区别于借贷合同的根本依据。

融资型保理合同和借贷合同相区分的直接效果体现为保理人受偿范围的差异。若为借贷合同关系,保理人就受让的应收账款仅在保理融资本息范围内受偿,超出的部分应依据《民法典》第 766 条的规定返还给应收账款债权人;亦不支持预扣的保理服务费、手续费(常被视为"砍头息"而不计入本金作为计息基础)。但在融资型保理合同中,由于应收账款能否按期回收、回收期间资金市场的利率变化情况都有不确

---

[1] 参见上海金广大道物流科技有限公司诉创普商业保理(深圳)有限公司合同纠纷案,上海市第一中级人民法院民事判决书,(2018)沪01民终4182号。亦可参见黄鑫、庄雨晴:《隐蔽型保理合同的性质与效力》,载《人民司法》2022 年第 8 期。

[2] 参见中国进出口银行与宁波众泰融资租赁有限公司合同纠纷案,北京市第二中级人民法院民事判决书,(2020)京02民初600号。

定性,故保理人基于对应收账款时间价值及受偿风险的判断,可以合理预期并与相对方约定一个高于保理融资本息的受偿额度。[1] 部分个案裁判中支持保理人预收保理服务费及手续费(预扣费用仍计入计息本金)的做法即是对以上交易实际的尊重。

(三)"应收账款管理或者催收"应为融资型保理合同的必备内容

如上文所述,在现行立法及司法的规范对象、交易实践层面上,国内保理主要为融资型保理,某种程度上,"提供融资"已然成为国内保理合同的必备内容。由此,相关法律争议的中心问题不仅是提供"应收账款管理或者催收"能否成为保理合同的唯一内容(应收账款转让除外),而且还体现为提供"应收账款管理或者催收"是否应成为融资型保理合同的必备内容。易言之,缺少了"应收账款管理或者催收"之约定的融资型保理合同是否应以借贷合同论?国内相关裁判的主要争点亦在于此。如有的法院裁判认为,即使仅有提供保理融资的约定,没有应收账款管理、催收等其他金融服务的约定,亦构成保理合同。[2] 相反的裁判立场则是:仅有提供保理融资的约定,而没有应收账款管理、催收等其他金融服务的约定,无法将保理融资与应收账款转让相关联时,案涉合同只能被定性为借贷合同。[3] 对此,笔者认为,提供"应收账款管理或者催收"应为融资型保理合同的必备内容。理由如下。

第一,将"应收账款管理或者催收"作为融资型保理合同的必备条款,是有效区分融资型保理合同与借贷合同的需要。仅提供融资的"保理"在不能客观呈现融资与应收账款的关联性时,其与一般借贷合同之

---

[1] 参见李志刚:《〈民法典〉保理合同章的三维视角:交易实践、规范要旨与审判实务》,载《法律适用》2020年第15期。

[2] 参见郭某某、深圳市微连接信息技术服务有限公司等合同纠纷案,广东省深圳市中级人民法院民事判决书,(2021)粤03民终13869号;上海晨鸣融资租赁有限公司、上海皋兰国际货运代理有限公司等融资租赁合同纠纷案,山东省济南市中级人民法院民事判决书,(2021)鲁01民初1174号。

[3] 参见株洲顺捷机械设备制造有限责任公司、济南亿佰商业保理有限公司等保理合同纠纷案,湖南省岳阳市中级人民法院民事判决书,(2022)湘06民终1522号;上海皋兰国际货运代理有限公司、上海添奕物流有限公司等合同纠纷案,山东省高级人民法院民事判决书,(2021)鲁民终2289号。

间的界限是模糊的。在现代保理中,提供融资既非保理合同的首选项,更不是必须项。相关国际公约甚至刻意设定规则,以达到将仅提供融资的"保理"排除在保理范围之外的目的。如国际统一私法协会制定的《国际保理公约》第1条第2款规定:"为了本公约的目的,'保理合同'系指在一方当事人(供应商)与另一方当事人(保理商)之间所订立的合同,根据该合同:……(2)供应商应至少履行两项下述职能:a. 为供应商融通资金,包括贷款和预付款;b. 管理与应收账款有关的账户(销售分户账);c. 代收应收账款;d. 对债务人的拖欠提供坏账担保。"根据《国际保理公约》起草小组的解释,这种在保理合同必备内容问题上所作的"四选二"限定,其主要目的之一其实在于以此将仅仅提供融资服务的"保理"剔除出去。[1] 在笔者看来,该公约此种限定的底层逻辑仍是在强调保理融资与应收账款的关联性,仅因其在一般层面上的规定造成了对较大范围内保理交易自由的不当限制,故显得不合时宜从而未被缔约国广泛采纳。鉴于此,为了达到强调保理融资与应收账款关联性的规范目的,不妨针对融资型保理合同作必须具备"应收账款管理或者催收"内容的要求。意为保理人只有通过对受让的应收账款的有效管理或者催收,才能实现保理融资款的预期收益;若缺少对受让应收账款的管理或者催收的环节,单纯提供融资的合同不排除被判定为借贷合同的可能。如此一来,便可顺理成章地实现保理融资与应收账款的应有关联。实际上,国内有法院已在相关裁判中具体实践上述关于融资型保理合同必备内容的要求。例如,在"上海皋兰国际货运代理有限公司、上海添奕物流有限公司等合同纠纷案"的裁判中,[2] 山东省高级人

---

[1] UNIDROIT Secretariat, Committee of Governmental Experts for the Preparation of a Draft Convention on Certain Aspects of International Factoring (UNIDROIT 1985 – Study LVIII-Doc. 20), UNIDROIT Website (Aug. 9, 2020), https://www.unidroit.org/english/documents/1985/study58/s-58-20-e.pdf. 转引自魏丹:《保理的概念及其法律性质之明晰》,载《华东政法大学学报》2021年第6期。

[2] 参见上海皋兰国际货运代理有限公司、上海添奕物流有限公司等合同纠纷案,山东省高级人民法院民事判决书,(2021)鲁民终2289号。

民法院基于案涉合同仅有保理人提供融资并通过让与人间接回款的约定而没有关于诸如单据处理之类的应收账款管理或者催收的约定,仅有融资期限的约定而没有关于应收账款到期日及具体额度、基础交易信息等内容的约定,让与人非依照应收账款的实际履行情况偿还融资款本息等事实,认定无法将融资与应收账款相关联,最终判定案涉合同不构成保理合同,而仅为借贷合同。此类裁判以是否存在应收账款的管理或者催收作为判定保理融资与应收账款关联性有无的客观依据,准确把握了融资型保理合同与借贷合同的本质区别,值得称道。

第二,将"应收账款管理或者催收"作为融资型保理合同的必备条款,是保持融资型保理应有功能的需要。服务实体经济的发展是融资型保理合同与借贷合同共同的功能定位。但是,在发挥服务功能的路径上,融资型保理合同与借贷合同又有显著不同。借贷通过提供外部融资款、增加账面资金的方式服务生产企业,其作用在于为生产企业"输血",所"输"之"血"来自企业外部。而在融资型保理中,除了通过提供融资服务生产企业以外,还要通过将保理融资收益与应收账款相关联的方式服务生产企业,以发挥加快企业现金流转、保障实体交易高效顺畅的作用。对于生产企业而言,融资型保理兼有"输血""活血"的功能,又以"活血"为重;所"活"之"血"为企业内在产销体系自带。融资型保理的功能定位要求保理人必须对生产企业资金回笼、基础合同目的之达成发挥实质性促进作用。在此意义上,保理人以金融服务提供者的身份对实体交易环节的适度介入并通过应收账款实现融资本息回款,构成了融资型保理的必有内涵和本质特征。将"应收账款管理或者催收"作为融资型保理合同的必备条款,要求保理人提供融资的同时须承诺提供应收账款管理或者催收服务,有利于强化保理融资收益与应收账款转让及支付之间应有的关联性,促进融资型保理回归其固有内涵,发挥其应有功能。实践中有银行保理人将不能实现的保理融资债权转让给资产管理公司,后者受让后越过应收账款债权人和债务人,直接向连带保证人追偿。[1] 此类交易情形中,如何使融资型保理的应有功能不致因保理融资债权的移转而受到削弱,似值得深入探讨。

第三,将"应收账款管理或者催收"作为融资型保理合同的必备条款,可借以实化保理合同中应收账款转让内容,引导保理业守正固本、健康发展。囿于保理合同的相对性,应收账款转让在未通知债务人或未得登记之前,其效力仅及于让与人与作为受让人的保理人。该转让效力仅基于双方当事人的合意而产生,并不具有如动产交付或不动产登记那样的公示外观。尽管亦要求让与人移交基础合同文本及相关单证资料,但这并非发生应收账款转让的生效条件(没有这些相关资料的移交,同样会在让与人与保理人之间产生债权转让效力),移交合同及相关单证资料的从给付义务的存在并不能改变应收账款债权转让的抽象性。而从法律上规定保理融资提供者必须负担对应收账款管理或者催收的义务,则是克服应收账款债权转让抽象性问题的最为有效的方式之一。因为管理或者催收义务的履行本身即意味着对所受让的应收账款债权的主张或行使,其实化应收账款转让内容的效果自不待言。同时,通过规定保理融资提供者必须负担对应收账款管理或者催收的义务,还可以给保理从业者以明确的规范指引,促使其主动关注、助推生产企业的交易及资金流转速度和专注本业,从而保障保理业服务实体经济的基本功能的发挥,促进保理业的健康、有序发展。

第四,将"应收账款管理或者催收"作为融资型保理合同的必备条款,可以为保理人带来间接效益。作为商事主体,保理人本即具备提供销售分户账管理或者应收账款催收服务的专业能力,要求其提供保理

---

[1] 参见日照市港口石油有限公司、中国长城资产管理股份有限公司山东省分公司等金融不良债权追偿纠纷案,山东省高级人民法院民事判决书,(2022)鲁民终389号。

融资时须同时承诺提供应收账款管理或者催收的义务,不会勉为其难从而过分增加其交易成本。相反,通过提供应收账款管理或者催收,或可为保理人增加相应服务费之类的对价收益,从而使实践中普遍存在的预收保理管理费、手续费的行为名副其实,不致因被视为"砍头息"而被否定。更为重要的是,通过将融资型保理与应收账款管理或催收服务的"绑定",可以促使保理人主动介入自己回款来源的前端管理与监督,及时了解、防范相应的信用风险,从而增强保理融资本息债权回收的保障度。

第六章

保理合同中的将来应收账款

一、案情归纳和问题提炼

（一）案情归纳

2015年3月25日,A保理公司、B船务公司签订《保理合同》并约定:B船务公司基于自己与C外运公司等11家公司(托运人)的所有商务合同项下截至2015年12月30日的所有应收账款(以经A保理公司审核通过的应收账款保理池内应收账款明细为准)申请国内保理融资;A保理公司向B船务公司支付保理融资款2000万元,保理融资款到期日为2015年8月24日;在保理融资款到期日前,B船务公司应确保应收账款保理池内余额不低于保理融资款余额的1.25倍;A保理公司可随时审查,若发现应收账款保理池内合格应收账款余额低于保理融资款余额的1.25倍,有权随时按比例收回融资款;在保理融资款到期当日,B船务公司应按时足额向A保理公司支付未归还保理融资款。同日,B船务公司向A保理公司出具《保理融资申请书》,其所列附件包括:

(1)《商务合同》;(2)《货物运输业增值税专用发票》;(3)《拟转让应收账款债权明细表》。附件3载明:B船务公司将11家应收账款债务人的165笔应收账款(预计到期期间为自2015年4月10日起至6月28日止)共计55,157,912.57元转让给A保理公司,据此申请保理融资2000万元(另列条文中将转让的应收账款范围扩大表述为11家债务人"自2015年1月1日至2015年12月30日期间的全部应收账款以及该部分应收账款所享有的权利")。同日,A保理公司向B船务公司支付保理融资款2000万元,并在中国人民银行征信中心办理"应收账款转让"登记(载明转让财产价值2000万元)。

2015年6月25日,双方再次签订《保理合同》,约定B船务公司向A保理公司转让C外运公司等11家债务人(调换了2015年3月25日《保理合同》中所列的2家债务人)的165笔应收账款共计58,948,507.45元,以及B船务公司对前述11家债务人自2015年3月1日至2016年6月24日期间的全部应收账款,向A保理公司申请保理融资1400万元,保理融资款到期日为2015年10月23日(除前述内容以外,其余合同条款与2015年3月25日的《保理合同》无实质区别)。同日,B船务公司向A保理公司出具《保理融资申请书》,其所列附件包括:《商务合同》《货物运输业增值税专用发票》《拟转让应收账款债权明细表》。附件3载明:B船务公司将11家应收账款债务人的165笔应收账款(预计到期期间为自2015年7月3日起至9月25日止)共计58,948,507.45元转让给A保理公司,据此申请保理融资1400万元(另列条文中将转让的应收账款范围扩大表述为11家债务人"自2015年3月1日至2016年6月24日期间的全部应收账款以及该部分应收账款所享有的权利")。同日,A保理公司向B船务公司支付保理融资款1400万元,并在中国人民银行征信中心办理"应收账款转让"登记(载明转让财产价值58,948,507.45元)。

2015年7月4日,因经营困难、负债过重难以偿还,B船务公司原股东、法定代表人、总经理王某自杀身亡。同年7月6日,A保理公司向12家债务人发出加盖了B船务公司印章的《应收账款债权转让通知书》,要求将两份《保理合同》和《拟转让应收账款债权明细表》等相关附属文件项下的应收账款支付给自己(此前A保理公司、B船务公司均未向12家债务人发出债权转让通知)。

2015年7月17日,为缓解因12家债务人转付应收账款给B船务公司加剧的经营困难,A保理公司、B船务公司签订《协议》,约定:双方共同收取应收账款,债务人以现金形式支付的应收账款先打入航交所指定的B船务公司账户,后由航交所全部转付给A保理公司;以承兑汇票形式支付的,共同收取后交付B船务公司。同时约定:自签约日起,每月首先将收取的应收账款(含现金及承兑汇票)中的500万元支付给B船务公司,对每月累计超过500万元的部分,A保理公司与B船务公司各自分配50%,直至A保理公司收回全部保理融资款时止。

《协议》签订前,B船务公司未向A保理公司偿还任何款项。《协议》签订后至2015年9月7日B船务公司被受理破产重整前,A保理公司从航交所指定账户中累计收款370万元,尚余3030万元保理融资款未得收回。

两份《保理合同》约定转让的330笔应收账款债权计114,106,420.02元,B船务公司在被受理破产重整之前已收取其中的329笔,剩余1笔240,100元为破产重整受理后收取并已转付给A保理公司。自2015年1月1日至2016年3月30日,B船务公司通过航交所收取应收账款(含现金和承兑汇票)计达223,459,151.99元。经查实,有书面合同支撑、债权形成于破产重整受理日之前、被B船务公司于破产受理日后收取的12家债务人的应收账款总额为13,200,150元;虽无书面合同支撑,但有真实交易关系的、债权形成于破产重整受理日之前、被B船务公司于破产受理日后收取的12家债务人的应收账款总额为28,321,610.48元;两份《保理合同》约定转让的330笔应收账款以外的12家债务人截至2015年12月31日形成债权的应收账款总额为44,722,623.33元。

2017年11月7日,A保理公司以债务人在进入破产重整程序后收取了已转让给自己的应收账款为由,向B船务公司管理人申请认定3030万元保理融资款为共益债务,要求其立即清偿。管理人经审查后认定:除已转付的240,100元外,其余的30,059,900元保理融资款属于普通破产债权。之后,A保理公司提起诉讼,请求依法确认B船务公司于2015年9月12日至2016年6月24日收取的C外运公司等12家债务人的全部账款中的30,059,900元为共益债务,并立即向A保理公司清偿。2020年3月23日,一审法院批准B船务公司重整计划,并终止重整程序。一审法院判决:(1)B船务公司向A保理公司清偿共益债务4,606,196.91元(B船务公司被受理破产重整前形成的应收账款已被全部收取,但仅有2015年9月和10月收取的款项超过了500万元;按照《协议》约定的计算方法,应当分配给A保理公司相应两笔款项共计4,606,196.91元);(2)确认A保理公司对B船务公司享有普通破产债权25,453,703.09元。A保理公司上诉请求:撤销一审判决,判决B船务公司立即向A保理公司清偿共益债务30,059,900元。B船务公司上诉请求:撤销一审判决,改判4,606,196.91元为A保理公司对B船务公司享有的普通破产债权。二审法院判决:驳回上诉,维持原判。

(二)问题提炼

综合上列案例和《民法典》颁行前后相关案件的裁判情况,就保理合同中的将来应收账款而言,主要裁判及学理争议的问题主要有:第一,何谓将来应收账款? 对于有基础关系的将来应收账款,其构成要件的判定依据是应收账款债权人(卖方)尚未履行基础合同项下的己方债务,还是应收账款债务人的付款期限尚未届至或虽已届期但未付款? 第二,将来应收账款(尤其是无基础关系的将来应收账款)可否叙作保理? 将来应收账款(尤其是无基础关系的将来应收账款)具备确定性(从而可以叙作保理)的判定标准何在? 上列案例裁判涉及的相关争点是:基于事实合同关系存在的将来应收账款可否被叙作保理? 第三,将来应收账款转让的法律效果如何? 将来应收账款转让效力可否溯及至保理合同签订之时? 将来应收账款发生转让效力时,保理人是直接取得还是间接取得将来应收账款? 在上列案例裁判中,法院既然认可保理合同中的应收账款转让"是实质转让,而非形式上转让",为何还要将保理人受让的将来应收账款列入让与人的破产财产而不允许保理人直接"取回"? 第四,保理人不能就将来应收账款主张权利是否影响保理合同的效力? (见表6-1)

表6-1 关于保理合同中将来应收账款的裁判分歧示例

案号	将来应收账款可否叙作保理	将来应收账款具有确定性的判定标准	无基础关系的将来应收账款可否叙作保理	将来应收账款转让的效果
重庆市南岸区人民法院民事判决书,(2020)渝0108民初3051号;重庆市第五中级人民法院民事判决书,(2021)渝05民终1665号	可以	债务人和债权产生期间明确	可以	债权形成时保理人即时取得债权,不溯及保理合同签订时;但受让与人破产的影响

续表

案号	将来应收账款可否叙作保理	将来应收账款具有确定性的判定标准	无基础关系的将来应收账款可否叙作保理	将来应收账款转让的效果
最高人民法院民事判决书,(2018)最高法民再128号	可以	债权具有合理可期待性和发生可能性	可以	未涉及
海南省高级人民法院民事判决书,(2018)琼民初51号	可以	债权具有合理可期待性和发生可能性	可以	未涉及
浙江省台州市中级人民法院民事判决书,(2020)浙10民终1065号	可以	债权产生期间明确	可以	未涉及
河南省高级人民法院民事判决书,(2020)豫民申922号	可以	债权具有合理可期待性和发生可能性	可以	未涉及
山东省烟台市中级人民法院民事判决书,(2021)鲁06民终3785号	不可以	将来应收账款债权形成于保理合同签订以前,且债务人确定	不可以	未涉及
上海市第一中级人民法院民事判决书,(2015)沪一中民六(商)终字第640号	可以	债权的性质和产生期间、具体交易额、交易对象同时明确	不可以	未涉及

099

续表

案号	将来应收账款可否叙作保理	将来应收账款具有确定性的判定标准	无基础关系的将来应收账款可否叙作保理	将来应收账款转让的效果
上海市浦东新区人民法院民事判决书，(2015)浦民六(商)初字第1918号	可以	未涉及	不可以	未涉及
河南省高级人民法院民事判决书，(2021)豫民终18号	可以	让与人已履行基础合同中的义务，将来应收账款实际产生	未涉及	未涉及

二、将来应收账款：卖方义务未履行完毕的预期金钱债权

为了弥补因应收账款的短期性而无法满足中小企业长期融资需求的不足，比较法上多适应实践需求，允许将来应收账款叙作保理。我国《民法典》亦明确规定将来应收账款可作为保理合同的客体，用于债权融资。学界对将来应收账款有两种分类。[1] 一种是分为两类：一是无基础法律关系的将来应收账款，如未订立合同的买卖、租赁、提供服务等产生的应收账款等；二是有基础法律关系的将来应收账款，即债权人

---

[1] 另有学者将将来应收账款分为：仅有未来订立合同意向的约定；附生效条件或附始期的合同，条件尚未成立或期限尚未届至；合同已经有效成立但尚未完全履行；合同已经成立且卖方已履行全部提供商品或劳务的义务，但买方付款期限或条件尚未届至；合同已经成立且卖方已履行全部合同义务，不存在付款期限或条件尚未成就。参见包晓丽：《保理项下应收账款转让纠纷的裁判分歧与应然路径》，载《当代法学》2020年第3期。笔者认为，该种分类的标准过于庞杂、粗糙，部分类型之间的界限不甚清晰（如第二、三种之间，以及后两种之间），概念的规范性和严谨性不足，基本上可被将来应收账款"二分法"方案（有、无基础法律关系的将来应收账款）所涵盖，故不予单列。

自身的给付行为尚未完成但一旦完成即可产生的应收账款。[1] 另一种是分为三类：一是无基础法律关系的将来应收账款；二是有基础法律关系但卖方尚未履行义务时的将来应收账款；三是有基础法律关系、卖方已履行义务但收款条件尚未成就时的将来应收账款。[2] 该两种分类的分歧点在于是否以应收账款债权人(卖方)未履行基础合同项下的给付义务作为界定将来应收账款的标准。对此，笔者认为应持肯定性界定标准，即构成将来应收账款的判定依据是卖方未履行基础合同中的给付义务；相应赞成以上第一种分类。理由如下。

(一)应收账款债权人(卖方)已履行基础合同中的给付义务时，相应的应收账款已不再是将来应收账款，而是现有应收账款

就其本来意义而言，现有应收账款应指双务合同中的债权人已经履行其给付义务但对方尚未履行金钱给付之对待义务时的金钱债权。金钱给付义务的履行期限是否届至，均无不可。[3] 即使履行期限尚未届至的金钱债权，也属于以未来金钱给付为内容的现有应收账款。[4] 现有应收账款与将来应收账款的共同之处在于账款的"应收性"，即债务人金钱给付义务的预期性。而将来应收账款的构成要素中尚有另外方面的预期性，即债权人基础合同项下给付义务的预期性；将来应收账款以此区别于现有应收账款。一旦债权人履行了基础合同项下的给付义务，将来应收账款便会因转化为现有应收账款而不复存在。上列关于将来应收账款的第二种分类中，所谓"有基础法律关系、卖方已履行义

---

[1] 参见史尚宽：《债法总论》，中国政法大学出版社2000年版，第712页；黄立：《民法债编总论》，中国政法大学出版社2002年版，第616~617页；黄薇主编：《中华人民共和国民法典合同编释义》，法律出版社2020年版，第602页。

[2] 参见张素华、李鸣捷：《保理合同中"将来应收账款"释论》，载《华东政法大学学报》2023年第2期。

[3] 参见最高人民法院民事审判第二庭：《最高人民法院民法典担保制度司法解释理解与适用》，人民法院出版社2021年版，第519页。

[4] 参见张静：《将有债权处分的法律构造与顺位安排》，载《法学》2022年第2期；李宇：《保理法的再体系化》，载《法学研究》2022年第6期。

务但收款条件尚未成就时的将来应收账款"实际上混淆了基础合同双方当事人给付义务的预期性在将来应收账款构成问题上的评价地位，不应成为将来应收账款的独立类型，否则会造成与现有应收账款概念的雷同。将来应收账款仅指无基础关系的将来应收账款和有基础关系、卖方尚未履行给付义务的将来应收账款。

(二)现行部门规章与企业会计制度均以"卖方义务未履行完毕"作为将来应收账款的构成要素

依据企业会计学原理，会计账簿上所确认的"应收账款"即是指出卖人在己方义务已经履行完毕时对付款义务方所拥有的预期账款债权；相应地，会计学上所称"将来应收账款"系指出卖人未履行给付义务时所对应的预期账款。原银监会2014年发布的《商业银行保理业务管理暂行办法》第8条规定："本办法所称应收账款，是指企业因提供商品、服务或者出租资产而形成的金钱债权及其产生的收益，但不包括因票据或其他有价证券而产生的付款请求权。"该办法第13条第2款同时规定："未来应收账款是指合同项下卖方义务未履行完毕的预期应收账款。"可见，作为银行保理交易的直接规范依据，该办法亦遵循会计学原理，以合同项下卖方义务是否履行完毕作为区分界定现有应收账款和将来应收账款的核心标准，其所规定的将来应收账款亦以"卖方义务未履行完毕"为必备构成要素。这是界定《民法典》保理合同中"将来应收账款"的重要基点。

(三)国内相关司法裁判立场亦多以卖方是否履行基础合同义务作为区分将来应收账款与现有应收账款的依据

在国内有关保理合同中将来应收账款的裁判中，亦是秉持卖方义务是否履行完毕的标准区分现有应收账款和将来应收账款。例如，天津市高级人民法院在某判决说理中认为，如果卖方根据案涉合同约定向买方交付了圆坯，那么应收账款便是既存的；反之，该应收账款则是未来的。[1] 另有审判实务观点认为,保理合同中"将有的应收账款"未能转为"现有的应收账款"的原因在于卖方未履行基础合同义务。[2] 对于以上天津市高级人民法院的裁判,有学者提出批评,并认为应收账款于基础合同生效时即告真实存在,"而非什么未来的"。[3] 亦有学者认为,赊销交易中应收账款的产生时点并非基础合同生效时,而是卖方义务履行完毕时,否则买方会提出先履行抗辩权。[4] 对此,笔者认为,上述司法裁判和学理意见所涉及的是关于将来应收账款不同方面的问题(司法裁判涉及的是将来应收账款的界定标准问题,而学理意见关注的则是将来应收账款的产生时间问题),司法裁判中有关将来应收账款内涵的界定并无不当,对其进行批评的学理意见不能成立。因为,何谓将来应收账款与将来应收账款何时产生本即不可混同,自然不应以对后一问题的看法否定关于前一问题的裁判立场。就后一问题而言,的确存在将来应收账款产生于卖方义务履行完毕时抑或基础合同生效时之争论的必要性。将来应收账款自其确定时产生,故基础合同生效时,将来应收账款产生。自基础合同生效时至出卖方给付义务履行完毕时止,将来应收账款债权持续存在。出卖方义务履行会产生双重效果,即将来应收账款因转化而消失,现有应收账款产生。在此意义上,将来应收账款的转化与现有应收账款的产生具有同一性。上述关于应收账款产生时点的分歧原因在于没有注意到将来应收账款与现有应收账款在发生问题上的差异性。

(四)上列关于将来应收账款的第二种分类难以自圆其说

与上列关于将来应收账款的第一种分类不同的是,第二种分类增

---

〔1〕 参见最高人民法院民事裁定书,(2016)最高法民终6号。
〔2〕 参见江苏省高级人民法院民事判决书,(2015)苏商终字第00131号;齐晓丹、孙璟钰:《保理合同纠纷的审理要点》,载《人民司法》2021年第8期。
〔3〕 参见崔建远:《关于债权质的思考》,载《法学杂志》2019年第7期。
〔4〕 参见方新军:《〈民法典〉保理合同适用范围的解释论问题》,载《法制与社会发展》2020年第4期。

列了"有基础法律关系、卖方已履行义务但收款条件尚未成就时的将来应收账款"类型(以下简称增列类型)。该增列类型突破了会计学上将来应收账款概念所必备的"卖方未履行给付义务"之内涵标准。实际上,一旦债权人(卖方)履行了基础合同项下的给付义务,将来应收账款即转化为现有应收账款;即便果如其所设、有"收款条件尚未成就"的情形,亦仅意味着对合同付款义务预期性的控制,并不会因此改变其已成为现有应收账款的实质。而且,上述增列类型与其所在行文中其他有关将来应收账款概念的界定多有抵牾。如前文中已有列明:会计学原理上界定的将来应收账款以"卖方义务未履行完毕"为前提;而上述增列类型却又将"卖方已履行义务"作为有基础法律关系的将来应收账款的构成要素,显然自相矛盾。同样,在有关将来应收账款的"权利定位"的行文中,应收账款被限定为"不附条件的债权";而上述增列类型却又明确包含了"收款条件尚未成就"的构成要素,亦显然与以上限定标准不相符合。可见,上述增列类型不应作为有基础法律关系的将来应收账款的有效类型,将来应收账款仅应包含无基础法律关系的将来应收账款和有基础法律关系、卖方尚未履行给付义务的将来应收账款。

三、可叙作保理的将来应收账款之确定性的判断及法律意义

(一)具备确定性的将来应收账款可以叙作保理

关于将来应收账款可否作为保理合同的客体的问题,《民法典》颁行前的国内相关裁判立场素有分歧。持否定意见者认为,能够叙作保理的应收账款必须是确定的、已经存在的债权,将来应收账款不能作为保理合同的客体。其主要理由在于:原银监会 2013 年发布的《关于加强银行保理融资业务管理的通知》第 6 条、2014 年发布的《商业银行保理业务管理暂行办法》第 13 条均规定商业银行不得基于未来应收账款开展保理融资业务,以将来应收账款为客体的保理合同会因违反此规

定而无效。[1] 而居于多数一方的持肯定意见者则认为,上述部门规章的禁止性规定并非法律、行政法规的强制性规定,不能据此否定标的为将来应收账款的保理合同的效力。[2] 该肯定性裁判立场的理由被进一步阐释为:上述原银监会的管理规范"旨在引导保理商控制经营风险,并不涉及合同效力判断。保理商违反该规定开展未来应收账款保理融资业务,增加自身经营风险的同时,也会带来额外收益和正外部效应,司法不宜过度介入市场主体基于商事判断做出的选择,不宜认定保理合同无效"[3]。

相关裁判及学理意见的分歧还延伸至对于保理合同中的将来应收账款是否需要具备基础法律关系问题的争论。对于有基础法律关系的将来应收账款,较为一致的裁判立场是认为其具备确定性和可转让性,可以叙作保理合同的客体;同类裁判立场进而认为,可转让叙作保理的将来应收账款不以有书面基础合同明确约定为必要,仅有事实合同关系、有明确债务人且在保理合同中约定了产生期间的将来应收账款,均可纳入保理合同的客体范围。[4] 对于无基础法律关系的将来应收账款可否叙作保理合同客体的问题,相关裁判及学理意见的分歧较大。有观点认为,就无基础法律关系的将来应收账款,双方当事人仅有未来订立合同意向的约定,其债权的确定性和特定性较弱,尚无开展保理业务

---

[1] 参见湖北省高级人民法院民事判决书,(2017)鄂民终3301号。
[2] 参见江苏省高级人民法院民事判决书,(2015)苏商终字第00131号;北京市第三中级人民法院民事判决书,(2017)京03民终9853号;湖北省汉江中级人民法院民事判决书,(2017)鄂96民终300号;湖北省高级人民法院民事判决书,(2017)鄂民终3113号;最高人民法院民事判决书,(2018)最高法民终31号;最高人民法院民事判决书,(2018)最高法民再128号。
[3] 江苏省高级人民法院民二庭课题组:《国内保理纠纷相关审判实务问题研究》,载《法律适用》2015年第10期。2014年天津市高级人民法院发布的《关于审理保理合同纠纷案件若干问题的审判委员会纪要(一)》的第二部内容亦认可以将来应收账款为客体的保理合同的效力。
[4] 参见重庆川江船务有限公司与重庆明德商业保理有限公司普通破产债权确认纠纷案,重庆市第五中级人民法院民事判决书,(2021)渝05民终1665号。

的基础,不能叙作保理。[1]有的裁判则明确认可无基础法律关系的将来应收账款可被纳入保理合同的客体。[2]亦有学者对此持相同意见,并认为可以借此拓展保理业务的适用范围,契合应收账款融资井喷式增长的现实需求。[3]

笔者认为,将来应收账款(包含有基础法律关系的将来应收账款和无基础法律关系的将来应收账款)均可被纳入保理合同的客体。因为,如果说在《民法典》颁行前,囿于原银监会规章的禁止性规定,尚有将来应收账款可否叙作保理的争议空间的话,则随着《民法典》第761条明确将将来应收账款纳入保理合同的客体范围,将来应收账款可以叙作保理已经毋庸置疑。即使在《民法典》颁行之前,主流司法裁判倾向亦是认可将来应收账款可以叙作保理。至于无基础法律关系的将来应收账款,即便其债权的确定性和特定性较弱,亦不应因此关闭交易主体将其约定为保理合同客体的通道。因为,归根结底,与所有商事交易一样,保理交易亦是市场原则主导下的商事自治行为。保理人甘愿就缺乏确定性的无基础将来应收账款签订保理合同,其所承受的商业风险并未超出理性商事主体自主选择和决策的合理限度;况且,保理人大可通过对交易相对方授信额度的控制来化解此种债权不确定的风险。由此,法律不宜过分干预自主选择的保理交易行为。事实上,保理商通过整体受让的方式(将现有的和将有的应收账款整体转让以叙作保理)针对将来应收账款开展保理业务的做法非常普遍,当事人基于某类收费权所可能关联的无基础将来债权叙作保理的做法亦绝无仅有。相应

---

[1] 参见上海市浦东新区人民法院民事判决书,(2015)浦民六(商)初字第1918号;包晓丽:《保理项下应收账款转让纠纷的裁判分歧与应然路径》,载《当代法学》2020年第3期。
[2] 参见最高人民法院民事判决书,(2018)最高法民再129号;浙江省台州市中级人民法院民事判决书,(2020)浙10民终1065号。
[3] 参见方新军:《〈民法典〉保理合同适用范围的解释论问题》,载《法制与社会发展》2020年第4期;张素华、李鸣捷:《保理合同中"将来应收账款"释论》,载《华东政法大学学报》2023年第2期。

地,在国内商业保理领域,北京、上海、南京、福州等地的相关管理规范早已允许商业保理公司基于将来应收账款开展保理业务;《中国银保监会办公厅关于加强商业保理企业监督管理的通知》已弛禁以将来应收账款叙作保理。在比较法层面,《俄罗斯民法典》第826条、《澳门商法典》第872条第1款、《联合国国际贸易应收款转让公约》第8条第1款等均认可无基础法律关系的将来应收账款可以转让叙作保理。就此而言,将无基础法律关系的将来应收账款纳入保理合同的客体范围,亦是顺应保理业务发展和保理规范现代化的需要。

(二)应将高度发生可能性纳入无基础将来应收账款确定性的衡量范围

1.何谓将来应收账款的确定性?为了防止不适格的将来应收账款保理产品因为"权利真空"对金融市场秩序造成的冲击,避免由此可能引发的系统性金融风险,在处分行为层面上对叙作保理的将来应收账款作确定性或特定性限制是必要的。而至于何为将来应收账款的确定性,国内相当部分的裁判意见是将其界定为该类债权的发生可能性,认为只要将来应收账款具有高度发生可能性或合理可期待性,即满足了作为保理合同客体的确定性要求,相关保理合同的效力即应予以肯定。[1] 国内亦有多数学理意见认为应从发生可能性或可期待性的角度理解将来应收账款的确定性要求。[2] 新近有学者质疑以上意见,认为将来应收账款的确定性或特定性应被归结为将来应收账款的可区分性或可识别性。其理由大致有:作为处分行为生效要件的客体特定性(确

---

[1] 参见最高人民法院民事判决书,(2018)最高法民再128号;海南省高级人民法院民事判决书,(2018)琼民初51号;浙江省台州市中级人民法院民事判决书,(2020)浙10民终1065号;河南省高级人民法院民事判决书,(2020)豫民申322号;山东省烟台市中级人民法院民事判决书,(2021)鲁06民终3785号。

[2] 参见曹士兵:《中国担保制度与担保方法》(第4版),中国法制出版社2017年版,第369~370页;王利明:《我国民法典物权编中担保物权制度的发展与完善》,载《法学评论》2017年第3期;包晓丽:《保理项下应收账款转让纠纷的裁判分歧与应然路径》,载《当代法学》2020年第3期;詹诗渊:《保理合同客体适格的判断标准及效力展开》,载《环球法律评论》2021年第5期。

定性)针对的是某财产能够区别于处分人的其他财产,与该未来财产能否实际发生或存在无关;没有可期待性或发生可能性的未来财产亦可因能够区别于处分人的其他财产而满足特定性标准,从而可以成为处分行为的客体;未来财产的登记标准为合理识别标准,亦与发生可能性无关;认定未来债权能否发生、有无可期待性,系应由交易者自行把握的商业风险考量问题,超出司法者的判断能力;可期待性标准属于主观标准,取决于判断者的主观认识,无法得出技术上可操作的基准。[1]

就以上争议问题,笔者认为,坚持可区分性或可识别性标准当然可以满足对将来应收账款确定性的判定要求,但针对无基础法律关系的将来应收账款确定性的衡量,则应首先坚持高度发生可能性或合理可期待性的判定标准。理由如下。

第一,无基础法律关系的将来应收账款尚不具备可以与处分人其他财产相区别的条件,影响其确定性的首要因素是债权的发生可能性问题。如前所述,司法及学理上对于有基础法律关系的将来应收账款可以叙作保理客体的意见基本一致,存有较大分歧者主要是针对无基础法律关系的将来应收账款叙作保理客体的适格性问题。而对于无基础法律关系的将来应收账款,反对论者之所以主张将其排除于保理合同客体范围以外,主要出于对其发生可能性的疑虑,从而认为其不具备适于转让的确定性。在以基于政府特许经营产生的公路、桥梁、隧道、渡口等不动产未来收费权叙作保理的情形中,保理合同签订时,具体的通行服务合同关系尚未发生,当事人约定转让的将来应收账款尚不具备发生的现实基础,亦便无从与让与人的其他财产相区分。易言之,尚无可能借助可区分路径实现对其确定性的判断。此时,就这些无基础法律关系的将来应收账款而言,最主要的问题是能否发生的问题;相应

---

[1] 参见李宇:《保理法的再体系化》,载《法学研究》2022年第6期。

地,对其确定性的判定而言,更具有操作性的衡量维度莫过于看该类债权是否有发生的高度可能性。正是因为如此,如上所述,国内多数相关司法裁判均是从该类应收账款债权发生可能性或合理可期待性的角度对其确定性的有无进行判断。此种司法裁判的通常做法应予遵循。

第二,将无基础法律关系将来应收账款的确定性标准定位为可区分性或可识别性会增加让与人争取保理融资的交易成本。可区分性标准无疑课予了让与人证明无基础法律关系将来应收账款区别于自己其他财产的义务,否则便会因不能打消保理人对即将受让的未来债权的确定性顾虑而失去获得保理融资的交易机会。事实上,从接触磋商直到保理合同签订时,双方约定转让的不动产收费权一类的将来应收账款仍仅是一项概念性的可期待财产,尚不存在发生的现实基础,在让与人的会计账簿上甚至不能体现为任何资产项目。在此情况下,要求急于寻求保理融资的让与人对该种尚无产生基础的将来应收账款进行有效区分和识别,无疑强人所难,将无端课予其额外注意义务,加重其交易成本负担,甚至会阻碍保理业的正常发展。而一项无基础法律关系的将来应收账款虽然不可识别和区分,但就其发生可能性而言,完全是可以期待的。保理人基于对让与人经营资质、收费范围、过往业绩等因素的考量,可径行完成对拟受让的将来应收账款是否可以合理期待从而具备确定性的判断;让与人对转让标的可期待性的阐明可轻易完成,甚至尊重保理人的确信而无须负担特别的证明义务。

第三,合理期待性或高度可能性标准并不因其主观属性而当然不具备对无基础关系将来应收账款确定性的判断价值。诚然,相较于可区分性标准,高度可能性标准属于主观标准。但是,主观标准亦有客观性的一面,有客观规则可以遵循。在无从适用客观标准或者存在显著的比较优势的场合,主观标准自有其适用价值。主观标准在法律上的适用亦绝无仅有,如刑法中的期待可能性归罪原理、民事诉讼法中的高度盖然性证据规则均为其例。就无基础关系将来应收账款之确定性的判断而言,合理期待性或高度可能性标准可以以一般理性人的认知标准为客观基础,实现对某项将来债权是否满足确定性要求的稳定评判。例如,依据常识常情,只要让与人没有丧失经营主体资格或经营期限未满,其承诺的未来期间内基于特许收费权的诸项应收账款便会照旧稳定发生,相关将来应收账款即因具有高度发生可能性而符合债权转让对客体的确定性要求。此种判断是理性认知和选择的结果,具有社会共通性(社会中的绝大多数人在同一情景下均会做出大体一致的判断和选择),可以最大限度地避免个体认知的主观差异。

第四,上述可区分性(或可识别性)标准论者的理由难以成立。首先,不能绝对断言未来财产能否实际发生或存在与其作为处分行为客体的确定性要求无关。对于无基础关系的将来应收账款,当选择以债权发生的高度可能性作为其具有确定性的判定标准时,该将来应收账款发生和存在的可能性便与其确定性直接相关,进而会影响处分行为的效果。其次,并非属于商业风险的事项即不需要司法衡量。当商业风险与裁判结果相关联、具有裁判意义时,即是属于司法裁断的范畴。如在情势变更制度的适用中,法官即须对商业风险与重大情势变化的界限进行甄别、判断。同理,在对无基础关系的将来应收账款发生可能性的判断直接关乎其确定性的有无进而影响债权转让效果的情况下,该债权发生可能性的问题已不仅是当事人所应承受的商业风险问题,更是需要进行司法权衡和判断的问题。再次,《民法典》第761条"对将有的应收账款并未设限"不能成为否定合理期待性或高度可能性标准的理由。囿于理论准备和司法经验的不足,《民法典》对整个保理合同制度的规定均是框架式的,其将具体问题留待法律解释的意图是显而易见的。"并未设限"并不一定等于对高度可能性标准的否定。该条亦未明确规定可识别性标准,显然亦不能因此断定其对可识别性标准的适用亦是否定的。最后，论者以集合债权的概括让与为例，称"如以可合理期待性之有无或高低评判保理合同效力，将导致保理合同部分乃至全部无效的后果，割裂交易的整体性，破坏商业规划，致使合同目的落空"，云云。此种分析并不能表明：相应情形中，可识别性标准在将来应收账款确定性的判断上比合理期待性标准有着明显优势。若合理期待性标准存在如论者所称的"割裂交易的整体性"的"弊端"的话，则该种"弊端"在适用可识别性标准时亦难以避免，甚至因为现有应收账款与将来应收账款事实上的混沌不清，可识别性标准的适用更为困难，更易造成否定合同效力进而破坏商业规划的后果。

第五，有基础法律关系将来应收账款的确定性可以指向该未来债权的可区分性或可识别性。因为，仅对有基础合同关系的将来应收账款，根据其与具体合同的对应性进行特定化的区分和识别才是可行的。在已有生效的基础合同依据的情况下，即使出卖方尚未履行合同项下的给付义务，其也可以将合同项下的将来应收账款计为自己账目上的合同资产。在以该类将来应收账款叙作保理时，可以合理期待让与人将其与自己的其他财产相区分，让与人可以通过提供基础合同文本、相关财务会计资料等方式实现对该类将来应收账款的特定化区分。因此，在存在可行前提的情况下，不应排除可区分性或可识别性标准对将来应收账款确定性判断的适用。

2. 何以判断将来应收账款具有确定性？就将来应收账款（尤其是无基础法律关系的将来应收账款）确定性的判定方法，国内相关裁判立场不一。有的裁判强调将来应收账款数额须确定，并因将来应收账款数额不特定而否决了案涉保理合同的效力。[1] 有的裁判以债权产生期

---

〔1〕 参见成都天天快递服务有限公司与创普商业保理（上海）有限公司、成都迅雷物流有限公司等保理合同纠纷案，上海金融法院民事判决书，(2021)沪74民终451号。

间作为将来应收账款确定性的判定依据,认定双方约定的未来若干年经营期内销售产生的全部应收账款可以作为保理合同的客体。[1] 有的裁判意见认为无基础法律关系将来应收账款的确定性以应收账款债权成立于保理合同之前且债务人确定为必要,否则便不能构成保理合同关系,而构成民间借贷合同关系。[2] 另有裁判认定将来应收账款的确定性以存在基础法律关系为必要,认为系争保理协议约定以POS机中未来营业收入作为转让标的,"仅就所涉将来债权作了期间上的界定,对于交易对手、交易标的及所生债权性质等债之要素均未提及",难以认定所涉将来应收账款债权已相对确定和具备合理期待利益,不可对外转让。[3] 学理上亦提出了不同的判定方法,主要有:第一,以发生基础判断将来应收账款债权的特定性。该观点认为存在基础法律关系的将来应收账款具有特定性,而没有基础法律关系的将来应收账款债权不具特定性。[4] 第二,借助对保理人为保理客户核准的信用额度和保理合同约定转让将来应收账款的产生期间的核查,落实对无基础法律关系将来应收账款确定性的判断。[5] 第三,通过动态系统方式,借助对将来应收账款的发生原因、金额、期限、债务人以及授信额度等方面要素的综合衡量,实现对将来应收账款确定性的判定。[6] 笔者赞成动态系统论的判定方式,理由如下。

其一,动态系统论的判定方式能够适应将来应收账款保理业务运行的实际状况,有助于国内保理业的发展。因应国际贸易领域应收账

---

[1] 参见天台县百赞塑胶有限公司、东莞银行股份有限公司惠州分行申请执行人执行异议之诉案,浙江省台州市中级人民法院民事判决书,(2020)浙10民终1065号。

[2] 参见卡得万利商业保理有限公司、烟台百草堂足浴有限公司等不当得利纠纷案,山东省烟台市中级人民法院民事判决书,(2021)鲁06民终3785号。

[3] 参见卡得万利商业保理(上海)有限公司与福建省佳兴农业有限公司、陈某某借款合同纠纷案,上海市第一中级人民法院民事判决书,(2015)沪一中民六(商)终字第640号。

[4] 参见黄茂荣:《债法通则之三:债之保全、移转及消灭》,厦门大学出版社2014年版,第118页。

[5] 参见张素华、李鸣捷:《保理合同中"将来应收账款"释论》,载《华东政法大学学报》2023年第2期。

[6] 参见詹诗渊:《保理合同客体适格的判断标准及效力展开》,载《环球法律评论》2021年第5期。

款债权融资的实际需求,放宽对将来应收账款转让或叙作保理的限制已成为主要国际规约的通行做法。《国际保理公约》第 5 条第 1 款规定:"保理合同关于转让已经产生或将要产生的应收账款的规定,不应由于该合同没有详细列明这些应收账款的事实而失去其效力,如果在该合同订立时或这些应收账款产生时上述应收账款可以被确定在该合同项下的话。"《联合国国际贸易应收款转让公约》第 8 条第 1 款规定:"应收款由任何其他方式列明,但条件是在转让时,或就未来应收款而言在原始合同订立时,可被认明是与该转让相关的应收款。"二者均不要求在保理合同签订时将来应收账款债权必须实际产生或被详细列明,而是认可将来应收账款交易的共通规则理念,即只要在将来应收账款债权产生时能够被确定到事先约定的合同项下即可。[1] 我国国内保理行业的发展处于起步阶段,实践中将来应收账款债权融资需求旺盛,当事人以现有的和将有的应收账款债权概括转让叙作保理的做法极为普遍,这就要求在对将来应收账款确定性的判断上顺应国际趋势,采用较为宽松、灵活的判定标准和方法。动态系统论的判定方法恰能满足这一要求。该方法注重各判定要素之间的动态互补运用,易于灵活实现对将来应收账款确定性的实质把握。按照该判定方法,当一项将来应收账款不具备此种或此部分构成要素但是具备彼种或彼部分构成要素时,亦可充实确定性的判定标准。比如,作为正常营业收入的将来债权虽然债务人、产生期间、金额等要素都无法确定,但是由于债权发生原因足够确定,则应当认可其具有特定性。可见,动态系统论的判定方法并非如反对论者所称意味着判定标准的严格化。相反,若仅把将来应收账款确定性的判定依据锁定于债权产生期间、核定的信用额度等

---

[1] 参见[英]弗瑞迪·萨林格:《保理法律与实务》,刘圆、叶志壮译,对外经济贸易大学出版社 1995 年版,第 43~44 页;[德]海因·克茨:《欧洲合同法(上卷)》,周忠海等译,法律出版社 2001 年版,第 393~394 页。

单一静态要素之上,则当一项有价值的将来应收账款不具备该静态要素时,在其确定性的判定上便无任何回旋余地,这反倒造成了对确定性判断的限制。此种静态要素判定方法标准单一机械,缺乏对适格将来债权应有的包容度,极有可能将那些虽不具备确定性的形式要件但产生基础真实可靠的将来应收账款拒于债权融资市场的大门之外,从而不当遏制保理业的发展与进步。相较而言,动态系统论的判定方法不拘泥于将来应收账款确定性的静态形式化要求,涵盖了没有法律关系发生基础但有发生可能的将来债权转让的情形,其所引向的判定标准更为宽松,更能满足将来应收账款融资激增和国内保理业发展的实际需求。

其二,动态系统论的判定方法能够最大限度地减小判定结果的模糊性,实现对将来应收账款债权确定性的稳定把握。在将来应收账款债权确定性的判定依据上,上述反对论者的以下说法不能成立,即除了产生期限以外的其他判定因素皆无定准。因为,将来应收账款(尤其是无基础法律关系的将来应收账款)在其产生以前本身即是不确定的。在借以判定无基础法律关系将来应收账款的确定性上,债权产生期间、发生原因、数额、债务人等因素的参考作用均无绝对定准可言,任何单项参考因素均只能辅助反映该将来应收账款债权的可能状况,所指向的判定结果均只能是该将来应收账款债权的相对确定性。相较而言,动态系统论的判定方式综合了各相关因素与将来应收账款债权的关联状态,恰能将此种相对确定性再向前推进一步,使其更加接近绝对确定性。例如,某开发商欲以某处不动产物业未来两年租售产生的应收账款债权叙作保理,尽管其中的将来应收账款的产生期间是明确的,但若该不动产物业所处地段的租售市场素来不景气,以往的租售业绩也欠佳,则仅依据债权产生期间的因素对该将来债权确定性的预判便是不准确的;相反,若按照动态系统论的判定思路,在将来债权产生期间要素以外,同时将该应收账款的交易背景、产生原因等要素纳入考量范围,便能相对准确地完成对该应收账款债权确定性的判断。

其三,单一静态要素判定方法容易流于机械,且可能诱发投机交易行为。若将将来应收账款确定性的判定依据锁定于一个或部分构成因素之上,则将不当限制法官综合各方面因素对将来债权的确定性进行实质性判定的机会,造成判定方法和判定结果的教条化、机械化。而且,此种单一静态要素的判定方法也易为避重就轻、避实就虚的不诚信债权融资行为制造可乘之机,可能诱发投机交易。因为对于一项无基础法律关系的将来应收账款债权,让与人仅需要明确其产生期间,便可以满足单一静态要素判定方法对将来债权确定性的规则要求。这就意味着:即使其确定性仍然存在较大的潜在风险,该将来债权亦可作为融资基础,堂而皇之地流入金融市场。其中的危害后果是不言而喻的。而动态系统论的判定方法可实现对于适格将来应收账款债权确定性的实质把控,从而较大可能地避免以上投机交易行为的发生。

其四,动态系统论判定方法的运用已有相当的国内实践基础和比较法上的既成经验。某种意义上,对于相关影响因素或变项较多的制度适用而言,动态系统论的判定方法是不可避免的。国内司法实践中以动态系统论的思维加以裁判的做法历来有之。比如,在对精神性人格权侵权责任的司法裁判中,动态系统论的思维素有运用,已经形成相当深厚的实践基础。正因如此,我国《民法典》才赋予其明确的法律地位。相应地,将动态系统理论运用于限缩保理合同中将来应收账款的文义范围,与我国现行法和司法实践中的相关做法并不违和,且有着优化运用的实践基础。同时,在将来应收账款债权确定性的判定上,动态系统的方法已在日本民法学界形成较为成熟的学理意见,可为国内实践提供经验借鉴。

其五,动态系统论判定方法的负面效应可以借助民法中的其他制度加以限缩。有学者指出,动态系统论具有判定标准的恣意性与不确定性之弊,其作用不可高估。[1] 诚如其所论,与所有规则一样,动态系统论判定方法亦有其弊。但其负面效应完全可以通过规则的理性运用和实践优化得以限缩甚至克服。为避免动态系统判定方法运用过宽而导致将来应收账款让与人的债权人的不利益和超额债权让与担保,日本学理上以公序良俗原则限制其适用。[2] 我国《民法典》亦不乏公序良俗制约机制的制度供给,相关司法实践已将公序良俗原则的适用明确延伸至对金融领域系统性风险的防范之中,可以有效防范因动态系统论方法对将来债权的不当判定所导致的重大利益失衡。况且,在我国已经建立了动产与权利统一登记制度的情况下,实践中当事人会就保理交易中将来应收账款债权的转让更多地予以登记,这可以在较大范围内限缩动态系统论判定标准的不确定性。

动态系统论的基本构想是:特定在一定的法律领域发挥作用的诸"要素",通过"与要素数量和强度相对应的协动作用"证明、正当化法律规范或者法律效果。[3] 它表明规范背后各要素之间相互协动的弹性互补关系,一项要素的充分满足可以降低另一项要素的要求。[4] 按照动态系统理论,就某一具体法律问题,参与协作的要素应当是确定的,各要素彼此间的权重也应尽量确定。这些要素的满足度决定了法律效果的强度。同时,要构成一个完整的动态体系规范,还需要基础评价乃至原则性示例。[5]

---

〔1〕 参见解亘、班天可:《被误解和被高估的动态体系论》,载《法学研究》2017年第2期。
〔2〕 原惠美「将来発生する債権の譲渡に関する制限基準」法律時報92巻3号(2020年)123~127頁参照。转引自詹诗渊:《保理合同客体适格的判断标准及效力展开》,载《环球法律评论》2021年第5期。
〔3〕 参见[日]山本敬三:《民法中的动态系统论——有关法律评价及方法的绪论性考察》,解亘译,载梁慧星主编:《民商法论丛》第23卷,金桥文化出版有限公司2003年版。
〔4〕 参见[奥]瓦尔特·维尔伯格:《私法领域内动态体系的发展》,李昊译,载《苏州大学学报(法学版)》2015年第4期。
〔5〕 参见解亘、班天可:《被误解和被高估的动态体系论》,载《法学研究》2017年第2期。

就如何运用动态系统论方法实现对将来应收账款确定性的判断的问题，同样亦须考虑相关要素的范围和各要素的权重关系。在要素范围的确定上，对于有基础法律关系的将来应收账款而言，其确定性的成立以存在据以产生应收账款的基础合同为已足，自不待言。对于无基础法律关系的将来应收账款而言，笔者认为，影响其确定性判断的相关要素应包括：背景交易基础、与现有应收账款债权的结合状况、债权类型、债权产生期间、债权数额。

背景交易基础，是指能够据以预测无基础法律关系的将来应收账款发生可能性的既有交易事实和现实交易条件，包含让与人的过往经营业绩、行业交易习惯等。只要让与人有着真实的同类过往业务，且按照行业交易习惯未来债权体量是可预期的，则可满足某项无基础关系将来应收账款的确定性要求；故背景交易基础应被纳为权衡将来应收账款确定性的考量要素。"成都天天快递服务有限公司与创普商业保理上海有限公司、成都迅雷物流有限公司等保理合同纠纷案"[1]所涉将来应收账款虽系有基础法律关系的将来应收账款，且为包含了既有及将有应收账款的集合债权，其确定性自无疑问，但两审法院基于让与人有着过往经营业绩和符合快递服务行业通常收费规范的预期利润等，判定其中的将来应收账款具有确定性。这种着眼于背景交易基础的要素考量，对无基础法律关系的将来应收账款确定性的判断亦是可行的。

无基础法律关系的将来应收账款的确定性亦可视其与现有应收账款债权的结合状况加以判断。如在保理交易实践中较普遍存在的以集合（现有和将有）债权概括让与叙作保理的情形，即使签订保理合同时

―――――――――――
〔1〕 参见成都天天快递服务有限公司与创普商业保理上海有限公司、成都迅雷物流有限公司等保理合同纠纷案，上海金融法院判决书，(2021)沪74民终451号。

117

其中的将来应收账款尚不存在基础法律关系,亦可基于同一交易条件下现有和将有应收账款先后接续产生的固有可能性,实现对其中将来应收账款确定性的判断。

将来应收账款债权的类型本身亦可预示其发生的可能性大小。一般而言,基础设施和公用事业项目收益权有着特定的规范依据,相关将来应收账款的产生具有较强的稳定性和可预期性,容易满足确定性要求;纯粹竞争性商事经营中的将来应收账款的产生变数较大,较难满足确定性要求。

债权产生期间、债权数额亦可在一定程度上成为衡量无基础将来应收账款确定性的要素指标。也就是说,在当事人约定以将来特定时段内产生的一定数额的应收账款叙作保理时,可以认为其中的将来应收账款部分地满足了确定性要求。在"卡得万利商业保理有限公司与福建省佳兴农业有限公司、陈某某借款合同纠纷案"中,一审法院即根据"POS机在约定时间内也确实产生了账款"的事实,排除让与人有关案涉将来应收账款为虚假的异议,肯认了该将来债权的确定性;并进而认为,即使实际产生的账款额度低于先前约定及转让登记的额度,亦应属签约时难免的预估偏差,不应因此影响对其中将来应收账款真实性和确定性的判断。[1] 本案二审法院以案涉将来债权缺乏明确的"交易对手、交易标的及所生债权性质"为由,不认为其具备可叙作保理的确定性,进而予以改判。相较之下,笔者认为,本案一审法院以约定产生期间、约定债权数额评判将来债权确定性的思路更值得肯定。因为,尽管不能将债权产生期间、债权数额视为满足确定性要求的全部衡量要素,但就无基础将来应收账款而言,在不具备其他更有力的关联要素的

---

〔1〕 参见卡得万利商业保理(上海)有限公司与福建省佳兴农业有限公司、陈某某借款合同纠纷案,上海市浦东新区人民法院民事判决书,(2015)浦民六(商)初字第6975号。

情况下,基于鼓励保理交易发展的考量,债权产生期间、债权数额无疑是最佳关联要素。本案二审裁判其实是将具备确定性的将来应收账款仅限定于有基础法律关系的将来应收账款(对于如本案 POS 机预期账款之类的无基础将来应收账款,其所对应的合同关系的发生具有随机分散性、即时性和滞后性,不可能在保理合同签订时即已存在且有明确的"交易对手、交易标的"),不符合无基础将来应收账款已广泛叙作保理的交易实践,不利于保理业的壮大发展。

需要强调的是,保理人对客户的授信额度、债权转让登记不应成为衡量无基础将来应收账款确定性的要素指标。因为,保理人对客户的授信指保理人基于对保理客户(债权让与人)综合资信状况的审查而承诺提供融资幅度的行为;确定授信额度作为保理人的一种融资风控措施,与债权让与人的资信能力直接挂钩,不能标示将来应收账款产生可能性的大小,授信额度确定不等于将来应收账款额度确定;在保理交易中,将来应收账款的发生可能性是保理人对让与人授信的依据之一,而非相反,不能倒因为果。另外,如有的裁判正确分析的那样,当事人就将来应收账款转让在央行征信中心所作的登记,其意义仅在于保护善意第三人,征信中心并不审查该将来债权发生的可能性,故登记与债权的真实性与可确定性无关,[1]不应成为衡量将来债权确定性的要素指标。

就以上各要素在衡量将来债权确定性中的权重关系而言,按照动态系统原理,需先根据实际关联程度划定各要素在进行确定性判断中应占的比例域值(充足度),进而相对定量地勾勒各要素在完成将来债权确定性衡量中的"协动"过程及结果。在各要素应占的比例域值问题上,鉴于有基础法律关系足可满足对将来应收账款确定性的要求,集合

---

[1] 参见卡得万利商业保理(上海)有限公司与福建省佳兴农业有限公司、陈某某借款合同纠纷案,上海市第一中级人民法院民事判决书,(2015)沪一中民六(商)终字第 640 号。

债权概括让与有着普遍牢靠的实践基础和标示将来债权确定性的合理预期,基础设施和公用事业项目收益权具有较强的稳定性和可预期性,故该三种典型要素均可独立充实对将来应收账款确定性的要求,均应占到100%的比例域值。在以上典型情形之外,对于无基础法律关系、非属集合债权且为纯粹竞争性商事经营中的将来应收账款而言,其发生可能性或确定性的判定有赖于各变量要素的"协动""权衡"。而背景交易基础、债权类型、债权产生期间及数额三大要素(单纯的数额约定对未来债权确定性的判断没有意义,实践中约定期间内的约定数额才有判定意义,故组合为一个要素类型)均为对将来债权发生可能性的局部预测依据,均不能作为衡量将来债权确定性的独立因子,需要通过"协动"作用的发挥才能充实无基础将来应收账款的确定性要求。一般而言,因为撇开了典型情形下的特殊考量因素,故应均衡配置各衡量要素的比例域值或权重。以上三大要素在支撑将来债权确定性的判定中应各占1/3的比例域值或权重。由此,相关原则性示例应为:要素A(背景交易基础)×充足度(1%~33.3%)+要素B(债权类型)×充足度(1%~33.3%)+要素C(债权产生期间及数额)×充足度(1%~33.3%)=法律效果R(无基础将来应收账款确定)。

(三)将来应收账款不确定不影响保理合同的效力和成立

如果叙作保理合同客体的将来应收账款(尤其是无基础法律关系的将来应收账款)不具备确定性,是否会影响保理合同的效力?若有影响,又如何影响?就此,国内相关司法裁判意见亦有不一,主要有以下几点。第一,将来应收账款不确定将导致保理合同不能成立,双方当事人之间成立借贷合同关系;[1]另有裁判立场认为,在有基础法律关系的

---

[1] 参见卡得万利商业保理(上海)有限公司与福建省佳兴农业有限公司、陈某某借款合同纠纷案,上海市第一中级人民法院民事判决书,(2015)沪一中民六(商)终字第640号;卡得万利商业保理有限公司、烟台百草堂足浴有限公司等不当得利纠纷案,山东省烟台市中级人民法院民事判决书,(2021)鲁06民终3785号。

将来应收账款保理中,若因让与人未履行基础合同项下的给付义务而致应收账款债权未能产生,亦不成立保理合同,而仅成立借贷合同关系。[1] 第二,将来应收账款不确定、不存在会导致保理合同无效。[2] 第三,将来应收账款不确定不会影响保理合同的效力。[3] 国内一般学理意见是认为将来应收账款不确定、保理人不能要求债务人支付应收账款不会影响保理合同的效力,[4] 在持此意见的学者中,亦有的同时主张相关合同应以借款、买卖等合同关系论。[5] 对以上争议问题,笔者认为,若叙作保理的将来应收账款不具备确定性,既不影响保理合同的效力,亦不影响保理合同的成立。理由如下。

第一,保理合同的效力不因作为其客体的将来应收账款不确定而受影响,符合负担行为与处分行为相区分的原理。依据物权行为理论,双方当事人订立的债权合同产生一种对价关系,为当事人设定债权债务的负担和请求权,形成物权变动的原因关系,是为负担行为;其目的并不直接指向物权的变动,不对既有权利产生直接影响,亦不能决定物权合意的效力。物权合意并不产生义务负担,而是直接指向物权的设立、转让或者消灭,直接发生物权变动,是为处分行为(债权让与行为被称为准物权行为,亦属于处分行为)。[6] 负担行为与处分行为在概念和法律效果上都完全独立。为我国主流学理意见所肯认的债权形式主

---

[1] 参见中国建设银行股份有限公司洛阳分行与咸阳川庆鑫源工程技术有限公司、咸阳川庆鑫源工程技术有限公司工贸分公司及新安县腾飞陶粒有限公司等保理合同纠纷案,河南省高级人民法院民事判决书,(2021)豫民终18号。

[2] 参见吉林省前郭县阳光村镇银行股份有限公司、吉林省松原市ార瑞祥贸易有限公司、中央储备粮长春直属库有限公司债权转让合同纠纷案,吉林省前郭尔罗斯蒙古族自治县人民法院民事判决书,(2016)吉0721民初5573号;吉林省松原市中级人民法院民事判决书,(2017)吉07民终1532号。

[3] 参见最高人民法院民事判决书,(2018)最高法民再129号;吉林省高级人民法院民事判决书,(2018)吉民再191号;浙江省台州市中级人民法院民事判决书,(2020)浙10民终1065号。

[4] 参见庄加园:《〈合同法〉第79条(债权让与)评注》,载《法学家》2017年第3期;李宇:《保理法的再体系化》,载《法学研究》2022年第6期;张静:《将有债权处分的法律构造与顺位安排》,载《法学》2022年第2期;高圣平:《论民法典上保理交易的担保功能》,载《法商研究》2023年第2期。

[5] 参见詹诗渊:《保理合同客体适格的判断标准及效力展开》,载《环球法律评论》2021年第5期。

[6] 参见孙宪忠:《中国民法典采纳区分原则的背景及其意义》,载《法治研究》2020年第4期。

义理论虽与物权行为理论的内涵有所不同,但在强调物权变动的效果状况不影响债权合同效力这一点上,二者是一致的。因此,处分行为状况不影响负担行为效力的规则作为前提性规则是可以成立的。就将来应收账款叙作保理而言,将来应收账款债权(尤其是无基础法律关系的将来应收账款债权)是否因不确定、不适格而不能转让作为保理合同的客体,仅关乎保理人能否向债务人索求应收账款,是处分行为层面上的问题,不应因此而影响作为负担行为的保理合同的效力。保理合同不因将来应收账款的不确定而当然无效。若基础交易合同嗣后未订立,保理人不能取得应收账款债权,已经成立的保理合同继续有效,让与人须负不履行保理合同的违约责任。

第二,依据意思自治原则,即使作为其客体的将来应收账款不确定,让与人、保理人之间亦可基于约定而成立保理合同。就将来应收账款订立保理合同,属于当事人意思自治的范畴。当事人之间只要有负担让与应收账款之义务的意思,即已具备保理合同的要素。[1] 保理合同的成立仅以有应收账款转让的约定为必要,而非必须要求有应收账款转让的实际效果,亦无须要求应收账款具备确定性。故若将来应收账款不确定、未发生,不仅不应影响保理合同的效力,也不应影响保理合同的成立。若因让与人未履行基础合同义务导致将来应收账款未发生,进而使保理人无从要求债务人偿付应收账款,仅令让与人向保理人承担债务不履行的违约责任即可;此时,仍可认为双方之间存在保理合同关系,而不应将其定性为借贷合同。在"中国建设银行股份有限公司洛阳分行与咸阳川庆鑫源工程技术有限公司、咸阳川庆鑫源工程技术有限公司工贸分公司及新安县腾飞陶粒有限公司等保理合同纠纷案"中,针对让与人未履行基础交易合同义务、将来应收账款未实际产生的

---

［1］ 李宇:《保理法的再体系化》,载《法学研究》2022 年第 6 期。

状况,两审法院均以案涉将来应收账款债权不具有作为保理合同客体的确定性为由,仅支持保理人向让与人索还保理融资本息,不支持保理人对应收账款债务人的偿付诉求。笔者认为,此种因将来应收账款债权未发生而影响保理合同成立和性质的裁判思路有失妥当。依据合同自由原则,案涉保理合同应在让与人和保理人之间成立并生效,保理人既有权向让与人索还保理融资本息,亦有权向让与人追究未履行保理合同的违约责任;保理人因将来债权未产生而不能要求债务人支付应收账款的事实不应影响保理合同的成立。

第三,将来应收账款不确定时不成立保理而按借贷处理的做法有违合同自由原则,限制了保理人应有的合同权利。在将来债权不确定时径行将合同定性为借贷合同,有不当拟制当事人合同意志之嫌,有悖合同自由原则,更会不当限制保理人的合同债权,导致保理人向让与人索还约定的保理管理费和追究违约责任的主张失去请求权基础依据。在"卡得万利商业保理有限公司、烟台百草堂足浴有限公司等不当得利纠纷案"[1]的裁判中,两审法院均未支持保理人向让与人索还保理融资对价款、保理手续费及逾期违约金的诉求,而将案涉合同定性为借贷。其理由主要有:其一,将来应收账款(包含无基础法律关系的将来应收账款)的转让均要求必须有特定的债务人;案涉"POS机上形成的所有应收账款及其收款权利"针对的系不特定的多个债务人,且均发生于系争保理合同签订之后,系将来债权,不具备确定性和可转让性。其二,无论应收账款是否实际发生,让与人均需要按约定偿还保理融资本息,双方当事人之间的权利义务内容构成民间借贷关系。其三,保理人没有向让与人提供后续融资款和返还保理余款,未遵守保理合同约定

---

[1] 参见卡得万利商业保理有限公司、烟台百草堂足浴有限公司等不当得利纠纷案,山东省烟台市中级人民法院民事判决书,(2021)鲁06民终3785号。

规则。笔者认为,该案裁判至少有以下可予商榷之处:其一,法律适用有误。此案裁判时,我国《民法典》已经生效,其中关于将来应收账款可作为保理合同客体的规定理应得到遵守,而审理法院仍以案涉将来债权不确定为由将其排除于保理合同的客体范围之外,其裁判的合法性存疑。其二,以无基础法律关系的将来应收账款因缺乏特定债务人而不具有确定性为由否定案涉保理合同的成立,缺乏法律及法理依据;现行法并无此限,且如前所论,仅将未来债权的确定性对应为特定债务人,既不现实,亦不合理。其三,关于保理人未履行合同约定的义务故不成立保理合同的裁判说理亦有瑕疵。案中保理人之所以没有向让与人提供后续融资款和返还保理余款,是因为让与人未向其如期、足额支付约定的融资对价款和保理手续费余额;在双方当事人之间已然成立保理合同的情况下,保理人是享有相应的履行抗辩权的。其四,在双方当事人之间已然成立保理合同的情况下,保理人要求让与人返还融资对价款余额、保理手续费及违约金的诉求并非"无事实和法律依据"。该案裁判限制了保理人的合同权利,有失妥当。

四、将来应收账款转让效力溯及力规则的适用

在处分行为层面上,关于将来应收账款转让效力发生的时间问题,国内相关裁判意见是主张以将来应收账款债权实际发生时为准,从而否定溯及力规则的适用。如有的地方法院认为,将来应收账款债权可以预先约定转让,但仅在形成的瞬间发生转让,而非在保理合同签订时转让;"未发生的债权因其尚不存在,亦不可能在未发生时即产生转让的法律效力"[1]。国内相关学理意见分歧较大,主要有以下观点:一是

---

[1] 重庆川江船务有限公司与重庆明德商业保理有限公司普通破产债权确认纠纷案,重庆市南岸区人民法院民事判决书,(2020)渝0108民初3051号。

认为,将来应收账款债权让与具有溯及力,债权让与的生效时间应溯及让与合意达成之时。[1] 二是认为,应区分将来应收账款有无基础法律关系而适用不同的规则,即对于有基础法律关系的将来应收账款,其让与效力可溯及让与合同生效之时;而对于无基础法律关系的将来应收账款,自债权发生时产生让与效力,不应有溯及效力。[2] 三是认为,将来应收账款让与均应适用即时取得规则,不应有溯及效力。[3] 不赞成适用溯及力规则者的主要理由是:即使适用溯及力规则,亦无法实现赞成论者的预期目标,因为依据现行法,作为债权受让人的保理人只有通过办理债权转让登记,才能使受让结果免受让与人破产的影响,与是否适用债权让与的溯及力规则无关;依据债权转让之准物权处分性质原理,只有在将来债权实际产生时,才产生将来债权让与的效果。[4] 笔者认为,若以保护和促进保理业壮大发展为政策取向和价值支点,应当允许将来应收账款转让效力可以溯及有债权让与约定的保理合同生效之时。理由如下。

第一,将来应收账款转让溯及力规则意在使保理人受让的债权免受让与人破产的影响,须以保护保理业发展为政策取向。市场交易以自由为原则,故民法中的合同行为强调约定优先(例如,让与人、保理人可以对应收账款转让作实质买卖而非担保性质的约定和登记,以保障保理人对受让应收账款的完整权利)。在当事人没有约定的情况下,则需要借助一般合同规则实现对利益关系的调整。影响一般合同规则设定和适用的重要参数之一是产业政策取向。就将来应收账款转让效力而言,产业政策取向影响着其效力规则的选择和走向。具言之,若从破

---

[1] 参见陈飞宇:《资产证券化中将来债权交易规则的完善》,载《法商研究》2018年第5期。
[2] 参见朱晓喆:《资产证券化中的权利转让与"将来债权"让与——评"平安凯迪资产支持专项计划"执行异议案》,载《财经法学》2019年第4期。
[3] 参见张静:《将有债权处分的法律构造与顺位安排》,载《法学》2022年第2期。
[4] 参见张素华、李鸣捷:《保理合同中"将来应收账款"释论》,载《华东政法大学学报》2023年第2期。

产债权人整体利益保障乃至全链条利益平衡的角度出发,对预先约定转让而在让与人破产后产生的将来应收账款适用"即时取得"规则(否定其转让的溯及效力)无疑是合适的,因为这样可以支持将实际发生的将来应收账款直接列入让与人的破产财产,从而保障全体债权人的受偿机会。而若以保护保理业发展为政策考量依据,理应认可将来应收账款转让的溯及力规则,因为,很明显,溯及力规则意在通过对将来债权转让效力的前移、使保理人受让的债权免受让与人破产的影响。立足于促进保理业发展的政策基点,将来应收账款转让效力之溯及力规则的适用有其合理性。

第二,溯及力规则的适用能够获得将来应收账款债权作为期待权的解释论支撑。在日本,有学者认为,没有基础法律关系但其发生具有确定性的将来应收账款债权可以被解释为一种现实存在的期待权,从而具备处分行为所要求的权利存在之逻辑前提。即使将来应收账款债权未实际发生,受让人也可以在预先受让时认识到"处分权"(在将来债权实际发生时能够取得该债权的权利),将来应收账款让与是这个观念上"处分权"的转移。在让与人让与将来债权的处分行为发生时,受让人即获得了"将来债权的债权人地位"或"处分将来债权的权利"。由此,将来应收账款债权并非自该债权实际发生时转让,而是在让与将来债权的处分行为发生时即可转让。此种解释论获得了日本学界和立法的支持。[1] 按照上述期待权处分的解释逻辑,将来应收账款自债权让与行为作出时即可发生转让效果。依债权让与生效的意思主义之国内学理通说,作为处分行为的债权让与行为与作为负担行为的债权让与

---

〔1〕 於保不二雄「財産管理権論序説」(有信堂,1954 年)281 頁以下参照;森田宏樹「事業の収益性に着目した資金調達モデルと動産・債権譲渡公示制度」金融法研究 21 号(2005 年)88 頁参照;潮見佳男「将来債権譲渡担保と国税債権の優劣」NBL856 号(2007 年)16 頁参照。转引自詹诗渊:《保理合同客体适格的判断标准及效力展开》,载《环球法律评论》2021 年第 5 期。

合同的生效具有同一性。故在含有将来债权让与约定内容的保理合同生效时,将来债权让与行为即已发生,将来债权即可发生转让效果,而不必等到该将来债权实际发生时。在此意义上,将来应收账款转让的溯及力规则便可得以合理说明。反之,如果脱开期待权处分的解释路径,便只能如德国学说,把无基础法律关系的将来应收账款转让视为无权处分。如此一来,便无从为实践中将来应收账款融资的交易需求提供有力的理论说明乃至制度支持。

第三,反对适用溯及力规则者的理由不能成立。反对论者认为,依据现行法,作为债权受让人的保理人只有通过办理债权转让登记,才能使受让结果免受让与人破产的影响;依据债权转让之准物权处分性质原理,只有在将来债权实际产生时,才产生将来债权让与的效果。其理由均可商榷,因为:其一,根据我国现行法,登记除了对不动产物权变动具有权利归属效力以外,在包含债权转让在内的其他场合中仅具有对抗效力。即使按照我国《民法典》第768条的规定,债权转让登记亦仅能使登记保理人获得就受让债权优先于未登记、后登记保理人及让与人的其他债权人受偿的权利,而不能使登记保理人获得对受让债权的绝对"所有权"。而且,就登记对抗的主体范围而言,破产管理人亦难谓当然处于可以对抗的"第三人"之列。当让与人破产时,登记保理人对受让的债权并不拥有取回权,而必须受破产清算程序规则的制约。可见,债权转让登记可确保受让结果免受让与人破产影响的论断有夸大登记效力之嫌,难以成立。其二,在将来债权处分问题上,应区分将来债权产生与将来债权让与行为发生这两个概念。如上所论,依据意思主义债权让与生效规则,债权让与行为与债权让与合同同步生效。由此,在含有将来债权让与约定内容的保理合同生效时,将来债权让与行为即已发生;而将来债权的产生时间(让与人基础合同之给付义务完成时)往往晚于将来债权让与行为的发生时间。按照债权让与之准物权处分性质的原理,应强调债权让与合同与债权让与行为的效力区分,其应有之义是作为处分行为的债权让与行为发生时,始生让与效果;而非将来债权发生时,始生让与效果。依其应有之义,将来债权让与行为发生(关于将来债权让与的合意生效)时,即生让与效果,而非要等到之后将来债权实际发生时才产生债权让与的效果。故依据债权让与之准物权处分原理并不能必然得出将来债权让与效力不能溯及保理合同(常包含将来债权让与的约定内容)签订之时的结论。

第四,溯及力规则的适用能较大程度地减少让与人破产对将来债权让与效果的影响,维护债权融资安全。依据《企业破产法》第30条的规定,债务人破产申请受理后新取得的财产归入债务人财产。尽管预先转让而于让与人破产后实际发生的将来应收账款债权是否属于让与人被受理破产申请后"新取得的财产"不无疑问,但毕竟该将来债权发生于让与人破产清算期间,具备让与人期间所取得财产的形式特征。若无将来应收账款转让溯及力规则的限制,则很大可能被让与人收取归入破产财产。若认可将来应收账款转让溯及力规则,则即使该将来债权实际发生于让与人破产清算期间,其转让效果亦自动溯及转让债权的保理合同签订之时,可视为保理人在让与人破产之前即已取得对该将来债权的担保权。由此,保理人可以根据破产法中的别除权规则就该实际发生的将来债权优先受偿,从而避免该将来债权被直接划入破产财产,增强对债权融资的安全性预期。

关于将来应收账款债权转让效果,学理上另有所谓"直接取得说"和"间接取得说"的争论,即所转让的将来债权是直接由受让人(保理人)取得,还是先由让与人取得之后再依债权转让合同由受让人取得?有的学者认为,对于有基础法律关系的将来应收账款,适用"直接取得";对于无基础法律关系的将来应收账款,适用"间接取得"。[1] 另有学者认为,不论有无基础法律关系,将来应收账款债权转让均应统一适用"间接取得"规则。主要理由有:依"直接取得"规则,并非基础合同当事人的保理人却能直接取得应收账款权利,有过分拟制之嫌,不能真实反映权利流转状况。德国学理上设想的以"直接取得"规则使有基础关系将来债权让与豁免破产影响之目的,在我国现行法上可以通过登记规则达成。[2] 对此,笔者认为,在保理交易语境中,"直接取得"与"间接取得"之争几乎没有意义,其关于债权让与豁免破产影响的讨论价值可以为上述将来债权转让的溯及力规则的论题所包含。这是因为:其一,以"取得"一词描述保理交易中应收账款的流转有欠妥当。准确地说,保理人对应收账款的权利仅为一种收取权,而非与"取得"对应的所有权。因为在"直接取得"的情况下,保理人亦须就所收取的应收账款负清算义务,遵循"余额返退"规则,不能当然取得对所受让应收账款排他的所有权;在"间接取得"的情况下,让与人亦仅为替保理人代收应收账款,仍须将其中对应保理融资本息额度的部分转付给保理人。若以让与担保的制度框架界定融资型保理合同,则保理人并不因受让而当然"取得"对应收账款的所有权,而仅拥有就作为担保品的应收账款的优先受偿权,即使进行了债权转让登记亦是如此;相应地,其对让与人的破产管理人亦不拥有所有权意义上的绝对取回权。其二,即便在保理人对应收账款收取权含义上成立"直接取得"和"间接取得",关于二者适用地位的讨论价值亦可商榷。因为在保理交易实践中,究竟适用"直接取得"还是"间接取得",须依保理合同的具体约定去确定。没有特定约定的,明保理时适用"直接取得",暗保理时适用"间接取

---

〔1〕 参见朱晓喆:《资产证券化中的权利转让与"将来债权"让与——评"平安凯迪资产支持专项计划"执行异议案》,载《财经法学》2019年第4期。

〔2〕 参见张素华、李鸣捷:《保理合同中"将来应收账款"释论》,载《华东政法大学学报》2023年第2期。

得",自不待言。脱离保理交易条件抽象讨论"直接取得"和"间接取得"没有意义。其三,"直接取得"的场合无关拟制,并非如论者所称存在"过分拟制"。因为保理人系基于在先的应收账款债权转让合意而取得应收账款债权,并非需要将自己拟制具有基础合同当事人的身份才能取得应收账款债权。其四,在无关保理的债权转让场合中,"所有权"移转意义上的诸"取得"概念内涵有所交叠,如关于应收账款债权的"自动取得"概念,即受让人自债权让与行为发生时自动取得应收账款、无须履行移转手续后方可取得之谓。而若认为受让人在预先转让将来应收账款的行为发生时便自动实质性地取得该应收账款债权、成为该债权的"所有权"人,则"自动取得"即内含了"直接取得"的逻辑,便不存在"间接取得"规则的适用空间,亦无必要区分"直接取得"和"间接取得"。其五,所谓"直接取得说"和"间接取得说"之争的真实背景是源于德国学理意见,即主张适用"直接取得"规则以使将来债权让与效果免受让与人破产的影响。而这恰又回到了上述将来债权转让溯及力规则所要解决的问题。对于同一问题,溯及力规则给出的方案足可解决,便无必要另行设立"直接取得"规则。另外,就保理交易中将来应收账款债权转让效力而言,核心的且具有实质性意义的问题实际就是转让效力有无溯及力的问题。

尽管从保护和促进保理业发展的角度考虑,将来应收账款转让效力之溯及力规则的适用有其合理性,但是,国内相关司法裁判并未认可该规则的适用地位,溯及力规则所追求的债权让与对破产的豁免效应被限制在了一定范围以内。例如,在"重庆川江船务有限公司与重庆明德商业保理有限公司普通破产债权确认纠纷案"(以下简称"重庆川江船务案")一案的裁判中,一审法院明确认为,将来应收账款债权"不可能在未发生时即产生转让的法律效力","不可能基于保理合同的签订立即发生转让";其可以被预先约定转让,但仅在形成的瞬间发生转让,其转让效力不能溯及保理合同签订之时。[1]可见其裁判立场是否定将来应收账款转让效力之溯及力规则的适用,强调债权转让受让与人破产程序的阻却。

就"重庆川江船务案"的裁判而言,其所秉持的倾向保护破产债权人整体利益的价值立场当然是无可厚非的,但是,其在法律适用、说理逻辑等裁判技术层面上的一些处理尚有可商榷之处。评述如下。

其一,该案裁判认为预先约定转让的将来应收账款债权于该债权实际发生时始生转让效果,债权转让效力无溯及力且受让与人破产程序阻断;该裁判立场与上文论及的将来债权转让溯及力规则的适用有所不符,经不起立足于保理业发展需要的法政策标准的价值推敲。

其二,没有准确把握将来应收账款的概念。案涉应收账款债权有4类:一是让与人已履行完基础合同中的给付义务且债务人付款期限届满但未支付的应收账款;二是让与人已履行完基础合同中的给付义务而债务人付款期限至让与人被受理破产后才届满的应收账款;三是让与人已开始履行基础合同义务但履行周期结束于让与人被受理破产后所形成的应收账款;四是让与人与应收账款债务人均未履行基础合同中的给付义务而让与人在破产清算期间请求债务人支付的应收账款。前两类属于现有的应收账款债权,已在让与人被受理破产以前转让给保理人,故即使债务人在破产清算期间直接支付给让与人,保理人亦有别除权,可以主张优先受偿。后两类应为有基础关系的将来应收账款债权,均属于让与人在被受理破产申请后新取得的财产(第四类将来债权因债务人应破产管理人请求予以履行而实现,相应产生让与人对该债务人的共益债务),应被归入让与人的破产财产;保理人对其不享有别除权,只能依普通债权破产清算程序受偿。然而,一审判决中称:"未

---

[1] 参见重庆市南岸区人民法院民事判决书,(2020)渝0108民初3051号。

来形成的债权在保理合同当中约定转让的,自债权形成瞬间发生转让的效力,但会受到破产受理的阻却。因此,川江船务公司转让与明德保理公司的债权,应当限定于2015年9月7日(被受理破产重整日)已经履行完毕运输合同所形成的债权。"按此表述中的逻辑,案涉将来债权应包括让与人于被受理破产重整日以前"已经履行完毕运输合同所形成的"应收账款债权,而若按照将来应收账款之"出卖人未履行基础合同义务"的属性标准,"已经履行完毕运输合同所形成的"应收账款应当属于现有的应收账款债权。案涉保理合同实际是就让与人现有的和将有的应收账款债权进行了概括转让并叙作保理。法院其实并未予以明确区分,其上述说理中所称的将来应收账款(未来形成的债权)实际上混杂了现有应收账款(让与人已履行基础合同的给付义务而债务人未付的应收账款)的概念在其中。

其三,一审判决对案涉《协议》的法律效果认定不当。在该案保理人通知债务人向自己直接支付应收账款后,让与人的经营更加困难。为了缓解让与人的经营困境,在当地航交所的主持下,保理人同意与让与人签订《协议》,约定:自签约日起,每月首先将收取的应收账款中的500万元支付给让与人,对每月累计超过500万元的部分,保理人与让与人各自分配50%,直至保理人收回全部保理融资款时止。一审判决一方面认为,"《协议》只是对应收账款的收回方式,以及收回之后的分配方式进行的补充约定,未改变应收账款债权已经转让(给保理人)的法律后果",但另一方面又认为,"基于《协议》的约定,明德保理公司放弃了对部分应收账款收回之后的权利,并将其让渡与川江船务公司"。该裁判说理前后逻辑自相矛盾,且有流于武断之嫌。因为既然承认《协议》并没有改变案涉应收账款债权已转让给保理人的事实,则该应收账款债权即已属于保理人,保理人基于《协议》放弃了对部分应收账款权利的推定便不能成立。而且,从约定内容上看,保理人仅是出于帮助让与人渡过经营难关的目的,妥协性地变换了对应收账款的收取方式,即由原来的直接收取方式变为在更长时间内从让与人收取成果中间接分取的方式,加上另约有"直至保理人收回全部保理融资款时止"的内容,均表明保理人并未在《协议》中约定放弃对应收账款的受让权,毋宁说其是授权让与人代为收取后转付给自己。径行判定保理人已将部分应收账款"让渡与川江船务公司"未免过于武断。

其四,一审判决将让与人破产程序对将来债权转让的阻却效果界定为保理人失去破产受理后形成的将来债权,此种界定有失恰当。实际上,让与人被受理破产的事实不应影响保理合同约定转让的应收账款的范围,而仅应影响部分应收账款的收取方式。因为在让与人被受理破产以前,保理合同已经签订,现有和将有的应收账款均可依意思自治原则叙作保理而为保理人所受让。仅因让与人被受理破产,存在一个保理人对产生于破产受理后的应收账款直接取得抑或间接取得的问题。按照我国《企业破产法》有关破产受理后新取得的财产归入债务人财产的规定,应适用间接收取的规则。但即使是间接收取,亦不等于让与人在被受理破产后便拥有了对代收的应收账款的"所有权",其应被理解为一种代收,即是由让与人收进破产财产统一清算后转付给保理人。故将破产程序对将来债权转让的阻却效果判定为保理人因此失去破产受理后形成的将来债权,有失恰当。

其五,该案判决对保理人追索权含义的理解存在偏差,忽略了其可以向让与人反转让应收账款债权的内涵。一审判决叙明:有追索权保理合同中保理人的追索权包含要求债务人支付应收账款的权利和向让与人索还保理融资本息的权利;同时又称案涉保理人在"通过共益债务的认定之后""已无合法有效获得转让的应收账款可以催收",故保理人的追索权仅能体现为向让与人索还保理融资款的权利。的确,案涉应收账款已在保理人允许让与人收取后被让与人在短期内收取殆尽,让与人对保理人的共益债务被认定之后已无多少应收账款可供收取。但这丝毫不应成为保理人不能通过主张应收账款的通道救济自身权利的理由,因为保理人的追索权并非如一审判决所理解的"要求债务人支付应收账款的权利"(该权利系保理人受让的应收账款债权本身的内容),而是指在保理人要求债务人支付应收账款受阻时向让与人反转让(或者要求让与人回购)应收账款债权的权利。案涉保理人依据追索权的应有属性获得救济的通道被错误地关闭了。该案二审判决虽然肯定了保理人提出两个角度权利诉求的事实,但亦未在追索权的应有属性上解释和维护保理人的救济诉求。[1]

其六,二审判决中关于保理人对受让的应收账款有取回权的逻辑缺乏运用上的一贯性。二审法院在判决中明确认定,保理合同中的应收账款转让"是实质转让,而非形式上转让";并据此进而认定,让与人进入破产程序前已经产生的应收账款根据保理合同已经转让给保理人并办理了转让登记,属于保理人的财产,不再属于让与人的责任财产;由此判定,保理人对已预先受让但由让与人在进入破产程序后收取的应收账款债权拥有取回权。既然基于实质受让逻辑,保理人对应收账款债权的"所有权"不受让与人破产的影响,那么按照举重以明轻的解释规则,对于在让与人被受理破产重整以前已经转让却被让与人收取的应收账款债权(判决查明:在所有应收账款中,该部分应收账款占了绝大部分的比例),保理人更应该享有绝对的"所有权"和当然的"取回权"。但是,吊诡的是,该案两审判决均没有彻底触及对该部分应收账款债权归属的最终判定。其裁判逻辑的一贯性实可质疑。

其七,二审判决的相关说理有混淆债务人破产时所有权人的取回权和共益债务所对应的债权之嫌。我国《企业破产法》第 38 条规定:

---

[1] 参见重庆市第五中级人民法院民事判决书,(2021)渝 05 民终 1665 号。

"人民法院受理破产申请后,债务人占有的不属于债务人的财产,该财产的权利人可以通过管理人取回。但是,本法另有规定的除外。"据此,取回权系指财产权人取回被债务人占有的财产的权利,系基于所有权等绝对权而拥有的排他性请求权,并非债权。该法第42条规定:"人民法院受理破产申请后发生的下列债务,为共益债务:(一)因管理人或者债务人请求对方当事人履行双方均未履行完毕的合同所产生的债务;(二)债务人财产受无因管理所产生的债务;(三)因债务人不当得利所产生的债务;(四)为债务人继续营业而应支付的劳动报酬和社会保险费用以及由此产生的其他债务;(五)管理人或者相关人员执行职务致人损害所产生的债务;(六)债务人财产致人损害所产生的债务。"该条并未将取回权列为共益债务的法定情形。由此可见,我国《企业破产法》规定的取回权与共益债务对应的债权是判然有别的。在该案裁判中,就案涉共益债务的认定依据问题,两审法院意见歧异。一审法院认为,"本案对共益债务的认定,应当审查川江船务公司是否在破产受理日后收取了明德保理公司享有权利的应收账款";"川江船务公司在2015年9月7日之后予以收取并应当根据《协议》约定分配与明德保理公司的部分,即川江船务公司每月收取款项超过500万元的50%部分共计4,606,196.91元,川江船务公司未予分配的行为构成不当得利,该部分价款应当认定为共益债务"。可见,一审裁判是借助不当得利之债的路径完成对案涉共益债务的证成。在该案二审判决中,法院却依据"应收账款债权转让系实质转让"的说理前提,演绎出保理人对已预先受让但由让与人在进入破产程序后收取的应收账款债权拥有取回权的结论,进而认为:根据保理人对应收账款拥有取回权的定性,亦可说明双方当事人按照案涉《协议》约定分配给明德保理公司的款项属于共益债务,而不必像一审裁判那样借助不当得利之债的路径证成共益债务。二审判决以取回权规则解释共益债务的成立,显然混淆了我国《企业破产法》规定的取回权与共益债务对应的债权,其适用法律有误。相较之下,该案一审判决对于相关共益债务认定路径的把握反倒更为准确一些。

CHAPTER 07 >>

第七章

保理人对应收账款真实性的审查义务

一、案情归纳和问题提炼

（一）案情归纳

A银行保理人与B公司签订有追索权保理合同，约定：B公司将基础合同项下对C公司拥有的应收账款转让给A银行；A银行按照所受让应收账款额度80%的比例向B公司提供保理融资款若干；由B公司负责向C公司通知应收账款债权转让事宜。后经查实，在上述保理合同签订之前，B公司、C公司的基础合同已履行完毕，C公司不再对B公司欠付应收账款；双方之后亦未再有任何交易往来。B公司凭借假冒C公司签署的《三方确认函》《应收账款转让确认书》和单方出具的增值税专用发票等向A银行申请保理融资，获A银行审核失察通过，并获得实际发放的保理融资。后A银行不能实现应收账款债权，遂同时起诉B公司、C公司。C公司作不知情抗辩。法院认为，A银行与B公司、C公司之间没有进行关于应收账款债权转让告知及确认的意思联络，A银行对所涉应收账款债权的真实性未尽到应有的审查义务,其亦未能证明C公司存在虚构应收账款债务的情况,向C公司主张权利缺乏事实依据;故仅判决支持A银行按照金融借款合同关系要求B公司返还融资本息,C公司免于承担责任。

(二)问题提炼

就保理人对所受让应收账款真实性的审查义务而言,法院对相关案件的裁判呈现出以下值得讨论的问题:保理人对所受让应收账款的真实性应否负担审查义务?在肯认保理人审查义务的裁判视域中,保理人对所受让应收账款真实性应尽审查义务的程度如何(形式审查还是实质审查)?保理人未尽到审查义务的法律后果如何?是否会因此而影响保理合同的效力?(见表7-1)

表7-1 关于保理人审查义务的裁判分歧示例

案号	保理人对应收账款真实性有无审查义务	保理人应尽审查义务的程度和范围	保理人未审查应收账款真实性的法律后果
吉林省前郭尔罗斯蒙古族自治县人民法院民事判决书,(2016)吉0721民初5573号;吉林省松原市中级人民法院民事判决书,(2017)吉07民终1532号	保理人对应收账款的真实性应负审查义务	向应收账款债务人确认应收账款债权的真实性:发送应收账款转让通知书、发票收妥确认函,要求债务人签字确认	已尽到审查义务

续表

案号	保理人对应收账款真实性有无审查义务	保理人应尽审查义务的程度和范围	保理人未审查应收账款真实性的法律后果
吉林省高级人民法院民事判决书,(2018)吉民再111号	保理人没有民事责任意义上的审查义务	未涉及	在未将审查义务约定为保理合同的内容时,保理人不应因未审查应收账款的真实性而承担违约责任
上海市第一中级人民法院民事判决书,(2015)沪一中民六(商)终字第640号	保理人对将来应收账款的真实性应负审查义务	未涉及	在将来应收账款债权不确定、未发生时,保理人仅能按借款合同要求让与人归还本付息
最高人民法院民事判决书,(2018)最高法民再128号;广东省高级人民法院民事裁定书,(2017)粤民终字第458号	保理人对应收账款的真实性应负审查义务	应审查交易历史、同类交易状况、客户预留印鉴、商品出入库情况、发票信息等,必要时应进行实地勘察	分担虚构应收账款的损失
河南省郑州市中级人民法院民事判决书,(2021)豫01民终5198号	(让与人单方虚构应收账款)裁判未叙明保理人是否有审查义务	未叙明保理人审查义务问题	银行保理人可直接向应收账款债权人索还保理融资本息,应收账款债务人免责

139

续表

案号	保理人对应收账款真实性有无审查义务	保理人应尽审查义务的程度和范围	保理人未审查应收账款真实性的法律后果
陕西省高级人民法院民事判决书,(2021)陕民终779号	(债权人单方虚构应收账款,债务人作账款真实性抗辩)保理人对应收账款的真实性应负审查义务,且应就此负担证明责任	保理人应当对应收账款的真实性和债务人虚构应收账款债务负证明责任:必须证成让与人出具的《应收账款转让通知书》《发票收悉确认函》等资料上应收账款债务人公章及签字的真实性,否则债务人免责	银行保理人应向应收账款债权人索还"保理合同所涉的下剩本金及利息"(未叙明是否按金融借贷合同处理),应收账款债务人免责
江苏省南京市中级人民法院民事判决书,(2018)苏01民终2485号	(债权人单方虚构应收账款)保理人有审查义务	保理银行审查义务的履行宜以其与债权人、债务人进行了债权转让告知及确认的意思联络为准,不能以债权人单方出具的相关确认函、发票等资料为准	银行保理人仅可依据金融借贷合同关系向应收账款债权人索还保理融资本息,应收账款债务人免责
甘肃省兰州市中级人民法院民事判决书,(2021)甘01民初323号	根据《商业银行保理业务管理暂行办法》,出口保理人应对出口商的应收账款债权的真实性负尽职调查之义务	应要求出口商提交销售合同、发票、运输单据、保险合同正本及其他单据等	出口保理人对虚假出口贸易未尽到审查义务,应就此承担举证不能的不利后果,其与出口商之间不发生保理合同的法律效力,其要求出口商偿还融资款本息的诉讼请求应予驳回(亦不支持按金融贷款合同处理)

续表

案号	保理人对应收账款真实性有无审查义务	保理人应尽审查义务的程度和范围	保理人未审查应收账款真实性的法律后果
陕西省高级人民法院民事判决书,(2021)陕民终749号	保理人应当对将来应收账款的真实性负审查义务	应审查应收账款发生时间、金额与保理合同相关约定的对应性,并应审查相关交货单、发票、债务人确认函等证明材料有无基础事实	保理人对将来应收账款的真实性应尽而未尽审查义务的,其有关已取得该债权的诉求不应予以支持
山东省济南市中级人民法院民事判决书,(2021)鲁01民初1174号	商业保理人对应收账款的真实性应负审查义务	(形式审查)让与人向保理人提交了基础合同文本、应收账款明细,并确认应收账款的真实性;保理人有理由相信应收账款真实存在,且出具了《尽职调查报告》,未有明显疏于审查之处	保理人对应收账款的真实性已尽到应有的审查义务;即使部分国际邮政代办应收费未产生,保理合同亦属有效;即便如让与人所述应收账款系虚构,保理人未主张撤销合同时,其对让与人仍有追索权
山东省高级人民法院民事判决书,(2021)鲁民终2289号	商业保理人对应收账款的真实性应负审查义务	(实质审查)不仅应审查基础合同及应收账款明细,还应审查基础合同的实际履行情况,审核基础交易关系的相关单据、账目等,应向债务人确认应收账款的真实性、具体数额、还款日期等内容,尤其要审查其主张的应收账款与让与人财务报表中应收账款的差额依据	保理人未对案涉"保理合同"约定及履行内容与案涉应收账款无关联性的事实尽到实质审查义务,双方法律关系名为保理实为借贷,保理合同与借贷合同均有效,但应按借贷处理,预扣的保理手续费不计入本金

续表

案号	保理人对应收账款真实性有无审查义务	保理人应尽审查义务的程度和范围	保理人未审查应收账款真实性的法律后果
广东省佛山市中级人民法院民事判决书,(2022)粤06民终13221号	(基础合同当事人通谋虚构应收账款)保理人只在明知时才有审查义务	未涉及	保理人不知情,未违反审查义务,故裁判仍按保理合同处理,支持高于借贷的费率
最高人民法院民事裁定书,(2019)最高法民申2994号	(基础合同当事人通谋虚构应收账款)保理人只在明知时才有审查义务	未涉及	基础合同当事人通谋虚构应收账款,并进行付款承诺,其欺诈故意明显;保理银行即便有审核瑕疵(未发现欺诈行为),亦不应自担部分损失,也不应因此而减轻应收账款债务人的付款责任
上海市黄浦区人民法院民事判决书,(2014)黄浦民五(商)初字第7999号;上海市第二中级人民法院民事判决书,(2015)沪二中民六(商)终字第386号	银行保理人理应履行作为专业金融机构的审慎经营义务,应审查应收账款的真实性,以此作为发放融资的依据	(实质审查)应审查基础合同的真实性及所对应的应收账款金额、证明基础合同履行情况的单据文件,让与人经办人员的代理权限;应收账款债务人相关确认函的信息完整性、真实性	保理银行存在审核不严的过错,应自担部分损失(应收账款债务人在涉案确认函上贸然盖章,虽不存在与让与人通谋虚构的共同故意,但主观上存在重大过错,构成侵害债权的侵权行为,应赔偿保理人80%的损失)

二、保理人对应收账款真实性之审查义务的性质和法律意义

（一）保理人的审查义务是作为金融监管相对人服从管理的义务

保理人违反对应收账款真实性的审查义务源于相关部门规章的规定。根据原银监会2014年颁行的《商业银行保理业务管理暂行办法》第7条、第13条、第14条、第15条的规定，商业银行在叙作保理业务时，应当严格审核并确认债权的真实性：严格审核卖方和/或买方的资信、经营及财务状况，分析拟做保理融资的应收账款情况，合理判断买方的付款意愿、付款能力以及卖方的回购能力，审查买卖合同等资料的真实性与合法性；并应当对客户和交易等相关情况进行有效的尽职调查，确认相关交易行为真实合理存在，避免客户恶意骗取融资；不得基于不合法基础交易合同、寄售合同、未来应收账款、权属不清的应收账款、因票据或其他有价证券而产生的付款请求权等开展保理融资业务。根据该办法第33条、第34条的规定，针对商业银行对业务审查和融资管理未尽职、基于未来应收账款开展保理融资、变相降低标准办理保理业务等违规经营行为，银监会及其派出机构可根据我国《银行业监督管理法》第37条规定采取责令暂停部分业务、停止批准开办新业务、限制分配红利和其他收入等监管措施，亦可根据该法第46条和第48条的规定实施处罚。由此可见，商业银行保理人对受让应收账款债权真实性的审查义务是我国《银行业监督管理法》规定的银行业金融机构审慎经营义务的组成部分，违反该义务会使商业银行保理人遭受停业、分红权受限或处罚等后果，承担行政法上的责任。易言之，商业银行保理人对受让债权真实性的审查义务是保理人作为金融监管相对人服从管理的行政法上的义务。商业保理的情况亦是如此。因为《中国银保监会办公厅关于加强商业保理企业监督管理的通知》（银保监办发〔2019〕205号）明确禁止商业保理企业经营发放贷款或受托发放贷款业务，这就意

味着商业保理企业为了不触犯该禁止性规定,必须确保其保理融资业务与真实的应收账款债权转让的关联性(否则便可能被定性为借贷而不得开展),由此便延伸出商业保理企业对受让应收账款真实性的审查义务;不能如有的学者所论,认为因《商业银行保理业务管理暂行办法》的规范对象不包含商业保理公司,故商业保理人便不承担其规定的审查义务。[1] 该义务亦是保理人服从金融监管的公法上的义务。

(二)保理人基于相关部门规章须对受让应收账款负真实性审查义务

就保理人对所受让应收账款真实性应否负担审查义务的问题而言,如上所示,国内相关裁判的立场未尽一致。多数裁判意见认为,保理人对受让债权应当负担真实性审查义务,仅对保理人违反审查义务的后果判定不一。少数裁判则深入对保理人债权真实性审查义务之法律性质的认识,认为在没有将保理人的审查义务约定为保理合同内容的情况下,保理人即使未审查应收账款的真实性,亦不应因此而承担违约责任;意谓保理人对应收账款的真实性没有民事责任意义上的审查义务。[2] 对此,笔者认为,基于上列相关部门规章的规定,应认可保理人对受让应收账款真实性的审查义务。理由如下。

第一,课予保理人对应收账款债权的真实审查义务是维护现行保理金融法秩序的需要。以真实确定的应收账款转让为基础进行融资是保理与一般借贷的区别所在,也是融资型保理借以发挥其服务实体经济发展之特有功能、确保融资安全的根本依据。尽管行政违法行为未必一定产生特定的民事法律后果,但虚假应收账款债权流入融资市场会确定地造成潜在金融风险;为维护正常金融秩序计,必须对其进行甄别、防控。防止虚假应收账款融资对金融市场秩序的破坏是金融监管

---

[1] 参见齐晓丹、孙璟钰:《保理合同纠纷的审理要点》,载《人民司法》2021年第8期。
[2] 参见吉林省前郭县阳光村镇银行股份有限公司、吉林省松原市隆瑞祥贸易有限公司、中央储备粮长春直属库有限公司合同纠纷案,吉林省高级人民法院民事判决书,(2018)吉民再111号。

部门的职责，但限于管理资源的不足，要求金融监管部门对具体保理交易中应收账款的真实性进行个案审查，既不现实，也不合理。由此，将对应收账款债权的真实审查义务下移至作为交易当事人的保理商便成为当然之事。如上所述，现行相关部门规章亦明确课予保理人对应收账款债权的真实审查义务。从维护正常的保理金融运行秩序的角度考虑，保理人对应收账款真实性的审查义务有其存在的合理依据。

第二，尽到必要审查义务的保理人产生对受让应收账款债权真实性的信赖利益。基于诚实守信的交易伦理，市场主体应尽可能地保证自己掌控的、涉及他人利益的交易信息无真实性瑕疵。保理交易中的应收账款债权人、债务人和保理人亦应如此。由此，除非受到应收账款债权人或债务人对保理人信赖利益形成的反向干扰，保理人须就受让的应收账款的真实性负担必要审查义务，尤其是在保理人就该应收账款向他人主张权利时，真实审查义务的履行必不可少。保理人履行审查义务是其享有值得保护的信赖利益的前提。只有尽到必要审查义务后，才能对应收账款债权的真实性产生合理信赖，其对应收账款债权人、债务人的相应权利主张方可获得值得保护的基础。我国《民法典》第764条规定，保理人向应收账款债务人进行债权转让通知时需要提供表明其保理人身份及受让债权事实的必要凭证，司法实践中法院不支持保理人就让与人单方虚构的应收账款请求应收账款债务人支付，均是基于保理人信赖利益保护与其审查义务履行相关联的原理。

第三，在法院民事裁判中宣示保理人对应收账款债权的真实审查义务可以发挥教育引导作用。尽管保理人对应收账款真实性的审查义务属于公法上的义务，保理人违反该审查义务的民事法律效果也可以另作评价，但是，在相关民事裁判中认可和宣示该审查义务仍是有意义的。应当从教育引导功能的角度肯定民事裁判对保理人审查义务的宣示意义。具体而言，民事裁判对保理人审查义务的宣示可以督促具体个案中的保理人善尽对受让应收账款真实性的审查义务,从而发挥特殊教育的功能。同时,通过裁判文书的传播,此种宣示亦可明晰保理行业中保理人对应收账款真实性的审查义务,拒斥虚构应收账款债权骗取保理融资的行为,引导保理交易的合规运行,从而发挥一般教育的功能。

三、保理人对应收账款真实性之审查义务的程度和范围

如上所示,就所受让的应收账款的真实性,法院裁判直接或者间接要求保理人审查的相关事项范围主要包含:基础合同的签订情况;应收账款转让通知、发票开具及债务人确认情况;基础合同的履行情况。个案裁判中所要求的审查范围不一而足,涉及其中一部分、两部分乃至全部事项范围的裁判要求均有其例。就其中特定方面的审查事项,要求审查的具体范围及程度又各自相异。例如,就基础合同签订情况的审查而言,有的裁判仅要求保理人持有应收账款债权人提交的基础合同文本、应收账款明细及对应收账款真实性的单方确认资料即可;有的裁判则要求保理人参酌同类交易状况、客户预留印鉴等因素审查基础合同及其所包含的应收账款的真实性;另有裁判还要求审查基础合同所含应收账款的发生时间、金额与保理合同相关约定的对应性。就应收账款转让通知、发票开具及债务人确认情况的审查而言,有的裁判仅要求有债务人对应收账款转让通知书、发票收妥的签字确认即可;有的裁判则要求保理人另需审查应收账款债务人出具的相关确认函信息的完整性、真实性,甚至要求保理人必须对应收账款债务人在相关确认资料上盖章及签字的真实性负证明责任;另有裁判还要求保理人证明自己与应收账款债权人、债务人进行了债权转让告知及确认的意思联络;还有裁判笼统地要求保理人需审查债务人的相关确认函有无对应的基础事实。就基础合同履行情况的审查而言,有的裁判要求保理人需审查

商品出入库、运输等相关单据,以及基础交易关系的相关账目等书面资料;有的裁判则要求保理人对合同履行环节相关单证所对应的基础事实进行必要的实地勘察,并出具《尽职调查报告》。

与上述关于保理人审查义务所及范围的裁判分歧相对应的,是关于保理人审查义务程度要求上的分歧。在对保理人审查义务的程度要求问题上,主要有以下学理及裁判意见:一是"形式审查说",即认为保理人审查义务的履行以其对应收账款相关合同、单证等文本资料的审核为已足。如最高人民法院在某裁定书中即认为:"根据保理商……提供的《销售合同》《收货确认书》《发票收妥函》、增值税专用发票等证据,可以证明其已尽到对案涉应收账款基础合同关系的形式审核义务……保理商向债务人主张收回应收账款,于法有据。"[1]亦有学者对此持相同意见。[2] 二是"实质审查说",即认为保理人审查义务的履行不以其对应收账款相关合同、单证等文本资料的审核为已足,还应包括对基础合同履行环节中交易行为真实性的核查。例如,有法院即认为:"本案中,结合《应收账款转让确认书》……证据来看,保理商在办理涉案保理业务时进行了形式审查,但是,没有证据证明保理商对作为基础合同的《钢材采购合同》、供货和收货等真实交易行为的存在进行实质审查……卖方转让给保理商的应收账款不是真实、有效的应收账款。"[3]亦有学者对此持类似立场。[4] 三是"折中说"。如有学者认为,保理人对应收账款的真实性审查应以形式审查为必要,以实质审查为例外。[5]另有学者着眼于具体审查程序的构建,针对不同情形提出

---

〔1〕 最高人民法院民事裁定书,(2019)最高法民申 3334 号。
〔2〕 参见李志刚:《〈民法典〉保理合同章的三维视角:交易实践、规范要旨与审判实务》,载《法律适用》2020 年第 15 期。
〔3〕 湖北省武汉市中级人民法院民事判决书,(2018)鄂 01 民终 5647 号。
〔4〕 参见黄和新:《保理合同:混合合同的首个立法样本》,载《清华法学》2020 年第 3 期。
〔5〕 参见齐晓丹、孙璟钰:《保理合同纠纷的审理要点》,载《人民司法》2021 年第 8 期。

关于保理人审查范围及程度的参考性"最低要求";[1]这种视具体情形作不同审查要求的意见实际上亦是对上述"形式审查说"和"实质审查说"的扬弃与中和,可被归为"折中说"。笔者赞同"折中说"的审查要求,并认为应按照不同情形中保理人对应收账款债权真实性审查的便宜程度(客观可能性)和应收账款债权人或债务人对保理人信赖利益形成的影响程度大小,对保理人分别作形式审查要求或实质审查要求。具体意见及理由如下。

第一,单一的实质审查标准或形式审查标准均过于绝对,与保理交易的复杂状况不能兼容。从保理人在保理交易中所处地位的角度衡量,要求其对所受让的应收账款的真实性负担绝对的实质审查义务是不合理的。因为作为审查对象的应收账款源于基础合同,系基础合同项下的债权,而保理人并非基础合同的当事人。相较于作为基础合同当事人的应收账款债权人和债务人,保理人这个"局外人"对于直接影响应收账款样态的基础合同的签订、履行、流转等信息的把握存在客观上的劣势。再加上通常情况下的应收账款转让多是由应收账款债权人向债务人进行转让通知,这在一定程度上更加深了保理人在信息掌控方面的劣势地位。一般情况下,离开应收账款债权人和/或应收账款债务人的主动配合,保理人很难有效查知应收账款债权的真实状况,其仅能根据基础交易合同当事人提供的相关资料凭证判断应收账款债权的真实性。若无一例外地对保理人就应收账款的真实性作实质审查要求,必然会无端加大保理人的交易负担和成本,从而可能会阻碍保理行业的整体发展。就此意义而言,绝对的实质审查标准是不可行的;从保理人审查的客观便宜程度的角度考量,原则上应要求保理人对应收账款债权真实性负形式审查义务。但是,绝对的形式审查标准亦有缺陷,其在一些特

---

[1] 参见张素华、李鸣捷:《保理合同中"将来应收账款"释论》,载《华东政法大学学报》2023年第2期。

殊情形下往往会造成书面反映的状况与真实交易状况的脱节,无法满足利害相关人于特定情形中对保理人交易诚信的合理期待。是故,以形式审查为一般要求、以实质审查为特殊要求的折中处理方案当为最佳选择。

第二,在应收账款债权人单方虚构或与应收账款债务人通谋虚构应收账款的场合,对保理人应课予零审查义务或应作形式审查要求,这符合利益平衡的公平原则。保理交易是应收账款债权人、应收账款债务人和保理人三方利益博弈的结果,有效交易结果取决于三方权利义务关系的均衡组合。诚信交易原则要求各方主体应在力所能及的范围内保证经由自己产生的涉他交易信息的真实性,保理交易三方主体对应收账款真实性的注意及审查义务配置亦在此诚信交易伦理的基础上保持均衡。尽管基于诚信原则,保理人对应收账款应负担真实审查义务,但因为应收账款债权人单方虚构或与应收账款债务人通谋虚构应收账款的行为打破了应有的诚信均衡,保理人审查义务的程度要求便应有所降低。从本质上讲,虚构应收账款的行为包含了行为人制造虚假权利外观的主观恶意,增加了保理人通过正常方式核查应收账款真实状况的难度,严重干预了保理人与自己审查义务履行相对应的信赖利益的自然形成过程,易使保理人因陷于误信而置身融资风险、遭受损失。此时,若仍然要求保理人对受让的应收账款的真实性承担严苛的实质审查义务,令其承担义务不履行的不利后果,则将造成利益的严重失衡。而且,虚构应收账款的始作俑者是基础合同的当事人,此种情况下对保理人仍课以实质审查义务,无异于让保理人为应收账款债权人和债务人的虚构行为"埋单",这是极不公平的。有学者从社会成本节约的角度,深刻指明了在基础合同当事人虚构应收账款时仍对保理人作实质审查要求的危害性。如其所论,通谋双方的意思表示是难以被外界知悉的,保理人进行实质审查的成本必将高于从通谋双方处规制该行为发生的立法成本。若在基础合同当事人通谋虚构应收账款时仍要求保理人进行实质审查,则因为保理银行承担了更为严苛的证明责任,相应会降低应收账款债权人和债务人的注意义务及违法成本;在证明责任低、违约规避率高的情况下,通谋双方更愿冒险骗取保理银行的信贷支持,这可能将诱发更大的融资信用风险。[1] 同时,从现行法规定的角度看,亦是对相关情形下保理人的审查义务作低限度要求的。根据我国《民法典》第763条的规定,在基础合同当事人通谋虚构应收账款作为转让标的时,保理人只有在"明知"虚构的情况下才无权要求债务人支付应收账款。该条并没有将保理人"应知"虚构的情形列入但书条款,意味着:只要是通谋虚构应收账款且保理人不是"明知",保理人即使不进行任何调查核实亦可对受让的"应收账款"享有可得保护的信赖利益;其对此种情形下保理人的审查义务作零度或低度要求的立法意图是不证自明的。最高人民法院亦在相关裁判中坚持认为,在基础合同当事人通谋虚构应收账款作为转让标的时,保理银行未能识别欺诈行为的审核瑕疵不应成为其自担部分损失并减轻应收账款债务人付款责任的理由。[2] 综上,在基础合同当事人通谋虚构应收账款的场合,对保理人应课予零审查义务或应作形式审查要求。由此而论,尽管原银监会于2014年颁行的《商业银行保理业务管理暂行办法》第7条、第13条和第14条对保理银行规定了较为严苛的实质审查义务,但这些规定理当不应适用于应收账款债权人与债务人通谋虚构应收账款以骗取保理银行融资款的情形。

第三,在暗保理交易或者由应收账款债权人进行债权转让通知的明保理交易中,对保理人应作一般形式审查要求,这符合"法律不能强

---

〔1〕 参见何颖来:《保理中虚假基础交易风险的法律规制——基于〈民法典〉第763条之思辨》,载《浙江社会科学》2021年第7期。

〔2〕 参见中国江苏国际经济技术合作集团有限公司、中国建设银行股份有限公司上海杨浦支行合同纠纷案,最高人民法院民事裁定书,(2019)最高法民申2994号。

人所难"的基本法理。有学者提出,在暗保理或者明保理中非由保理人进行应收账款转让通知的场合,尤其对于有基础关系的将来应收账款,保理人应当审查基础合同、卖方财务报表,并由此逆向追查至经赊销审批批准的卖方销售单、买方订购单,以及反映履约情况的发货单、验收单等原始凭证。[1]这无异于主张赋予此种场合下的保理人以实质审查义务。从防范交易信息不对等条件下让与人虚构应收账款之风险的角度考量,这种高度注意义务的课予有其必要性。但是,笔者认为,就保理人履行实质审查义务的客观可能性而言,这种高度注意义务之于保理人有课责过严之嫌。在此场合中,基础合同交易乃至债权转让通知均由应收账款债权人主导,应收账款债权的真实性信息亦悉数为基础合同当事人所掌控,保理人所获得的关于应收账款的唯一信息来源亦只有应收账款债权人的披露,保理人对应收账款真实性审查结果的可靠性完全取决于应收账款债权人的诚信状况。而且,保理人审查义务的履行亦仅是其借以获得对应收账款真实性之信赖利益的条件,在此意义上,只要应收账款债权人所提供的基础资料大致齐全,能够相互印证,符合形式上的合理性,即应认为具备了支撑应收账款真实性的权利外观。此时仍要求保理人对单证资料背后的事实基础进行深层核查,已超出了该种情况下保理人的期待可能性。再者,保理人仅是保理交易当事人,而非金融监管部门,是"运动员",而非"裁判员";此类情况下对其作实质审查要求无异于令其身兼数职,未免课责过严,不符合"法律不能强人所难"的基本法理。

第四,在由保理人进行债权转让通知的明保理交易,以及应收账款债务人以保理人欺诈为由拒不支付应收账款等场合中,对保理人可以作实质审查要求。因为,在这些场合中,保理人拥有直接通知应收账款

---

[1] 参见张素华、李鸣捷:《保理合同中"将来应收账款"释论》,载《华东政法大学学报》2023年第2期。

债务人并向其主张应收账款债权的主动权,相较于暗保理和由应收账款债权人进行转让通知的明保理的场合,此时的保理人多出了一个直接通过应收账款债务人进行债权真实性验证的渠道,对其作实质审查要求有客观可能性。同时,此种情况下,对于保理人这样一个与自己没有任何直接合同关系的请求权人,应收账款债务人完全可以质疑其对应收账款债权受让的可靠性,以避免不虞的交易风险;况且,保理人参与让与人虚构应收账款欺骗债务人的实践可能性也并非完全不存在。此时,保理人对应收账款真实性审查义务的履行程度直接决定着其对应收账款债务人的支付请求权能否成立,面对应收账款债务人的抗辩,从防止保理人不诚信行为损害应收账款债务人、保障债务人正当权利的角度考虑,课予保理人对应收账款真实性的实质审查义务是必要的。例如,在"中国工商银行股份有限公司南京雨花支行与南京建工集团有限公司、刘某某等金融借款合同纠纷案"[1]中,应收账款债权人单方虚构应收账款债权申请保理融资,保理人因失察通过,法院判定:保理银行是否尽到了审查义务,宜以其与应收账款债权人、债务人之间是否进行了债权转让告知及确认的意思联络为准,保理银行仅凭应收账款债权人单方出具的《三方确认函》、增值税专用发票等审核通过,不能认为其已尽到了必要的审查义务,无权要求不知情的债务人清偿"应收账款"。本案裁判在同类情形中对保理人作实质审查义务要求的立场殊值赞同。

四、保理人未尽到审查义务的法律后果

关于保理人未尽到审查义务的法律后果,国内法院相关裁判意见

---

[1] 参见中国工商银行股份有限公司南京雨花支行与南京建工集团有限公司、刘某某等金融借款合同纠纷案,江苏省南京市中级人民法院民事判决书,(2018)苏01民终2485号。

不一。主要有：一是认为保理人仅违反金融监管的部门规章规定的义务,不应因此承担民事责任。[1] 二是认为保理人应因此自担部分损失。[2] 三是认为因保理人对让与人单方虚构应收账款失察,导致不存在真正的应收账款转让,故双方之间不成立保理合同关系,径行判定按借款合同处理。[3] 四是认为保理人虽对让与人单方虚构应收账款失察,但保理人仍可依保理合同约定向应收账款债权人主张保理融资本息。[4] 五是作驳回诉讼请求的裁判,不支持保理人按照任何有效法律关系向应收账款债权人主张权利。[5]

针对以上问题,笔者认为,应区分应收账款债权人、应收账款债务人、保理人在保理交易中的过错状态分别加以评价。与保理人审查义务履行与否的法律效果相关联的典型情形有：一是应收账款债权人与债务人通谋虚构应收账款以骗取保理融资；二是应收账款债权人单方虚构应收账款以骗取保理融资；三是保理人与应收账款债权人通谋虚构应收账款,或保理人明知应收账款债权人虚构应收账款而参与；四是保理人与应收账款债务人对让与人单方虚假应收账款均有审查过失；五是应收账款债务人单方或者与保理人通谋虚构应收账款。

对于以上第一种情形(应收账款债权人与债务人通谋虚构应收账款),如上文所论,因基础合同当事人存在欺诈的主观恶意,故若保理人不予审查或者存在审查瑕疵,除了保理人明知虚构事实以外,不

---

[1] 参见吉林省前郭县阳光村镇银行股份有限公司、吉林省松原市隆瑞祥贸易有限公司、中央储备粮长春直属库有限公司合同纠纷案,吉林省高级人民法院民事判决书,(2018)吉民再111号。
[2] 参见上海市黄浦区人民法院民事判决书,(2014)黄浦民五(商)初字第7999号。
[3] 参见中国工商银行股份有限公司南京雨花支行与南京建工集团有限公司、刘某某等金融借款合同纠纷案,江苏省南京市中级人民法院民事判决书,(2018)苏01民终2485号。
[4] 参见中国神华能源股份有限公司、中国神华能源股份有限公司神东煤炭分公司等保理合同纠纷案,陕西省高级人民法院民事判决书,(2021)陕民终779号。
[5] 参见中国长城资产管理股份有限公司甘肃省分公司、兰州万和盛工贸有限公司等信用保险合同纠纷案,甘肃省兰州市中级人民法院民事判决书,(2021)甘01民初323号。

会因此导致保理合同无效,也不会导致保理人自担部分损失或减轻债务人的付款责任,保理人仍然拥有保理合同项下的相应债权。此不赘述。至于上述第五种情形(应收账款债务人单方或者与保理人通谋虚构应收账款),其发生的实际可能性基本不存在。因为应收账款债务人缺乏通过虚构应收账款以获取保理融资的利益驱动力,而且,虚构行为可能使自己遭受负担虚假债务的不利益;应收账款债权人才是虚构应收账款的受益者,也只有应收账款债权人才能提供虚构应收账款所必需的基础合同、应收账款发票、虚假转让通知等资料,在应收账款债权人缺席的情况下,虚构应收账款的情形一般不可能发生。故以下就上述第二、三、四种情形下保理人未尽审查义务的法律后果作探讨。

(一)让与人单方虚构应收账款时保理人未尽审查义务的法律后果

在应收账款债权人单方虚构应收账款、债务人不存在审查过失的情形下,若保理人对应收账款的真实性未尽到审查义务,则其不能享有对应收账款债务人的债权请求权,但仍可依据保理合同对应收账款债权人主张相应的权利。因为保理人能够要求债务人支付应收账款的前提条件当然是存在真实的应收账款债权,在应收账款债权为债权人虚构时,自然不存在保理人向债务人主张权利的可能性。唯因应收账款债权人实施了虚构债权的欺诈行为,此时的保理合同属于基于一方欺诈行为订立的合同,故在作为受欺诈方的保理人不行使合同撤销权的情况下,应收账款债权人自无道理不受保理合同的约束。故若保理人不对应收账款债权人行使合同撤销权,则其可依据保理合同对应收账款债权人主张相应的权利。国内相关裁判往往直接将此情形下的合同认定为借款合同,忽略了保理人对让与人应享有的保理合同债权。例如,在"交通银行股份有限公司河南省分行、中国石油天然气股份有限公司乌鲁木齐石化分公司合同纠纷案"[1]中,对应收账款债权人单方虚构应收账款(隐瞒债务人已付清应收账款的事实,同时虚构债务人的收件地址以收取保理人邮寄的债权转让通知书)骗取保理融资的行为,二审法院认为,因案涉保理合同所约定的应收账款均不真实存在,故按金融贷款关系处理,改判由应收账款债权人直接向保理银行偿还融资款本息。另有同类裁判认为,保理人未对案涉"保理合同"约定及履行内容与案涉应收账款无关联性的事实尽到实质审查义务,双方法律关系名为保理实为借贷,保理合同与借贷合同均有效,但应按借贷处理,预扣的保理手续费不计入本金。[2] 此类裁判均有失妥当。因为此时保理人虽然不能依据保理合同要求债务人支付应收账款,但鉴于保理合同对应收账款债权人仍有约束力,故保理人完全可以根据保理合同的约定,向应收账款债权人主张保理融资债权,包括高于借款利息的保理手续费等。基于同样的逻辑,因保理人未尽到审查义务而驳回其诉讼请求的判决更属不当,[3]这将造成保理人融资债权失去诉讼救济通道,于理不公。

(二)保理人与让与人通谋虚构应收账款时保理人未尽审查义务的法律后果

在2015年颁行的《最高人民法院关于审理民间借贷案件适用法律若干问题的规定》生效以前,企业之间的资金拆借行为未被明确认可为合法,为了规避当时央行的相关禁止性规定,部分商业保理企业愿意与用款企业通谋假借保理合同的形式进行民间借贷。同时,因为之前的

---

[1] 参见交通银行股份有限公司河南省分行、中国石油天然气股份有限公司乌鲁木齐石化分公司合同纠纷案,河南省郑州市中级人民法院民事判决书,(2021)豫01民终5198号。
[2] 参见上海皋兰国际货运代理有限公司、上海添奕物流有限公司等合同纠纷案,山东省高级人民法院民事判决书,(2021)鲁民终2289号。
[3] 参见中国长城资产管理股份有限公司甘肃省分公司、兰州万和盛工贸有限公司等信用保险合同纠纷案,甘肃省兰州市中级人民法院民事判决书,(2021)甘01民初323号。

商业保理归属于商务部管理,借用保理交易形式可以规避金融监管的要求;且在商业保理融资中,保理商可以获得高于民间借贷利息上限的服务费。故实践中存在保理商与让与人通谋虚构应收账款以叙作保理交易的情况。在此情况下,保理人对虚假应收账款处于明知状态,其不履行真实审查义务纯系明知故犯。此时保理人与应收账款债权人的行为构成通谋的虚伪意思表示,所订"保理合同"因不能反映双方真实的意思表示而无效,双方关系应当按照双方当事人之间的真实合意加以确定,通常应为民间借贷或者金融借款法律关系。若该种通谋虚构行为为第三人设定了债务负担,则属于恶意串通损害第三人利益的行为,所订"保理合同"亦应为无效合同。保理人均不能依据"保理合同"向应收账款债权人和债务人主张权利。

(三)保理人与债务人对让与人虚构应收账款均有审查过失时的责任承担

在应收账款债权人单方虚构应收账款以骗取保理融资时,若应收账款债务人不存在审查过失,则保理人在未尽到真实审查义务的情况下无权要求债务人支付应收账款。国内部分法院坚持该裁判规则,[1]应予以肯定。由此而论,银行保理人未尽到相关金融监管规章规定的审查义务不会产生民事法律效果的判断是不可靠的。如有裁判认为,《商业银行保理业务管理暂行办法》等监管文件"作为银行业内部的管理性规定,并不产生业外效力,也不能因此而产生业外责任",保理银行若违反其规定,"在行业内部可能会受到行业监管部门的相应处罚,但在行业之外……不能由此产生相关的合同责任"。[2] 笔者认为,该裁

---

[1] 参见中国神华能源股份有限公司、中国神华能源股份有限公司神东煤炭分公司等保理合同纠纷案,陕西省高级人民法院民事判决书,(2021)陕民终779号。

[2] 参见吉林省前郭县阳光村镇银行股份有限公司、吉林省松原市隆瑞祥贸易有限公司、中央储备粮长春直属库有限公司合同纠纷案,吉林省高级人民法院民事判决书,(2018)吉民再111号。亦可参见白金城:《保理商是否尽到审慎义务与承担保理合同责任无关》,载《人民司法》2019年第17期。

判关于保理人违反审查义务不会产生"业外责任"的判断值得推敲。因为在不存在虚构应收账款的情形下,保理人未履行必要的审查义务便无从形成对债权真实的信赖利益,进而亦无从要求债务人支付应收账款。就其因此失去对债务人的请求权而言,系因违反审查义务而遭受的不利益。故上述不会产生"业外责任"的判断不能成立。

然而,实践中存在这样的特殊情形,即应收账款债权人单方虚构应收账款,保理人与债务人对虚假应收账款均存在审查过失(非参与虚构的故意),而保理人不能或不愿向应收账款债权人索赔。例如,在"中国农业银行股份有限公司上海普陀支行、上海公路桥梁(集团)有限公司保理合同纠纷案"中,罗依莱材料分公司负责人顾某利用伪造的罗依莱材料总公司法定代表人授权书、购销合同、发票等材料,三次出具《应收账款债务人签收确认》均得到债务人公路桥梁公司加盖公章和法定代表人印章,并借以向普陀支行成功申请保理融资。后因顾某骗贷事发入刑,案涉保理融资款成为不能收回的呆账。普陀支行先同时起诉基础合同双方当事人,后撤回对罗依莱材料总公司、分公司的诉请。两审法院均认为:公路桥梁公司尽管不存在与顾某通谋虚构的故意,但其贸然盖章确认行为对普陀支行的融资决定有重要影响,存在重大过错;而普陀支行也存在审核不严的过错,应自负部分损失。故根据原《侵权责任法》第26条有关与有过失的规定,判决支持普陀支行的损失由公路桥梁公司赔偿80%。[1] 本案本属于让与人一方虚构应收账款、保理融资款损失应主要由让与人承担的情形,但因保理人在诉讼中撤回了对让与人一方的诉请,故法院便在应收账款债务人与保理人之间进行责任承担的比例划分。因公路桥梁公司不存在与顾某通谋虚构应收账款

---

[1] 参见中国农业银行股份有限公司上海普陀支行、上海公路桥梁(集团)有限公司保理合同纠纷案,上海市黄浦区人民法院民事判决书,(2014)黄浦民五(商)初字第7999号。亦可参见朱奇、施浩、黄頔:《保理业务中应收账款不真实的责任承担》,载《人民司法(案例)》2016年第32期。

的故意,故保理银行当无从依据保理合同要求公路桥梁公司履行支付应收账款的义务。故法院根据损失原因力规则,基于公路桥梁公司的重大过失,判令其承担主要责任,当无不可。尚可质疑的是,本案裁判所依据的第三人侵害债权理论中所要求的第三人须为故意的要件与本案第三人重大过失的实情不相符合。相关司法裁判及学理上已有将侵害债权理论扩大适用于第三人重大过失情形的尝试,[1]或可为本案裁判提供进一步的支撑依据。

---

[1] 参见杨立新、李怡雯:《债权侵权责任认定中的知悉规则与过错要件——(2017)最高法民终181号民事判决书释评》,载《法律适用》2018年第19期。

# 第八章

保理交易中债权转让通知规则

一、案情归纳和问题提炼

（一）案情归纳

2018年2~10月,甲公司向知名企业乙公司供货,对乙公司拥有既有和将来应收账款债权5000万元;该应收账款自2018年3月至2019年3月陆续届期。2018年3月1日,甲公司与A银行签订《国内保理业务合同》及《应收账款转让清单》。双方约定:甲公司将对乙公司拥有的5000万元应收账款转让给A银行,A银行向甲公司提供4000万元保理融资款,年利率为10%;若A银行届期不能从收取的应收账款中足额实现保理融资本息,则既可以直接要求甲公司偿还保理融资本息,也可以要求甲公司回购应收账款。签约当日,A银行向甲公司发放4000万元保理融资款。2018年3月5日,乙公司签认甲公司发送的《应收账款转让通知函回执》,同意将货款付至"通知函"上指定的A银行账户。截至2018年5月31日,乙公司向甲公司指定账户支付货款计1000万元;A

银行从该账户实现融资本息1000万元,未实现融资本息3400万元。

2018年3月5日,甲公司以对乙公司的同笔应收账款,与B银行签订《国内保理业务合同》及《应收账款转让清单》。约定:甲公司将对乙公司拥有的5000万元应收账款转让给B银行,B银行向甲公司提供3000万元融资款,年利率为10%;若B银行届期不能从收取的应收账款中足额实现保理融资本息,则既可以直接要求甲公司偿还保理融资本息,也可以要求甲公司回购应收账款;为了维护甲公司与乙公司的合作关系,签约后1年内甲公司与B银行均不得通知乙公司应收账款转让事实;由甲公司继续向乙公司收取应收账款后,按期偿付B银行的融资本息。签约当日,B银行向甲公司发放3000万元保理融资款。截至2018年5月30日,B银行未收到甲公司偿付的任何融资本息,遂与甲公司交涉,并于当日凭甲公司移交的5000万元货款发票在中国人民银行应收账款质押登记系统办理了应收账款转让登记。2018年5月31日,甲公司向乙公司发出《更改付款账户申请》,申请将指定付款账户由原A银行账户改为B银行账户(未明确因与B银行的保理融资合同关系而设)。乙公司发觉异常,遂暂停继续付款,同时致函甲公司要求出示付款账户变更依据。

2019年4月,A银行因未完全实现融资本息债权、B银行因未实现融资本息债权先后诉至法院,请求:乙公司支付应收账款债权本金及相应利息;甲公司偿还欠付的保理融资本息,或回购银行未能从乙公司处实现的应收账款;确认自己的保理融资本息债权优先于其他债权受偿。

同时,因甲公司对外另有债务,至2019年6月,多家法院向乙公司发出协助执行通知书,要求协助冻结甲公司对乙公司的应收账款。

乙公司抗辩认为:未接到A银行关于其与甲公司有保理合同关系的通知,无义务承担保理合同约定的保理服务费、违约金等;对A

银行的债务已消灭1000万元;对B银行的保理融资本息债权无偿付义务。

甲公司抗辩认为:已将债权转让的事实通知乙公司,乙公司有义务向A银行承担包含保理服务费在内的所有保理融资本息;因自己与B银行之间为隐蔽型保理合同关系,故B银行在未将应收账款债权转让的事实通知债务人乙公司之前,无权向自己行使追索权,即无权要求偿还保理融资本息或回购应收账款债权。

(二)问题提炼

在保理交易中,应收账款转让通知的权利义务在让与人与保理人之间如何配置?保理人向应收账款债务人进行债权转让通知的有效条件是什么?应收账款转让通知与应收账款转让登记的效力关系如何?具体而言,应收账款转让登记可否替代应收账款转让通知?在应收账款多重转让或多重保理场合下,当债权转让登记与转让通知指向的债权归属发生冲突时,如何处理?在有追索权暗保理交易中,保理人向应收账款债权人行使追索权是否应以向债务人通知应收账款转让事实为前提条件?

二、保理人债权转让通知的有效条件

(一)主要裁判及学理意见分歧

债权转让通知主体的不同对债务人的利益影响重大。若由债权受让人而非债权出让人进行债权转让通知,则意味着债务人被附加了对债权转让通知的真实性进行判断的义务,进而增加了履行债务的负担。[1] 鉴于此,《日本民法典》第467条甚至规定将债权转让通知的主

---

〔1〕 参见刘浩:《债权转让通知研究》,载《暨南学报(哲学社会科学版)》2014年第2期。

体严格限定为债权让与人；其判例也不允许债权受让人代位让与人作出债权转让通知。此规则源于日本学界通说认可的法理，即若允许债权受让人也可进行转让通知，将纵容冒充受让人实施欺诈的行为的发生，难免有虚假通知频发的可能。[1] 我国亦有学者从保护债务人利益的立场出发，主张转让通知主体应仅限于债权让与人。[2] 尽管有虚假债权转让及通知情形的存在，但是在债权受让人提供了充足的证据证明债权转让事实和债权受让人身份真实的情形下，依然否定债权受让人进行转让通知的机会和效力便无任何必要了。在比较法上，德国、法国、瑞士等多数国家的民法规定：债权让与人和债权受让人均可作为债权转让通知主体，仅在债权受让人通知时需满足特定条件。

从我国原《合同法》第 80 条第 1 款和《民法典》第 546 条第 1 款的规定来看，我国法律认可一般债权转让的通知义务人为债权让与人。但是，《民法典》在"保理合同"一章中例外规定了作为债权受让人的保理人也可以进行通知（第 764 条）。这说明我国民法借鉴了比较法上的多数立法例，规定债权转让通知义务主体一般情况下应为债权让与人，例外情况下可以为受让人。此规则亦得到我国部分法院的裁判认可。[3] 既然保理人作为通知主体仅为例外规定，则需满足特定的限制条件，即《民法典》第 764 条所规定的"表明保理人身份并附有必要凭证"。对此条件的司法把握，目前尚未达到规则的一致化。

在我国法院处理保理纠纷的相关司法实践中，就应收账款转让通

---

[1] See William C. Philbrick, The Use of Factoring in International Commercial Transactions and the Need for Legal Uniformity as Applied to Factoring Transactions between the United States and Japan, *Commercial Law Journal*, Vol. 99：1, p. 141 – 156(1994).

[2] 参见朱虎：《债权转让中对债务人的程序性保护：债权转让通知》，载《当代法学》2020 年第 6 期。

[3] 参见福州金万利投资咨询有限公司、石狮市调星日用品店等融资租赁合同纠纷案，安徽省芜湖市鸠江区人民法院民事判决书，(2022)皖 0207 民初 1197 号。

知债务人问题,围绕通知义务主体、保理人有效通知的方式和"必要凭证"构成,裁判规则难谓一致(见表8-1)。在通知义务主体问题上,多数法院认可保理人作为应收账款受让人,在满足法定要求的条件下,可以与应收账款让与人一样,向债务人进行债权转让通知。但部分裁判涉及债权转让通知是否为保理人的义务的问题。例如,在"海尔金融保理(重庆)有限公司、济宁市耀益商贸有限公司等合同纠纷案"[1]中,针对应收账款债务人所提未收到保理人关于保理合同的通知因而无义务遵守保理合同约定的抗辩意见,法院基于保理人已为所转让应收账款在中国人民银行征信中心办理动产担保登记、应收账款债务人已盖章确认债权人发送的《应收账款转让通知回执》的事实,判定应收账款债务人应受保理合同的约束。这相当于认可:保理人依据保理合同受让应收账款对债务人生效并不以保理人实际通知债务人为前提,进行债权转让通知并非保理人的义务。

表8-1 关于保理人债权转让通知有效条件的裁判分歧示例

案号	转让通知人	有无通知确认	有无转让登记	债务人意见	法院裁判
山东省青岛市中级人民法院民事判决书,(2021)鲁02民初2422号	应收账款债权人	有《应收账款转让通知回执》	有/动产担保登记	仅有债权让与通知,无保理合同内容通知,不受保理合同约束	债权人转让通知加登记可以使保理合同对债务人生效

[1] 参见海尔金融保理(重庆)有限公司、济宁市耀益商贸有限公司等合同纠纷案,山东省青岛市中级人民法院民事判决书,(2021)鲁02民初2422号。

续表

案号	转让通知人	有无通知确认	有无转让登记	债务人意见	法院裁判
广东省东莞市中级人民法院民事判决书,(2021)粤19民终8807号	保理人	无《应收账款转让通知回执》	无	转让通知未送达	无回执的现场送交、电子邮件、邮政快递(有签收单)方式通知,不构成保理人的有效通知
河南省郑州市中级人民法院民事判决书,(2021)豫01民终5198号	保理人	无《应收账款转让通知回执》	无	转让通知因未签收而未送达	保理人未提供快递签收单据、快递送达回执等证据材料的,不能视为有效通知。债务人应诉不能视为已实际收到债权转让通知
甘肃省兰州市中级人民法院民事判决书,(2021)甘01民终2172号	保理人	无《应收账款转让通知回执》	无	转让通知未送达	保理人仅在《保理合同》签订前向债务人发送《应收账款确认函》,未将事后签订的《保理合同》通知债务人的,视为未有效通知债务人

续表

案号	转让通知人	有无通知确认	有无转让登记	债务人意见	法院裁判
安徽省芜湖市鸠江区人民法院民事判决书,(2022)皖0207民初1197号	保理人	无《应收账款转让通知回执》	无	转让通知未送达	保理人提供的短信通知截图,若不能确证通知主体、债权内容以及债务人收悉情况,不构成有效通知
河南省许昌市中级人民法院民事判决书,(2021)豫10民终2671号	保理人	无《应收账款转让通知回执》	无	转让通知未送达	债务人应诉可以视为已实际收到债权转让通知

在保理人有效通知所需"必要凭证"之构成和通知方式问题上,相关裁判歧异明显。就所需"必要凭证"的构成,有法院裁判不排除短信通知的可行性,但同时认为应当从严把握,对于保理人提供的短信通知截图,若不能确证通知主体、债权转让内容以及债务人收悉情况,不应被认定为符合法定要求的"必要凭证";"必要凭证""原则上以经过公证的转让通知或者转让合同为宜"。[1] 另有裁判认为,构成保理人有效通知所需的"必要凭证"还应包含应收账款债权人"签字的《应收账

---

[1] 参见福州金万利投资咨询有限公司、石狮市调星日用品店等融资租赁合同纠纷案,安徽省芜湖市鸠江区人民法院民事判决书,(2022)皖0207民初1197号。

款转让通知书"》[1]就保理人有效通知的方式,有裁判认为:保理人仅提供了向债务人的实际控制人送交转让通知的现场照片、进行转让通知的有签收记录的邮政快递面单、电子邮件截图,但无《应收账款转让通知书》回执,不能构成《民法典》第 764 条规定的适格的保理人通知,对债务人不生效。[2]由此可见,该裁判认为邮政快递签收单不能替代《应收账款转让通知书》回执作为"必要凭证"的功能。有裁判则认为:保理人主张已将债权转让通知书邮政快递给债务人,但未提供快递签收单据(邮寄单上无债务人签收证明)、快递送达回执等证据材料的,不能视为有效通知;从其未支持保理人所提相关意见来看,该裁判亦认为,债务人签收应诉文书并出庭应诉不能视为已实际收到债权转让通知。[3]另有裁判认为:债权转让通知无法定方式,保理人以提起诉讼的形式将债权转让的事实告知债务人属于通知的一种形式;债务人签收了保理人的起诉状、应诉通知书等诉讼材料的行为,可视为有效通知。[4]北京市高级人民法院在 2007 年发布的"审理民商事案件若干问题的解答"中也确认了债务人应诉可以视为债权转让已通知。[5]关于是否应将诉讼作为债权转让通知的法定形式,国内相关学理意见亦有

---

〔1〕参见西安新意达建筑制品有限公司与福建六建集团有限公司买卖合同纠纷案,陕西省西安市未央区人民法院民事判决书,(2020)陕 0112 民初 26979 号。

〔2〕参见迅兴商业保理(深圳)有限公司、广东春夏新材料科技股份有限公司等合同纠纷案,广东省东莞市中级人民法院民事判决书,(2021)粤 19 民终 8807 号。

〔3〕参见交通银行股份有限公司河南省分行、中国石油天然气股份有限公司乌鲁木齐石化分公司合同纠纷案,河南省郑州市中级人民法院民事判决书,(2021)豫 01 民终 5198 号。

〔4〕参见许昌恒瑞建材股份有限公司、张某某等债权转让合同纠纷案,河南省许昌市中级人民法院民事判决书,(2021)豫 10 民终 2671 号。

〔5〕《北京市高级人民法院关于印发〈北京市高级人民法院审理民商事案件若干问题的解答之五(试行)〉的通知》(京高法发〔2007〕168 号)第 20 条规定:"债权转让没有通知债务人,受让债权人直接起诉债务人的,视为'通知',法院应该在满足债务人举证期限后直接进行审理,而不应驳回受让债权人的起诉。"

分歧。[1]

(二) 应然路径分析

就保理人债权转让通知的有效条件而言,具体存在以下问题有待明确:保理人进行债权转让通知是否以债权让与人不履行通知义务为前提?进行转让通知是否为保理人的法定义务?构成保理人有效通知所需"必要凭证"应包括哪些?是否以送交书面《应收账款转让通知书》为必要?诉讼可否成为保理人通知的有效形式?保理人有效通知的发生时间如何把握?立足我国《民法典》债权(含保理合同章中应收账款债权)转让通知规则的性质和功能,综合考量相关裁判立场、学理意见及域外实践经验,笔者认为,就以上具体问题,致力于实现裁判规则一致化的回应理当如下。

第一,保理人进行债权转让通知不以债权让与人不履行通知义务为前提。如上所述,多数国家民法的通行规则是:从兼顾交易安全与效率的角度出发,认可债权让与人和受让人均可进行债权转让的通知。我国现行法亦基本采此规则模式。此模式的完善还需解决保理交易中应收账款转让通知的权利义务在让与人与保理人之间如何配置的问题。较有认可度的意见是:债权转让以债权让与人通知为一般规则,以受让人(保理人)通知为例外。这是否意味着保理人通知应以债权让与人不履行通知义务为前提?回答应该是否定的。也就是说,除非有相反约定,保理人进行债权转让通知不应受债权人是否通知所左右,仅在达成有效通知的条件上负担证实应收账款转让事实的义务。其理由在于:其一,进行应收账款转让通知是保理人的一项权利,在行使上不应

---

[1] 有关赞成将到期债权受让人诉讼作为债权转让通知的法定形式的观点,参见陈丛蓉、张旭琳:《债权转让能否以诉讼形式通知》,载《人民法院报》2002年2月21日,理论专版;王亚明、钱凯旋:《债权转让中履行通知义务的方式》,载《人民法院报》2003年12月12日,民事审判版。亦有学者认为,受让人的起诉或者提起仲裁不具有转让通知的效力,参见朱虎:《债权转让中对债务人的程序性保护:债权转让通知》,载《当代法学》2020年第6期。

受到不合理限制。本质上,保理人受让应收账款债权之后,便获得了通过通知债务人实现其债权的自由;就此意义而言,通知债务人是其所受让债权效力的必要组成和自然延伸,是从属于保理人债权请求权的一项分支权利。保理人的通知权既体现为选择通知债务人从而使受让债权对债务人生效的自由,亦体现为保理人为实现其所受让债权而要求债权让与人通知债务人的自由,还体现为隐蔽型保理交易中为保障所受让债权而享有的按照约定的期限或事由通知债务人的自由。既然进行债权转让通知是保理人的权利,其便应有在合法合理限度内自由行使的空间。而若课以债权让与人不履行通知义务之限定前提,显然有悖于保理人通知权的应有属性。其二,便于及时确定债务履行对象,更有利于实现保护债务人的规范目的。保理交易涉及两个合同(基础合同、保理合同)和三方主体(保理人、应收账款债权人、债务人),交易的公平性有赖于综合权衡各方利益关系。综观我国《民法典》中的保理合同制度,具有明显的行业发展推动和司法内需驱动的特征,缺乏充分的立法研讨和论证,在对待各方利益上有过度保护保理人的立法倾向,对债务人保护的规定明显缺失。[1] 而债权让与通知制度的立法目的在于保护债务人。[2] 因而,像《民法典》第 764 条这样规定债权让与通知规则的条款对于保理合同制度的完整性和公正性而言自然是不可或缺的。不仅如此,对于第 764 条规定的保理人的通知权还应当将其理解为不以应收账款债权人不履行通知义务为行使前提,即除了要求保理人证实债权受让事实以外,如无相反约定,应允许保理人与应收账款债权人拥有同等的通知机会,不受应收账款债权人通知义务履行状况的牵制。如此才能最大限度地增加应收账款债务人获得债权转让通知的

---

〔1〕 参见黄和新:《保理合同:混合合同的首个立法样本》,载《清华法学》2020 年第 3 期。
〔2〕 参见黄鑫、庄雨晴:《隐蔽型保理合同的性质与效力》,载《人民司法》2022 年第 8 期。

机会,更有利于应收账款债务人尽快知晓和确定自己债务履行的对象,减少不确定性因素导致的决策风险,避免债务重复清偿的损失。其三,符合法律文义解释、体系解释的基本规则。《民法典》第764条规定:"保理人向应收账款债务人发出应收账款转让通知的,应当表明保理人身份并附有必要凭证。"符合该条款词句含义射程的解释只能是:作为应收账款债权受让人的保理人也可以向应收账款债务人发出债权转让的通知;保理人通知时负有向债务人证实保理合同和应收账款转让事实的义务。除此之外,并不能得出保理人通知须以应收账款债权人不通知为前提的解释结论。同时,从体系定位看,《民法典》第764条是对《民法典》第546条第1款之一般债权转让通知规则的补充规定,二者共同构成了我国现行法债权转让通知主体制度。综观该两条规定,亦只能得出现行法允许债权让与人与作为债权受让人的保理人同为通知主体("保理人……通知的"这一假定条件须以"债权让与人与保理人均可通知"为成立前提)、两种通知不存在顺位限制的解释结论。

第二,应以确保保理人能够证实保理合同和应收账款转让事实为宗旨,确定构成保理人有效通知所需"必要凭证"的范围及标准。法律出于交易便捷的考虑,允许保理人亦可向债务人进行债权转让通知。某种意义上,此种规定是以牺牲既有债权债务关系的稳定性为代价的。因而,此种效率价值主导的"变通"规定应尽可能地满足作为直接利害关系人的应收账款债务人的安全价值需求。由此能够延伸出保理人通知时须负担证实保理合同和应收账款转让事实的义务。根据《美国统一商法典》的规定,应收账款债权受让人发送的通知须清晰表明已被转让的到期或将要到期的债务数额,且应表明应向受让人支付;所转让的权利应能被合理识别;如果债务人愿意,其有权获得权利转让的证明。[1] 该规定从债权额度、履行对象的角度明确受让人举证义务的内容,并以"能被合理识别"为证明标准。相较而言,我国《民法典》第764条关于"应当表明保理人身份并附有必要凭证"的证明要求显得过于笼统,有待进一步细化解释。

笔者认为,应以要求保理人证实保理和应收账款转让事实为原则,明确我国《民法典》第764条规定的"必要凭证"的范围及标准。具体而言,此处的"必要凭证"应该包含以下内容。

其一,《应收账款转让通知书》。这是保理人向债务人行使通知权的直接载体,故应作为"必要凭证"予以提供。在保理交易实践中,向债务人发送的《应收账款转让通知书》常附有债权让与人的签字、盖章,或者同时附有债权让与人诸如"银行代表我们发送此通知应被视为我们以相同方式做出的行为"[2]一类的认可声明。这里需要讨论的问题是:保理人单独通知时,其向债务人发送的《应收账款转让通知书》是否必须附有债权让与人的认可证明?如上所述,有法院裁判对此即持肯定立场。[3] 笔者认为,应区分情形而定,即若合同约定须由债权让与人与受让人联合通知债务人,则保理人向债务人发送的《应收账款转让通知书》须附有债权让与人的认可证明;若保理人单独通知债务人不违反其与债权让与人的约定,则在保理人单独发送的转让通知中无须附有此类认可证明。因为,依据《民法典》第764条的规定,保理人本即有独立的通知权,该通知权无须依赖债权让与人的授权而行使。归根结底,转让通知仅为《保理合同》(或《应收账款转让协议》)约定转让的债权

---

[1] See the UCC, Sec. 9-318(3).
[2] 恒生银行(中国)有限公司深圳分行、东莞市入世丰针织有限公司等合同纠纷案,广东省深圳前海合作区人民法院民事判决书,(2021)粤0391民初1006号。
[3] 就受让人持让与人签认的《债权转让通知书》通知债务人的情形,素有争议的是通知的主体和效力问题。有学者认为,此时为受让人为让与通知,对债务人不生效力。另有学者认为,此时应视为以受让人传达的让与人的通知,可以约束债务人。参见施汉嵘:《析债权转让若干法律问题》,载《法律适用》2003年第7期。

向债务人生效的方式,该通知承载的债权源于《保理合同》,在《保理合同》之外,债权转让通知并未创造任何新的债权。因而,既然债权让与人已在生效的《保理合同》或《应收账款转让协议》中认可向保理人转让应收账款,则要求其在保理人单独发送的债权转让通知中另行认可,实为徒增交易成本的重复行为,确无必要。另需讨论的问题是:保理人单独向债务人发送的《应收账款转让通知书》是否必须为正式的书面文本？如上所述,实践中已有保理人仅以短信方式向债务人进行债权转让通知的案例,法院以该短信通知未能确证通知主体、债权转让内容以及债务人收悉情况等为由,认定不构成保理人的有效通知。对此,笔者认为,我国《民法典》第764条规定保理人单独通知时须证实债权转让事实的义务,其目的在于防范虚假的应收账款受让通知、减轻应收账款债务人的查证负担。基于该立法宗旨,原则上应要求保理人单独发送的《应收账款转让通知书》须为其签认的正式书面文本,且应清晰反映应收账款来源、数额、转让情况等;特殊情况下的替代形式只有具备为确证保理人身份和应收账款受让事实所必需之基本要素时,方能视为保理人的有效通知。

其二,《保理合同》。这是借以表明保理人身份和应收账款债权人主体变更情况的必备证据;《保理合同》中的相关涉他条款要对债务人生效,也要求保理人通知时需要向债务人提供。故《保理合同》亦应为需提供的"必要凭证"之一。从标准上讲,该《保理合同》:一是要求所涉应收账款应能对应到前述基础交易合同项下,基本要素能够一一吻合;二是须有关于应收账款转让的约定。在保理交易中,有些保理人还与债权让与人另签有《应收账款转让协议》,并在通知债务人时一并送交。从应收账款转让是保理合同必备条款的现行法规定的角度看,若保理人已提供了《保理合同》,则《应收账款转让协议》并非需要提供的"必要凭证"。

其三,应收账款债权人与债务人之间的基础交易合同及其履行情况票证。关于保理人通知时是否应向应收账款债务人提交基础交易合同及其履行情况票证,未见有裁判加以明确,仅在部分裁判中体现为当事人的抗辩意见。[1] 笔者认为应将其列为"必要凭证"之一,因为该部分资料能够直接反映应收账款的来源和状态,是表明保理人掌控应收账款债权的重要辅证。基础交易合同履行情况的相关票证作为保理人需提供的"必要凭证"的范围,应以能支撑债权让与人对债务人存在真实应收账款债权为已足。就此而论,债权让与人依约向债务人交付商品或提供服务的履行凭证(发货单、应收账款对应的发票等)属于保理人须提供的"必要凭证";而经债权让与人背书、以保理人为收款人的承兑汇票并非支撑应收账款真实性的必备证据,不应为"必要凭证"。

尚需讨论的还有保理人是否必须提供经公证的"必要凭证"的问题。就此,有法律释义书认为:考虑到我国当前的信用环境,保理人提供的债权转让证据系伪造的可能性较高,债务人亦无充足时间予以审查;而若这些债权转让证据进行了公证,则可消除债务人的审查负担,可以认为具有同债权人发出转让通知同等的效力。由此认为对"必要凭证"应该从严认定,且应将公证要求适用于一般债权转让中由受让人单独向债务人进行通知的情形。[2]《天津市高级人民法院关于审理保理合同纠纷案件若干问题的审判委员会纪要(二)》第2条中亦规定,经公证证明债权转让通知已经送达债务人的,可视为保理人已履行了债权转让通知义务。笔者认为,以上意见和规定根植于均衡各方利益关系的价值考量基础之上,深值赞同。但同时需要强调的是,保理人提供

---

〔1〕 参见重庆川江船务有限公司与重庆明德商业保理有限公司普通破产债权确认纠纷案,重庆市第五中级人民法院民事判决书,(2021)渝05民终1665号。

〔2〕 参见黄薇主编:《中华人民共和国民法典合同编解读》,中国法制出版社2020年版,第916~917页。

经公证的"必要凭证"仅能作为一种倡导性规定,而不可作为强制性规定;在证据效力上,应仅认可经公证的"必要凭证"的证明力更强,而不应就此否定未经公证的"必要凭证"的证明力。因为只要保理人提供的"必要凭证"能够实质性说明其保理人身份和受让应收账款的真实情况,断无任何否定其证明力的理由和法律依据;而且,单纯出于保护债务人的目的,片面强调保理人的证明义务而要求其提供的"必要凭证"必须公证,也会单方面增加保理人的交易成本负担,价值上亦有失公允。

保理人通知时未提供"必要凭证",其法律后果如何？对此,我国《民法典》第764条未作明确规定。有学者建议在相应判决中应明确其法律后果(如视为未通知,对债务人不发生效力),以弥补立法上的疏漏。[1] 此意见深值赞同。实际上,对此问题的处理,比较法上值得借鉴的成熟规定为:转让通知不发生效力,债务人可以向债权让与人履行债务,也可以要求受让人在合理期间内提供必要凭证,并在受让人提供之前有权拒绝向受让人履行。[2]

在债务人对保理人的单独通知作无效抗辩时,保理人须提供已完成通知义务的相关凭证。此类凭证最理想的形式是债务人签认的《应收账款转让通知确认函》(或《应收账款转让通知书》回执)。由于债权转让无须债务人的同意,故债务人确认债权转让的事实即已足够;[3] 即使其对债权转让不同意,保理人亦可自证进行了有效通知。但当债务人对保理人单独通知有异议时,保理人通常无法收到债务人签认并回

---

〔1〕 参见黄和新:《保理合同:混合合同的首个立法样本》,载《清华法学》2020年第3期。
〔2〕 参见《联合国应收账款转让公约》第13条第1款和第17条第7款、《国际商事合同通则》第9.1.10条第1款和第9.1.12条、《联合国国际贸易法委员会担保交易示范法》第58条和第63条第8款、《欧洲合同法原则》第11:303条第1~2款、《美国统一商法典》第9-406条(a)和(c)。转引自黄薇主编:《中华人民共和国民法典合同编解读》,中国法制出版社2020年版,第916~917页。
〔3〕 参见韩海光、崔建远:《论债权让与和对抗要件》,载《政治与法律》2003年第6期。

寄的《应收账款转让通知确认函》或回执。此时，需要保理人提供已将《应收账款转让通知书》送达债务人的凭证；若以邮政快递方式送达，则债务人或代收权人的签收单据是能够证明送达情况的必要凭证。但邮政快递签收单据需要结合能够显示邮件内容的交寄单据才能共同反映《应收账款转让通知书》的送达全貌，故邮政快递签收单据无法替代债务人签认的《应收账款转让通知确认函》。此外，能够直接证明债务人确认债权转让情况的凭证还有保理人与债权人、债务人共同签订的债权转让协议，天津、深圳两地法院的相关裁判指引文件中均有认可。[1]当然，从利益均衡的角度考虑，裁判上还有一个如何认定债务人确认内容的问题。一般而言，债务人对应收账款的真实性和转让情况确认得越充分，就意味着保理人通知义务履行得越到位，其通知的有效性便有更大概率获得裁判认可。但如何界定债务人确认内容的客观范围，以使其足够匹配保理人通知的有效性，则是一个需要深入探讨的司法难题。对此，《天津市高级人民法院关于审理保理合同纠纷案件若干问题的审判委员会纪要（二）》第3条已有初步规定，[2]但其缺少有关债务人确认应收账款转让情况判定标准的确定性规定，故仍有进一步完善的空间。

第三，能够确证应收账款转让事实时，保理人的起诉或者提起仲裁应可构成有效通知；应认可其在最终判决前阻止债务人向让与人履行

---

〔1〕 参见《天津市高级人民法院关于审理保理合同纠纷案件若干问题的审判委员会纪要（二）》第2条、《深圳前海合作区人民法院关于审理前海蛇口自贸区内保理合同纠纷案件的裁判指引（试行）》第21条。

〔2〕 该条第1款规定："债权人向保理商转让现有的已确定的应收账款债权时，债务人仅对应收账款债权数额、还款期限进行确认的，债务人可以就基础合同项下的应收账款行使抗辩权。债务人对应收账款债权数额、还款期限以及基础合同、交付凭证、发票等内容一并进行确认的，或者保理合同中对应收账款性质、状态等内容的具体表述已可作为债权转让通知或者应收账款确认书附件的，根据诚实信用原则，可以作为债务人对基础合同项下的应收账款不持异议的有效证据，但债务人能够提供其他证据足以推翻的除外。债务人仅以应收账款不存在或者基础合同未履行为由提出抗辩的，不予支持。"

的消极效力。[1] 实践中,如果让与人不愿、不能发送(或者配合保理人发送)转让通知,作为真实受让人的保理人发送通知但无法提供必要证据,则债务人有权拒绝保理人的履行请求,保理人便可能起诉或者申请仲裁要求债务人履行债务。此时便存在保理人起诉或者申请仲裁能否被视为有效的债权转让通知的问题。如前所述,国内司法裁判对此所持立场分歧较大,支持和反对的意见均有所见。学界的看法亦分立为肯定、否定二端。肯定论的主要理由是:承认起诉具有转让通知效力,该效力体现为暂时阻止债务人向让与人履行的消极效力;其必要性体现为:在债务人接到起诉书或者仲裁申请书副本后至让与人确认前,以及在找不到让与人或者让与人拒绝确认债权转让事实时,受让人仍可能会面临债务人向让与人履行的风险。[2] 反对论的主要理由有:如果认为债务人接到起诉书或者仲裁申请书副本时就发生转让通知的效力,债务人此时就负有向受让人履行的义务,这可能与债权归属的真实状况不符,从而对债务人不利;司法实践中可以通过传唤让与人、查证债权转让的真伪,故无须承认起诉具有转让通知效力;消极效力规则会使受让人无动力申请行为保全,并且绕开了提供担保的要求和法院的审查,不符合比例原则。[3] 笔者认为,在能够确证应收账款转让事实时,保理人的起诉或者提起仲裁应可构成有效通知;且应认可其在最终判决前阻止债务人向让与人履行的消极效力。理由如下。

---

[1] 在作者完成本部分写作后不久,《最高人民法院关于适用〈中华人民共和国民法典〉合同编通则若干问题的解释》(法释〔2023〕13号)即正式颁行。该司法解释第48条第2款作出了与本书观点基本一致的规定。但是该条款并未规定仲裁申请可以产生债权转让通知的效力。关于未作规定的原因,最高人民法院解释释义中并未明确说明。依笔者推测,可能系出于对让与人滥用仲裁申请权而损害债务人利益的隐忧。在不涉及如《民法典》第539条规定的须仅由法院撤销某种既有法律行为的场合,并不存在差别对待诉讼与仲裁地位的充分理由,故仲裁亦应产生债权转让通知的效力。

[2] 参见方新军:《合同法第80条的解释论问题——债权让与通知的主体、方式及法律效力》,载《苏州大学学报(哲学社会科学版)》2013年第4期;徐涤宇:《〈合同法〉第80条(债权让与通知)评注》,载《法学家》2019年第1期。

[3] 参见朱虎:《债权转让中对债务人的程序性保护:债权转让通知》,载《当代法学》2020年第6期。

其一,有助于解决债权让与人不配合时保理人无法证成债权转让事实的实践难题,且符合《民法典》第 764 条的规范目的。如上所述,实践中存在债权让与人出于自身利益的考虑拒不配合保理人进行应收账款转让通知的问题,认可保理人以诉讼或仲裁进行有效通知有助于解决该难题。对此,反对论者基于传唤债权让与人以查证债权转让真伪的司法可行性,认为无须承认起诉具有转让通知效力。但是,即使完成了该司法查证,承认与不承认起诉的转让通知效力仍有着不同的法律后果(若承认,则意味着保理人受让债权对债务人的效力回溯至起诉状或仲裁申请书副本送达债务人之时,债务人在此之后对让与人的给付均为无效清偿;若不承认,则保理人债权对债务人的效力发生于裁判和仲裁裁决生效之后,债务人此前对让与人的给付均为有效清偿),仍需要综合其他要素对该二方案及其法律后果进行价值优劣考量和比选,能够司法查证并非能确定比选结果的充分条件。故可以传唤债权让与人以查证债权转让真伪的事实并不足以否定起诉具有转让通知效力的合理性。同时,保理人以诉讼或仲裁进行通知是《民法典》第 764 条规定的保理人单独通知的一种实践转化形式,在可行性上应符合后者的规范目的和要求。如上所论,《民法典》第 764 条规定从防范虚假应收账款转让通知及其增加债务人不虞义务负担的目的出发,要求保理人通知时表明身份和提供必要凭证。在能够确证应收账款转让事实(或通过诉讼或仲裁程序查证,或保理人自证)时,即可避免债务人审核义务及交易成本过大的价值失衡,此时便不存在否定保理人以诉讼进行有效通知的合理性。因此,应该认可:在能够确证应收账款转让事实时,保理人的起诉或者提起仲裁可构成有效通知。

其二,认可保理人以诉讼或仲裁进行有效通知,是对《民法典》第 565 条第 2 款诉讼或仲裁解约通知规则的类推适用,符合"同样事物应同样处理"的法理逻辑。类推适用指对于法无明文规定的事项,比附援引与其具有类似性的事项的既有规定。[1] 为了节约守约方的维权成本,《民法典》第 565 条第 2 款基于合同解除权作为形成权的法律属性,将起诉或申请仲裁规定为解除权人通知解除权行使的一种方式。[2] 对于真实受让应收账款却无债权转让的"必要凭证"的保理人而言,再要求其自行进行有效通知已无可能,且亦会徒增其行权成本。同时,保理人受让债权的有效性亦与行权对象的同意权没有关联。故此,《民法典》第 565 条第 2 款根植于效率价值追求和形成权属性的逻辑规则,可作为法律漏洞的补充依据,类推适用于保理人以诉讼或仲裁进行债权转让通知的情形。

其三,诉讼或仲裁替代通知的有效性取决于其承载的实体权利的真实性和合法性。通知仅为权利行使的辅助手段,通知的有效性(使权利对行权对象生效)还仰赖于所通知权利的真实、合法;《民法典》第 764 条的规定即体现了这一精神。以诉讼或仲裁替代权利通知亦须满足该权利真实合法的要求。细观《民法典》第 565 条的内容,其第 1 款规定的权利异议处理规则,以及其第 2 款为主张方解约权实现所设定的假定条件("人民法院或者仲裁机构确认该主张的"),均体现了诉讼或仲裁替代有效解约权通知须以解约权真实合法为前提的规则构造。因此,无论从诉讼或仲裁例外替代保理人通知问题与《民法典》第 764 条的体系关系(前者是后者规定通知类型的转化形式)来看,还是从其与《民法典》第 565 条的类推适用关系来看,均应认可:能够确证应收账款转让事实时,保理人的起诉或者提起仲裁应可构成有效通知。同时,尽管学理上对于保理人起诉或者提起仲裁能否构成有效通知的问题意见不一,但即使反对论者亦主张:受让人直接起诉后,法院或者仲裁机

---

[1] 参见梁慧星:《民法解释学》(第 4 版),法律出版社 2015 年版,第 274 页。
[2] 参见黄薇主编:《中华人民共和国民法典合同编解读》,中国法制出版社 2020 年版,第 362 页。

构经过审理确定了受让人已经取得债权时,可以判决或者裁决债务人应当向受让人履行。[1] 这与本书关于确证应收账款转让事实时应承认诉讼或仲裁替代通知的有效性之立场有着实质的相通性。

其四,认可该种通知在债权转让事实确证前具有阻止债务人向让与人履行的消极效力,有利于兼顾对保理人与债务人的利益保护。对于真实受让应收账款的保理人而言,其苦于因债权让与人不配合而无法进行有效通知;该消极效力规则可以帮助保理人避免债务人接到起诉书副本后至"债权"让与人确认前(或者生效裁判或仲裁裁决确认保理人受让真实合法债权以前)仍可能向"债权"让与人履行的风险。对于债务人而言,被起诉或被申请仲裁本身即是一种预警,此时即需要审慎确定自己的债务清偿对象;该消极效力规则通过设置债务履行的临时阻断机制,有助于债务人甄别虚假债权转让、避免重复清偿的风险。至于反对论者所称消极效力规则易使"受让人无动力申请保全""不合比例"云云,实为不必之忧。因为消极效力规则本身并不排斥法院的审查,相反,若债务人履行对象的选择权受到限制,必然会在审判中启动对债权转让真实性的审查,而且,最终裁判亦需以此种审查的结论为依据。同时,对于真实受让债权的保理人而言,其在起诉后只有额外申请行为保全的方式才能规避所受让债权落空的风险,这亦难谓为符合比例原则和均衡分配各方交易成本之精神的公平规则设置。

三、债权转让通知与债权转让登记的效力关系

(一)裁判、学理分歧意见及主要理由

关于应收账款债权转让通知与转让登记的关系,实践中的难题在于:在应收账款让与人、保理人疏于或者按照约定不能进行转让通知

---

[1] 参见朱虎:《债权转让中对债务人的程序性保护:债权转让通知》,载《当代法学》2020年第6期。

(如隐蔽型保理)时,保理人仅凭受让的应收账款在央行征信系统完成的转让登记向应收账款债务人主张债权,应否予以支持？易言之,在单一的应收账款转让关系中,应收账款转让登记可否替代应收账款转让通知？就此问题,实务中和学理上的分歧明显(见表8-2),肯定、否定和折中的意见均有之。归纳起来,肯定说的主要理由有:其一,通知不能满足商事实践中大量债权让与交易对于公示便捷化的要求,[1]而应收账款转让登记能够更好地满足债权融资中提示权利负担、控制融资风险的需求。[2] 其二,通知给受让人附加了受让前询问债务人债权让与情况的额外义务。[3] 其三,通知的私密性易导致多重保理时倒签通知时间损害其他保理人利益的问题。[4] 亦有裁判说理认为,债权转让登记具有公示公信效力,可以产生权利转让效果。[5] 否定说的理由主要有:其一,允许债权转让登记替代转让通知,将课予债务人对登记的查知义务,对其不公。有意见认为,记载于特定电子系统中的登记情况需要主动查知,而应收账款债务人仅有依据债权人指示进行清偿的义务,不应负有随时查询登记系统以确定自己的清偿行为是否受到限制的义务。[6] 其二,现行法并未赋予应收账款转让登记以强制排他效力以及替代转让通知的效力。有意见认为:中国人民银行应收账款质押登记系统系根据原《物权法》及相关规范性文件为应收账款质押登记而设,为债权质押提供"强制公示登记平台";该系统对债权转让登记仅提

---

[1] 参见李宇:《债权让与的优先顺序与公示制度》,载《法学研究》2012年第6期。
[2] 参见虞政平、陈辛迪:《商事债权融资对债权让与通知制度的冲击》,载《政法论丛》2019年第3期。
[3] 参见刘保玉、孙超:《物权法中的应收账款质押制度解析》,载《甘肃政法学院学报》2007年第4期。
[4] 参见汪发洋:《论保理之应收账款债权让与的法律问题——兼论〈合同法〉第80条的解释》,载《荆楚学刊》2014年第5期。
[5] 参见重庆川江船务有限公司与重庆明德商业保理有限公司普通破产债权确认纠纷案,重庆市第五中级人民法院民事判决书,(2021)渝05民终1665号。
[6] 参见蔡睿:《保理合同中债权让与的公示对抗问题》,载《政治与法律》2021年第10期。

供"自由公示服务",[1]且央行登记系统对债权转让登记并不作实质性审查。因此,债权转让登记于央行应收账款质押登记系统,不可能直接产生对抗债务人的相对权。债权转让仍为一种合同债权关系,现行法未对其规定强制登记而赋予其物权化效力。原《合同法》明确规定债权转让对债务人发生法律效力的前提是通知,法律、司法解释或相关规范性文件未赋权任何形式的登记以债权转让通知的法律效力。即使在建立了全国统一的中央登记系统以后,保理商在该系统的登记依然不能免除对债务人的通知义务,否则对中小企业或者个人债务人有失公允。[2]该裁判及学理意见明显影响了部分地方法院在同类案件中的裁判立场选择,其至被部分地方法院直接援引为裁判说理依据。[3]其三,债权转让登记的事实亦须通知债务人才能对债务人生效。有裁判认为,保理人未将应收账款转让登记事实通知应收账款债务人且未表明保理人身份,登记不能对抗债务人。[4]亦有持折中立场的学者认为,在一般债权转让中,因债权转让登记与转让通知在价值理念、制度功能和对抗主体范围方面均不同一,故不能相互替代;但在应收账款转让中,转让登记因应了应收账款融资注重流通效率的实际需求,债务人作为商事主体,基于避免双重履行的内在动力,应被课以查阅登记的高度注

---

〔1〕《中国人民银行征信中心应收账款质押登记操作规则》"附则"部分第 25 条规定:"登记系统为保理业务中的应收账款转让提供权利公示服务。"转引自吴峻雪、张娜娜:《保理债权转让中转让通知的效力及形式审视》,载《法律适用》2013 年第 11 期。该条文应该是 2014 年以前发布的旧版规则的表述,因为 2014 年发布的规则版本中已无该表述。

〔2〕参见中国工商银行股份有限公司上海市青浦支行与上海康虹纺织品有限公司等保理债权转让纠纷案,上海市青浦区人民法院民事判决书,(2012)青民二(商)初字第 331 号;上海市第二中级人民法院民事判决书,(2012)沪二中民六(商)终字第 147 号。关于本案裁判的详细说理意见,参见吴峻雪、张娜娜:《保理债权转让中转让通知的效力及形式审视》,载《法律适用》2013 年第 11 期。

〔3〕参见西电宝鸡电气有限公司中国工商银行股份有限公司西安土门支行案外人执行异议之诉案,陕西省高级人民法院民事判决书,(2021)陕民终 749 号。本案二审裁判中未严格区分债权质押登记与转让登记,但其所持债权转让登记不能替代转让通知的立场与一审一致。

〔4〕参见上海浦东发展银行股份有限公司唐山分行、唐山先锋医疗器械有限公司等金融借款合同纠纷案,河北省唐山市路北区人民法院民事判决书,(2021)冀 0203 民初 8250 号。

意义务,所以已经登记的应收账款转让无须通知债务人。[1]

表 8-2 关于保理人债权转让通知与登记效力关系的裁判分歧示例

案号	保理类型	争议类型	当事人立场	裁判立场
山东省青岛市中级人民法院民事判决书,(2021)鲁02民初2422号	公开型保理	保理人诉求债务人支付应收账款	应收账款债务人:保理人债权转让登记不能替代债权转让通知	保理人债权转让登记可以替代债权转让通知
重庆市第五中级人民法院民事判决书,(2021)渝05民终1665号	初为隐蔽型保理后为公开型保理	让与人破产重整,保理人诉求让与人将已转让债权列为共益债务	让与人:保理人债权转让登记不能替代债权转让通知,债权未转让	保理人债权转让登记可以替代债权转让通知
陕西省高级人民法院民事判决书,(2021)陕民终779号	不详	受让保理人应收账款的资管公司公告后诉求债务人支付应收账款	应收账款债务人:未收到债权转让通知	保理人债权转让登记可以替代债权转让通知
陕西省高级人民法院民事判决书,(2021)陕民终749号	不详	案涉应收账款被案外扣押债权人申请保全,保理人以执行异议之诉主张对应收账款的优先权	应收账款债务人:保理人债权转让登记不能替代债权转让通知	保理人债权转让登记不能替代债权转让通知

---

〔1〕 参见王轶、杨治朋:《应收账款转让规则的立法选择》,载《郑州大学学报(哲学社会科学版)》2023年第2期。

续表

案号	保理类型	争议类型	当事人立场	裁判立场
河北省唐山市路北区人民法院民事判决书,（2021）冀0203民初8250号	公开型保理	保理人诉求就应收账款享有优先受偿权	应收账款债务人：保理人债权转让登记不能替代债权转让通知	应收账款质押初始登记（后变更为债权转让登记）不能替代通知
上海市青浦区人民法院民事判决书,（2012）青民二（商）初字第331号；上海市第二中级人民法院民事判决书,（2012）沪二中民六（商）终字第147号	隐蔽型保理	保理人诉求债务人支付应收账款、债权人回购	应收账款债务人：保理人债权转让登记不能替代债权转让通知	保理人债权转让登记不能替代债权转让通知

（二）应然路径分析

笔者赞成否定说，即认为在单一的债权转让关系中，应收账款转让登记不能替代转让通知。理由如下。

第一，应收账款转让登记和债权转让通知有着不同的制度功能，不可相互取代。折中说以应收账款转让登记具有转让通知所不具备的"确定权利归属"的公示功能论证以前者替代后者的合理性，实可质疑。因为，登记的功能在于使应收账款债权转让产生对抗除债务人以外的第三人的效力，在应收账款多重让与时其功能体现为借以确定诸竞争性权利的实现序位，但均不能使受让人的债权由此直接产生对债务人的约束力。应收账款转让登记最初依附央行征信中心应收账款质押登记系统进行时,后者对其仅提供"公示服务",此种转让登记并不具备起码的公示对抗效力。后来,应收账款转让登记与质押登记在不断修订的相关部门规章中逐渐成为并列的登记业务,前者逐步具备对第三人的对抗效力。2021年中国人民银行发布《动产和权利担保统一登记办法》取代之前的《应收账款质押登记办法》,将保理正式纳入动产和权利担保统一登记范围的担保类型。但该办法亦明确将几种实行登记生效规则的权利质押排除于适用范围之外,表明对保理中的应收账款转让采登记对抗主义立场,亦即保理中的应收账款转让登记并不具有确定权利归属的功能。而且,即使是被替代论者引为规范依据的《民法典》第768条亦在沿守应收账款转让登记对抗规则,其规定的应收账款转让登记的功能亦仅限于确定竞存者权利之顺序,而不具有公示权利变动、确定权利归属的效力,[1]不能直接产生对债务人的约束力。受让的应收账款对债务人生效的法定途径只能是债权转让通知。应收账款转让通知使保理人受让之债权达到效力完整化,其辅助实现债权归属的功能甚为显著。更为重要的是,应收账款转让通知的制度功能还在于保护债务人,避免在债权主体变更时因信息不对称所造成的债务人重复清偿的风险。故对于债务人而言,获得确定的债权转让的通知是一种现行法认可的权益,体现为依据有效通知确定自己债务履行对象的选择权和排除非通知载明的债权受让人偿债请求的抗辩权。可见,基于制度功能的差异性,应收账款转让登记不能替代转让通知。[2]

第二,认可应收账款转让登记可以替代转让通知将导致对债务人权益的不当限制,有失公平。依照公平原则进行利益衡量,对债务人获

---

〔1〕 参见李宇:《保理法的再体系化》,载《法学研究》2022年第6期。
〔2〕 同样,债权转让通知亦仅具有使受让人的债权对债务人生效的效力,而不具有对抗任意第三人的绝对效力;债权转让通知亦不能替代转让登记。参见何颖来:《〈民法典〉中有追索权保理的法律构造》,载《中州学刊》2020年第6期。

得通知的权利进行限制的根据只能源于因债务人情况导致的正常转让通知的障碍,或是基于增进公共利益等更高位阶价值追求的需要。在相关交易情景中,债务人仅是被动地依据通知进行履行的义务主体,其很少(实际上也很难)阻碍转让通知的正常送达,故一般不存在限制债务人获得通知权益的事实根据。至于能否将通知主体操作便捷化需求视为更高位阶的价值追求进而作为克减债务人权益的根据,则需要进一步衡量。实际上,公共利益的增进应指所有成员的整体福利水平的提升。在保理交易中,认可以转让登记替代转让通知的规则,仅能满足通知主体交易便利化的单方需求;此种满足不仅未同时提升债务人的交易福利,反而以课予债务人沉重的注意义务为代价。因而转让登记替代通知的规则将因造成明显的利益失衡而不可取。

以上判断亦可从不良资产处置中债权转让公告通知规则的兴废中得以说明。原《最高人民法院关于审理涉及金融资产管理公司收购、管理、处置国有银行不良贷款形成的资产的案件适用法律若干问题的规定》第6条规定,金融资产管理公司受让国有银行债权后,可以通过在省级以上有影响的报纸上发布债权转让公告的方式,替代向债务人的具体通知,使受让债权对债务人生效。该条款已因整个规定被废止而失效。废止原因在于债权转让公告通知受到了来自学界的强有力的批判。主流学理意见认为:公告通知虽有助于降低通知成本,但也导致了债务人为防止重复清偿须随时关注公告的义务负担,从而恶化了债务人的交易地位;因此不宜在一般意义上承认公告作为有效的转让通知,而仅应承认公告通知的补充性质,适用于债务人下落不明等特殊情形。[1] 之后,最高人民法院亦一改之前的相关裁判立场,认为:债权转

---

[1] 参见王利明:《合同法研究》(第2卷),中国人民大学出版社2015年版,第209页。

让公告并不能确保债务人及时、准确地获知债权转让的事实。[1] 以上规定被废止后,有地方法院在相关裁判中正确地坚持:上述公告通知不能构成《民法典》第764条规定的保理人作出的有效转让通知。[2] 尽管应收账款转让登记的公示效力要强于上述公告通知,但若在一般意义上认可转让登记可以替代转让通知,则在事实上认可了转让登记与公告通知同样的概括通知的效力;二者的核心问题均为能否以抽象的概括通知取代对债务人的具体通知,在此点上,否定二者的理由亦是共通的。如上所论,否定对债务人进行点对点的转让通知的做法,均会以增加债务人的交易成本为代价满足通知主体的交易效率需求,将造成明显的利益失衡。因此,不宜认可以债权转让登记一般性地取代转让通知。

相关反对意见认为,通知给受让人附加了受让前询问债务人债权让与情况的额外义务,故应代之以登记。此论亦失之偏颇。因为,比起受让人的该项义务,允许登记替代通知时所课予债务人的注意义务则更重。前者只在签订债权转让合同时需要履行,且查询对象明确,方式简单;而后者则需要随时查询,查询对象处于动态变化中,查询有程序要求,对债务人而言是一项永久且不确定的负担。因此,不能以通知给受让人附加询问转让情况的义务为由,认为即可以债权转让登记替代转让通知。

第三,债务人的商事主体身份不能成为区别适用规则的理由,且区别适用亦与法典体系化逻辑不符。就可否以债权转让登记替代转让通知的问题,以上折中说的立场可再商榷。因为,我国《民法典》为民商合

---

〔1〕 参见最高人民法院执行裁定书,(2016)最高法执复48号。
〔2〕 参见中国信达资产管理股份有限公司陕西省分公司与中国神华能源股份有限公司、中国神华能源股份有限公司神东煤炭分公司等保理合同纠纷案,陕西省榆林市中级人民法院民事判决书,(2020)陕08民初64号。

一的立法体例,并未刻意明确商事规范的类型和范围。而且,实践中民事主体与商事主体的划分没有绝对可行的标准,难以清晰界定。即使在通常观念中的商事主体的范围之内,仍有企业与非企业,国有企业与民营企业,大型公司与中小微公司之分;实力不济的中小微民营企业、个体商户等很难被整齐划一地归为能力强大的"商事主体"概念,从而被课予高度注意义务。折中说以提升大批量交易中债权转让公示效率为由,论证以应收账款转让登记替代通知的合理性。这亦难以成立。因为,如上所论,牺牲一方权益以增进相对方交易便利之福利本即不公。况且,在保理交易中,让与人和保理人均可进行转让通知,实践中的保理银行和商业保理公司均有自己的风控管理体系,足以匹配大体量交易中应收账款转让通知业务的实际需求;进行繁多的转让通知是通知主体能够且应该承担的保理交易成本。事实上,在实践中,保理人出于受让债权安全性方面的考虑,并非总是将公示成本的节约和效率的提高作为首要追求,而愿意选择对众多债务人一一进行债权转让通知。如在"重庆川江船务案"中,基于让与人的法定代表人自杀从而保理融资债权兑现风险增加的事实,保理人不再遵循暗保理的约定,向12家债务人发出加盖了让与人印章的《应收账款债权转让通知书》和律师函;之后,各债务人不再向让与人支付应收账款。[1] 可见,即使在大批量交易中,进行债权转让通知亦是可行的,并不存在以转让登记替代通知的绝对必要性。同时,区别适用规则将导致明显的体系混乱。因为,根据《民法典》合同编合同通则部分债权转让的相关规定,通知是债权转让对债务人生效的唯一法定途径,亦即一般债权转让登记不能替代转让通知。若在同为合同编的典型合同部分之保理合同章中解释适用

---

〔1〕 参见重庆川江船务有限公司与重庆明德商业保理有限公司普通破产债权确认纠纷案,重庆市第五中级人民法院民事判决书,(2021)渝05民终1665号。

为"债权转让登记可以替代转让通知",则难免会造成规则适用上的冲突,与《民法典》规则统一的体系化逻辑相悖。

第四,即使在应收账款多重让与的情形下,仍不能以债权转让登记替代或超越转让通知。应收账款多重让与时,转让登记与通知的效力冲突情形有二:一是在先转让通知与在后转让登记所指向的债权归属存在错位;二是在后受让人串通让与人倒签通知时间以损害在前受让人利益。该两个问题均可通过坚持债权让与通知优先主义规则得以化解。就第一个问题而言,其所指情形如本章篇首归纳的案例:债务人依让与人的在先转让通知向在先的明保理人支付部分应收账款后,遭遇了在后受让债权但完成了转让登记的暗保理人的债权主张,从而面临着应该向谁支付才能消灭自己债务的问题。此时,债务人无疑应继续向在先的明保理人支付剩余应收账款,而不应根据登记优先原则向在后的暗保理人支付。因为,无论是认为在后的暗保理人可以凭借转让登记否定明保理人向债务人的在先通知,还是认为在后的暗保理人可以凭借转让登记替代自己向债务人的通知,均无现行法依据。尽管我国《民法典》第768条第1句规定"已经登记的先于未登记的取得应收账款",但是,该规定不应适用于篇首案例中在先通知与在后登记的债权归属冲突的情形。从字面上讲,"未登记的"至少应有两种理解:一是未登记且未通知的情形;二是篇首案例中未登记但已先通知的情形。该条描述的"未登记的"应作狭义解释,即不应包含上述第二种情形。因为,对于在先通知的明保理人而言,其已通过向债务人进行通知而使自己受让的债权获得了完整的效力,已拥有系争应收账款债权。一旦转让通知到达债务人处,债权让与人就不再享有系争债权,其他债权人(无论是重复转让债权人还是债权让与人的其他债权人)均无权对系争债权提出请求,这并非债权绝对对抗效力,而是其他债权人主张的标的已不复存在,债权已存在于债权受让人与债务人之间。从收到债权转让通知后,债务人可以向除债权受让方的其余主张系争债权的第三人提出抗辩。[1] 同时,根据《民法典》第546条关于债权转让经通知始能约束债务人的规定,即便是暗保理,债务人亦有权按照转让通知来确定应收账款的支付对象;在未得到有效的相应通知以前,债务人可以拒绝暗保理人仅凭转让登记所提的应收账款支付请求(篇首案例中,让与人向债务人发送的《更改付款账户申请》未表明暗保理合同事实及保理人身份,不构成有效通知;债务人不负向暗保理人支付的义务)。就第二个问题而言,亦没有必要因此将登记替代通知上升为债权转让公示效力的一般规则。因为,倒签通知时间毕竟是本属少数情形的债权多重转让中的特殊问题,不能因为解决特殊问题的需要而否定一般规则的合理性基础;债权让与通知主义作为一般规则,适用于债权让与的多数普通情形,其兼顾债务人知情权和让与人债权处分自由的价值合理性不容动摇。再者,倒签通知时间问题完全可以通过设定限制规则加以防免。就此,《日本民法典》第467条规定:"指名债权之让与,非经让与人之通知债务人或债务人之承诺,不得以之对抗债务人及其他第三人。""前项之通知或承诺,非有确定日期之证书,不得以之对抗债务人以外之第三人。"[2] 该条款通过规定具有排他效力的债权让与通知必须同时具备据以确定发生时间的公示外观,可在一定程度上防止债权受让人和让与人恶意倒签转让通知时间损害在先受让人利益的问题。其技术路线与我国《民法典》第725条的规定一致,可在未来相应司法解释的制定中继续借鉴、沿用。

---

〔1〕 参见吴峻雪、张娜娜:《保理债权转让中转让通知的效力及形式审视》,载《法律适用》2013年第11期。

〔2〕 《日本民法典》,王书江译,中国法制出版社2000年版,第88页。

四、暗保理人对债务人的债权转让通知与追索权行使的关系

暗保理又称隐蔽型保理,是指按照合同约定,保理人和应收账款让与人(保理客户)均暂不通知债务人债权转让事实,仅在约定期限届满或约定事由出现后,保理人才将应收账款转让及保理合同签订事由通知债务人。暗保理是适应保理客户保持良好商誉之交易需求的产物。因为实践中存在一种商业偏见,即接受保理意味着保理客户的应收账款已被"典当",保理客户即将破产;所以,当需要通知债务人应收账款转让时,保理客户较普遍地存在因被污名化而失去交易伙伴的顾虑。[1] 暗保理通过约定暂不通知债务人,可以使保理客户打消顾虑、接受融资。国内暗保理交易的操作模式一般为:保理人与应收账款让与人订约后,发放保理融资款,但暂不通知债务人应收账款转让事实;同时,应收账款让与人向保理人出具加盖有效印章的《应收账款转让通知函》,并授权保理人根据实际业务需求,随时向债务人寄出该通知函。[2] 尽管如此,保理人出于维护保理客户商誉的考虑亦会谨慎行使通知权。当债务人未接到债权转让通知且不能支付应收账款时,保理人即面临向谁主张权利救济的问题。对此,国内法院的相关裁判立场亦不一致。

(一)主要裁判分歧意见及理由

就暗保理人对债务人的债权转让通知与追索权行使的关系问题,相关裁判存在明显分歧(见表8-3)。如在"广东恒昇商业保理有限公司与深圳市定兴印刷有限公司等商业保理合同纠纷案"的裁判中,针对有追索权暗保理交易中保理人向应收账款让与人索款的诉求,一审法

---

[1] See Pisar, Samuel, Legal Aspects of International Factoring—An American Concept Goes Abroad, *Business Lawyer*(ABA), Vol. 25:4, p. 1505–1516(1970).

[2] 参见中建一局集团第三建筑有限公司与深圳市昆仑国际能源有限公司票据追索权纠纷案,北京金融法院民事判决书,(2023)京74民终417号。

院的裁判逻辑及结果为:保理人应当在应收账款让与人出现逾期还款时行使通知权,要求债务人付款;无证据证明保理人已通知债务人付款,故驳回保理人的诉求。[1] 该案二审法院的裁判逻辑及结果则为:按照案涉《保理合同》的约定,在应收账款债务人未按时支付货款的情况下,保理人有权随时宣布融资提前到期,并向应收账款让与人追索未偿融资款;在合同约定期限届满或约定事项出现后,保理人可以将应收账款转让事项通知债务人。由此,保理人向让与人行使追索权并非以通知债务人为前提条件。故改判支持保理人的诉求。[2] 可见,两审裁判的分歧在于:在有追索权暗保理交易中,保理人向让与人行使追索权是否以通知债务人付款为前提条件?

表8-3 关于暗保理人债权转让通知与追索权行使关系的裁判分歧示例

案号	保理类型	争议问题	裁判立场
广东省广州市越秀区人民法院民事判决书,(2015)穗越法金民初字第398号	隐蔽型保理	保理人向让与人行使追索权是否以通知债务人付款为前提条件	保理人向让与人行使追索权应以通知债务人付款为前提条件
广东省广州市中级人民法院民事判决书,(2016)粤01民终2661号	隐蔽型保理	保理人向让与人行使追索权是否以通知债务人付款为前提条件	保理人向让与人行使追索权不应以通知债务人付款为前提条件

(二)暗保理人向让与人行使追索权不应以向债务人通知债权转让为前提

笔者认为,在有追索权暗保理交易中,暗保理人向让与人行使追索

---

[1] 参见广东恒昇商业保理有限公司与深圳市定兴印刷有限公司等商业保理合同纠纷案,广东省广州市越秀区人民法院民事判决书,(2015)穗越法金民初字第398号。
[2] 参见广东恒昇商业保理有限公司与深圳市定兴印刷有限公司等商业保理合同纠纷案,广东省广州市中级人民法院民事判决书,(2016)粤01民终2661号。

权不应以向债务人通知债权转让为前提。理由如下。

第一，构成暗保理合同关系时，依据《民法典》第 766 条的规定，保理人当然享有对应收账款债权人的追索权，不以通知应收账款债务人付款为行使前提。关于暗保理的争议还体现为保理合同关系能否成立的问题。相关质疑意见是：因为债权转让通知的隐蔽性，还能否成立有效的保理交易关系？实践中存在暗保理交易的客观形式。相关学理意见认为：在具备保理合同实质要件的情况下，应认可暗保理合同的成立。[1] 应该肯定，我国《民法典》保理合同章所调整的保理合同亦包括暗保理合同。根据《民法典》第 766 条的规定，当事人约定有追索权保理的，保理人可以向应收账款债权人主张返还保理融资本息或者回购应收账款债权，也可以向应收账款债务人主张应收账款债权。可见，但凡在有追索权保理合同中，保理人均享有在追索权与向债务人索款之间进行自由选择的权利，并不存在法定的顺位限制。尽管部分司法实践中有认可"补充（顺位）责任说"的倾向，但仅就现行实定法依据而言，保理人追索权不受通知债务人付款限制的结论是可靠的。

第二，将通知债务人作为暗保理人行使追索权的前置条件不符合有追索权暗保理合同的基本规则，将使让与人脱离禁反言规则和诚信原则的约束，而置保理人于不利地位。暗保理合同往往是应保理客户（应收账款让与人）稳定自己与交易伙伴合作关系的需求而订立，其利益取向是偏重照顾应收账款让与人；保理人出于发展融资业务的需要，认可按照应收账款让与人的要求，在约定期限届满或者约定事由出现以前，不通知债务人支付应收账款。若将通知债务人作为暗保理人行使追索权的前置条件，无异于使应收账款让与人全程主宰了应否通知债务人还款问题的话语权，且能依据自身利益的需要将规则玩于股掌

---

[1] 参见黄鑫、庄雨晴：《隐蔽型保理合同的性质与效力》，载《人民司法》2022 年第 8 期。

之间，即为了保持让与人的商誉，保理人不应通知债务人付款；而为了免于被追责，保理人又必须先通知债务人付款。如此规则将严重违反诚信交易原则，而陷保理人于极为不利、不公的交易地位，实不可取。

第三，即使在不构成保理合同关系而仅以借贷合同论的情况下，贷款人亦有向借款人追索融资本息的权利，不以通知应收账款债务人为必要。在相关交易场景中，或因不具备实质要件而不构成保理合同关系，而以借贷合同关系论处。此时，依据借贷合同的基本规则，贷款人本即享有向借款人追索融资本息的独立权利；因不存在应收账款转让，借贷合同不具有约束应收账款债务人的涉他性，亦不存在先行通知应收账款债务人付款的可行性和必要性。

CHAPTER 09 >>

第九章

商业保理融资期利率、逾期违约金费率及保理相关费用的适用规则

一、案情归纳和问题提炼

(一) 案情归纳

保理人(多为商业保理公司)与应收账款债权人签订《保理合同》(包含有追索权保理和无追索权保理)。约定:应收账款债权人将债权转让给保理人,保理人向应收账款债权人提供保理融资款;在融资期限内,按照约定的利率(或融资款使用费率)计算利息(或融资款使用费);融资期满后,若应收账款债务人不能支付应收账款,应收账款债权人亦不能按期还本付息,则保理人有权收取约定比率的逾期违约金;订约时,保理人一次性收取一定额度的保理手续费(管理费)、单据处理费等其他费用。之后,应收账款债权人将债权转让给保理人,并在中国人民银行征信系统进行债权转让登记(或将应收账款债务人开立的票据背书转让给保理人),并通知应收账款债务人。应收账款债务人向债权人(或向保理人)寄送收到转让通知的回执并承诺向保

理人付款。按照合同约定,保理人向应收账款债权人提供一定数额的保理融资款。当应收账款清偿期限届至时,债务人不能清偿全部债务或部分债务,应收账款债权人亦不能偿还保理融资本息。保理人诉请应收账款债权人或债务人偿还保理融资款本金以外,另行支付融资期利息和逾期还款违约金;同时要求预先收取的其他保理费用亦算作计息本金。

(二) 问题提炼

就商业保理融资期利率、逾期违约金费率等问题,相关裁判分歧集中于:裁判保理融资费率的法律依据是什么?可否依据最高人民法院民间借贷新司法解释裁判?保理融资期内的利率或融资款使用费率是否一律从约定?是否应受现行民间借贷利率法定最高限的限制?应收账款债权人或债务人逾期还款违约金如何规范?保理人期前依约一次性收取的保理手续费(管理费)、单据处理费等其他费用是否应被视作"砍头息"而不计入保理融资本金?(见表9-1)

表9-1 关于商业保理融资期利率、逾期违约金费率等的裁判分歧示例

案号	约定融资期利率、保理手续费(率)	逾期付款违约金费率	保理融资期限	当事人诉求或抗辩意见	裁判结果
广东省深圳市福田区人民法院民事判决书,(2018)粤0304民初38092号	未提及	1‰/日	2018年6月11日至12月8日(汇票到期日);未来债权(部分2019年4月产生)	保理人主张按1‰/日的标准计收逾期管理费	认定逾期管理费的实质为保理融资款逾期支付的违约金;应收账款逾期违约金(自汇票到期日起按央行贷款基准利率计);保理融资款逾期支付违约金(按年利率24%计算,自汇票到期日起至实际清偿日止)

续表

案号	约定融资期利率、保理手续费(率)	逾期付款违约金费率	保理融资期限	当事人诉求或抗辩意见	裁判结果
广东省深圳市中级人民法院民事判决书,(2020)粤03民终6187号	未提及	1‰/日	同上		应收账款逾期违约金(自汇票到期日起至2019年8月19日止按贷款基准利率计;之后起按贷款市场报价利率计);保理融资款逾期支付违约金(按年利率24%计算,自汇票到期日起至实际清偿日止)
上海市青浦区人民法院民事判决书,(2020)沪0118民初18668号;上海金融法院民事判决书,(2022)沪74民终18号	未提及	1‰/日	同上	保理人请求承兑人支付自汇票到期日起至实际清偿之日止的利息(按贷款市场报价利率)	商业承兑汇票款迟延支付利息(自汇票到期日起至2019年8月19日止按央行贷款基准利率计;之后起按贷款市场报价利率计)

续表

案号	约定融资期利率、保理手续费(率)	逾期付款违约金费率	保理融资期限	当事人诉求或抗辩意见	裁判结果
山东省青岛市中级人民法院民事判决书,(2022)鲁02民初263号;山东省高级人民法院民事判决书,(2022)鲁民终2307号	保理融资费率为年10.5%,预收手续费年化率1%,宽限期费率为1‰/日	逾期违约金费率为3‰/日	2020年6月18日至2021年6月17日	保理人:保理融资本金逾期支付违约金按年利率24%计算。应收账款债权人、债务人:违约金按贷款市场报价利率的4倍计为15.4%	认可约定的保理融资费率、手续费率等;保理融资本金逾期违约金按年利率24%计算(上诉人未就违约金调减诉求交纳上诉费,故二审就此部分维持原判)
山东省青岛市中级人民法院民事判决书,(2021)鲁02民初2422号	融资费率为年10%	3‰/日	2020年4月至2021年1月(签约时间)	保理人主张仅按年利率24%计算违约金	认可约定的保理融资费率;保理融资本金逾期支付违约金按年利率24%计算
广东省东莞市第二人民法院民事判决书,(2020)粤1972民初5726号;广东省东莞市中级人民法院民事判决书,(2021)粤19民终8807号	融资费率为年18%	未提及	2020年1月1日至30日	保理人主张仅按年利率24%计算违约金	认可保理融资年利率18%;保理融资本金逾期支付违约金按年利率24%计算

第九章　商业保理融资期利率、逾期违约金费率及保理相关费用的适用规则

续表

案号	约定融资期利率、保理手续费(率)	逾期付款违约金费率	保理融资期限	当事人诉求或抗辩意见	裁判结果
河北省香河县人民法院民事判决书,（2021）冀1024民初1221号	未提及	2‰/日	融资截止期限为2019年3月11日。2018年9月11日签约	保理人主张逾期违约金按2‰/日计算,自2019年3月11日起至实际付清之日止	违约金利率2‰/日过高,调减为:2019年8月19日之前按同期央行贷款基准利率计付,2019年8月20日之后按贷款市场报价利率计付
广东省佛山市顺德区人民法院民事判决,（2021）粤0606民初34336号;广东省佛山市中级人民法院民事判决书,（2022）粤06民终13221号	未提及	5‰/日	融资期限截至2021年10月26日	保理人:按5‰/日的标准计算违约金及逾期利息。应收账款债权人:案涉合同名为保理实为借贷,逾期利息应按一年期贷款市场报价利率4倍的标准计算	在保理合同中,约定5‰/日的逾期利息(违约金)率(约合年利率18%)合法有效;因为是保理关系,故不适用新民间借贷有关不超过一年期贷款报价利率4倍的规定

197

续表

案号	约定融资期利率、保理手续费(率)	逾期付款违约金费率	保理融资期限	当事人诉求或抗辩意见	裁判结果
广东省深圳市中级人民法院民事判决书,(2021)粤03民终13869号	未提及	2‰/日	融资期限截至2020年7月1日;2018年11月签约	保理人:按年利率24%计算逾期违约金。付款义务人:2020年8月20日起,按一年期贷款市场报价利率的4倍计	无其他金融服务约定,亦构成保理;保理人主动调减逾期违约金费率应予支持;判决按年利率24%计算,自2020年7月1日起计付至实际清偿之日止
浙江省宁波市中级人民法院民事判决书,(2020)浙02民初1480号	未提及	1‰/日	2020年左右	保理人:按年利率24%计算逾期付款违约金。应收账款债权人:按一年期贷款市场报价利率的4倍计	因属保理而非借贷,故逾期违约金可以不遵守"民间借贷新司法解释"中不得超过贷款市场报价利率(LPR)4倍(年利率约15.4%)的规定,但亦不支持按24%的年利率计算,法院("考虑到保理公司经营风险和企业的融资成本")依职权调减为按18%的年利率计算

续表

案号	约定融资期利率、保理手续费(率)	逾期付款违约金费率	保理融资期限	当事人诉求或抗辩意见	裁判结果
河南省信阳市浉河区人民法院民事判决书,(2020)豫1502民初104号;河南省信阳市中级人民法院民事判决书,(2021)豫15民终204号	日利率2.2‰(合年利率79.2%)	未提及	融资期限:2018年12月17日(签约日)至2019年1月15日	保理人:按年利率24%计算融资期利息及罚息。应收账款债权人:按贷款市场报价利率的4倍计算逾期罚息	成立保理合同,但适用2018年最高人民法院民间借贷的规定(两线三区)(理由:合同签订、立案均在2020年民间借贷规定生效之前),支持保理人按年利率24%计算逾期罚息的诉求
广东省深圳市中级人民法院民事判决书,(2021)粤03民终29477号	5‰/日	10‰/日	融资期限:2017年6月1日至8月29日	保理人:应收账款债务人按5‰/日的利率标准支付融资期利息,按10‰/日支付逾期利息。应收账款债务人未抗辩	融资期利率5‰/日即年利率18.25%,"已远远高于国家有关民间借贷的最高利息标准",足以弥补保理人的损失;逾期利率10‰/日即年利息36.5%,"严重背离了公平原则和客观事实",依职权调整为仍按年利率18.25%计算

续表

案号	约定融资期利率、保理手续费(率)	逾期付款违约金费率	保理融资期限	当事人诉求或抗辩意见	裁判结果
山东省济南市中级人民法院民事判决书,(2021)鲁01民初1174号;山东省高级人民法院民事判决书,(2021)鲁民终2289号	保理首付款使用费年化率5.688%;保理手续费81.5万元,期初一次性支付	逾期使用费年化率24%	融资期限:2019年3月25日至9月25日。2021年4月9日起诉	保理人:应收账款债权人以保理首付款(含保理手续费)为基数,按24%的年化率支付逾期使用费。应收账款债权人:名保实贷,借贷无效	一审:成立保理合同关系。认可融资期使用费率和期初手续费(但不计入计息本金),支持按24%的年化率支付逾期使用费。二审:名保实贷,合同有效。期初手续费不计入计息本金。认可融资期使用费率。逾期使用费改为:2019年9月26日至2020年8月19日年利率为24%,之后的年利率为2021年3月20日发布的LPR 4倍(15.4%)

二、裁判保理融资费率的法律依据

(一)主要裁判及学理分歧意见

在国内保理融资利息收取问题(包括应否计息、如何计息、何时收息、能否及如何罚息等)上,我国尚无直接、具体的法律规定。《商业银行保理业务管理暂行办法》(中国银行业监督管理委员会令2014年第5号)是关于保理业务的专门性部门规章,但其未规定保理融资利息收取标准。尽管中国银行业协会《中国银行业保理业务规范》(银协发

〔2016〕127号)对银行保理融资规定有"收费及计息标准",但该规定内容过于笼统,仍无法确定具体计息标准;且其仅为行业规定,无法作为司法裁判的依据。

由于缺乏专门的规范依据,法院多倾向于参照现行民间借贷司法解释中的相关规定裁判国内保理融资的利息、费用和违约金的收取问题。但是,此种"参照"是有制度障碍的。因为2021年1月1日施行的《最高人民法院关于审理民间借贷案件适用法律若干问题的规定(2020第二次修正)》(法释〔2020〕17号,以下简称《最高院民间借贷"法释〔2020〕17号"解释》)第1条第2款沿袭以前的规定,明确:"经金融监管部门批准设立的从事贷款业务的金融机构及其分支机构,因发放贷款等相关金融业务引发的纠纷,不适用本规定。"而《最高人民法院关于新民间借贷司法解释适用范围问题的批复》(法释〔2020〕27号,以下简称《最高院民间借贷"法释〔2020〕27号"批复》)进一步明确:"……商业保理公司、地方资产管理公司等七类地方金融组织,属于经金融监管部门批准设立的金融机构,其因从事相关金融业务引发的纠纷,不适用新民间借贷司法解释。"据此,商业保理融资的利息、费用和违约金的收取问题不能适用民间借贷的相关规定。

既无直接的规范依据又排除适用近似规定的规范状况导致国内法院的相关裁判存在一定分歧。在裁判保理融资利息、违约金等收取问题的法律依据上,国内法院的主要做法有:一是适用原《最高人民法院关于审理民间借贷案件适用法律若干问题的规定》(法释〔2015〕18号,以下简称《最高院民间借贷"法释〔2015〕18号"解释》)关于民间借贷年利率"两线三区"的规定,裁判商业保理融资中的违约金费率问题。[1] 二是

---

[1] 参见信阳市汇达现代物流有限公司、信阳福银商业保理有限公司合同纠纷案,河南省信阳市浉河区人民法院民事判决书,(2020)豫1502民初104号;河南省信阳市中级人民法院民事判决书,(2021)豫15民终204号。

参照最高人民法院"2019 年《全国法院民商事审判工作会议纪要》"中有关自 2019 年 8 月 20 日起中国人民银行贷款基准利率已被全国银行间同业拆借中心定期发布的一年期贷款市场报价利率所取代的说法，对商业保理融资逾期违约金费率分阶段分别适用以上两种利率标准。[1] 三是裁判排除适用所有民间借贷的相关规定，而适用法院依职权自由裁量的逾期违约金费率标准，[2] 或适用当事人约定的违约金费率标准。[3] 四是认可商业保理融资不适用最高人民法院民间借贷的相关规定，但通过将《最高院民间借贷"法释〔2020〕27 号"批复》中"相关金融业务"限缩解释为金融组织"营业范围内的金融业务"，裁判案涉商业保理公司的借贷行为(非保理)因不属于其"营业范围内的金融业务"从而适用《最高院民间借贷"法释〔2020〕17 号"解释》。[4]

(二) 应然路径分析

如上文所述，根据现行有效的《最高院民间借贷"法释〔2020〕17 号"解释》第 1 条第 2 款和《最高院民间借贷"法释〔2020〕27 号"批复》，商业保理公司"因发放贷款等相关金融业务引发的纠纷"不适用《最高院民间借贷"法释〔2020〕17 号"解释》。此种规定的依据在于民间借贷和金融借贷在行为主体方面的差异性：金融借贷是金融机构的特许经营行为，受中国人民银行定期核定的贷款利率杠杆调整；银行保理接近于金融借贷，当然不适用民间借贷的相关规定；根据上述批复，商业保理公司被划入金融机构的概念范畴之内，其因从事相关金融业务引发

---

[1] 参见义乌市宣兴电子商务有限公司、拓天速贷(天津)国际商业保理有限公司等合同纠纷案，河北省香河县人民法院民事判决书，(2021)冀 1024 民初 1221 号。

[2] 参见盛业商业保理有限公司、广州宝弘成建材有限公司等合同纠纷案，浙江省宁波市中级人民法院民事判决书，(2020)浙 02 民初 1480 号。

[3] 参见深圳创信商业保理有限公司与深圳市建筑工程股份有限公司、江某某等保理合同纠纷案，广东省佛山市顺德区人民法院民事判决书，(2021)粤 0606 民初 34536 号；广东省佛山市中级人民法院民事判决书，(2022)粤 06 民终 13221 号。

[4] 参见上海皋兰国际货运代理有限公司、上海添奕物流有限公司等合同纠纷案，山东省高级人民法院民事判决书，(2021)鲁民终 2289 号。

的纠纷亦便不适用民间借贷的相关规定。

同时,因为《最高院民间借贷"法释〔2020〕17号"解释》第1条第2款系沿用原《最高院民间借贷"法释〔2015〕18号"解释》第1条第2款的规定,《最高院民间借贷"法释〔2020〕27号"批复》仅为对该条文内容的解释性规定,而非立法性规定,因而按照解释性规定应与被解释的法律效力一致的学理通说,[1]该批复可以适用于原《最高院民间借贷"法释〔2015〕18号"解释》施行以后的法律事实。亦即商业保理公司"因发放贷款等相关金融业务引发的纠纷不适用最高院所有关于民间借贷的规定"。值得注意的是,在"上海皋兰国际货运代理有限公司、上海添奕物流有限公司等合同纠纷案"[2]中,山东省高级人民法院将以上批复中的"相关金融业务"限缩解释为商业保理公司等7类地方金融组织营业范围内的金融活动,进而根据案涉商业保理公司营业执照载明的营业范围不包含借贷的事实,认定案涉借贷行为(判决说理中已否定其为保理行为)可以适用新民间借贷司法解释。笔者认为,此种裁判的结论是能够成立的,但就其裁判逻辑而言,其将不适用民间借贷规定的"相关金融业务"限定为金融组织营业范围内金融活动的解释是欠妥当的。因为,若其设定成立,则如果一家融资租赁公司在其经营范围以外以保理人身份开展一项保理交易,那么因该保理交易产生的纠纷即应适用最高人民法院民间借贷的相关规定;这显然会因违背上述批复及司法解释的规定而难以成立。

在裁判保理融资费率的法律依据问题上,笔者认为,尽管按规定不能适用最高人民法院民间借贷的相关规定,但绝不意味着不能参照适

---

[1] 参见张新宝、王伟国:《最高人民法院民商事司法解释溯及力问题探讨》,载《法律科学(西北政法大学学报)》2010年第6期。

[2] 参见上海皋兰国际货运代理有限公司、上海添奕物流有限公司等合同纠纷案,山东省高级人民法院民事判决书,(2021)鲁民终2289号。

用最高人民法院民间借贷的相关规定,尤其是对商业保理融资费率的计结,理应允许参照适用。理由如下:第一,"参照适用"与现行"不能适用"的规定不相冲突。从司法技术意义上讲,"不能适用"意指待调整对象与法律规范的调整对象不同质,或虽相近但终归不同质;此时,待调整对象不能适用该法律规范调整。"参照适用"则指在缺乏直接法律依据时,基于待调整对象与其他法律规范调整对象的相近性,参考其他法律规范予以调整。商业保理融资在性质上类似于民间借贷,但又以其内含的相应金融服务的特质而有别于民间借贷,故虽不能直接适用但完全可以参照适用现行民间借贷的相关规定。既然是"参照适用",则可以不完全遵守其规定;包括商业保理融资利率可以不受民间借贷法定上限的限制,而是参照后者视情形可以适当浮动。第二,银行保理融资因其在性质上更接近于金融借贷,故其费率标准主要受中国人民银行发布的贷款利率、逾期利率杠杆调节;但因银行保理又不纯粹等同于金融借贷,故其又有参照现行民间借贷利率相关规定进行核计的空间。商业保理融资更接近于民间借贷,故有参照适用民间借贷相关规定的更大空间。第三,参照适用符合国家贷款利率市场化改革的趋势。国家贷款利率市场化改革的趋势是逐步以全国银行间同业拆借中心定期发布的贷款市场报价利率取代央行贷款基准利率。尽管目前后者未被完全废止而仍有其适用空间,[1]但其终将为贷款市场报价利率所取代。《最高院民间借贷"法释〔2020〕17号"解释》亦以贷款市场报价利率作为确定民间借贷利率法定上限标准的锚定利率,这不可避免地会成为法院在核定商业保理融资利率时的参照适用标准。第四,参照适用符合主要司法裁判的现状。尽管中国人民银行对金融借贷合同定有明确

---

[1] 参见谭启平、周冠宇:《"贷款基准利率"与"贷款市场报价利率"的司法适用偏差及其纠正》,载《法学评论》2022年第2期。

的逾期罚息利率。[1]但在司法实践中,法院裁判自2019年8月20日起按同期贷款市场报价利率支付利息、罚息的做法不乏其例。[2] 如上文所述,在涉商业保理融资的相关裁判中,相当多的法院直接适用民间借贷利率上限标准对案涉逾期违约金进行调减;部分法院虽然明确判定不适用民间借贷的相关规定,但其依职权或依申请判定的逾期罚息或违约金费率仍未明显脱离现行民间借贷利率上限标准。由此可见,国内司法实践中,贷款市场报价利率及其作为利率上限核定基础的地位已具备相当高的司法认可度,显示出较强大的裁判引导力;在核计商业保理融资费率时,法院裁判完全不将其作为参照适用的标准既不现实亦不可能。

三、保理融资期约定利率的适用标准

(一)主要裁判及学理分歧意见

保理融资期利率为保理合同当事人约定的合同期内资金使用的利息率。《中国银行业保理业务规范》第10条"收费及计息标准"规定,当事人可以约定融资利息的计结标准,其中的融资利息即指保理融资期利息。为了与相关监管规范中有关商业保理公司不得发放或受托发放贷款的规定保持一致,中国服务贸易协会商业保理专业委员会发布的《国内商业保理合同(示范文本)》(商保委字[2016]第32号)将保理融资期利率别称为"保理首付款使用费率",并规定约定的保理首付款使用费率不因中国人民银行公布的同期人民币基准利率发生调整而变化。这均说明了行业规范对保理融资期利息收取权的认可。

---

[1] 金融借贷合同逾期还款利息:银发[1995]237号:日4‰~6‰;银发[1996]156号:日4‰;银发[1998]586号:日3‰;银发[1999]192号:日2.1‰;银发[2003]251号:在借款合同载明的贷款利率水平上加收30%~50%。

[2] 参见沈阳润恒农产品市场有限公司、中国银行股份有限公司辽宁省分行金融借款合同纠纷案,最高人民法院民事判决书,(2020)最高法民终926号。

关于保理融资期利率,如表9-1所示,实践中当事人约定的年化率少则为5.688%,[1]多则为18.25%,[2]均得到了审理法院的认可。这说明在保理融资期约定利率的适用标准上,尊重意思自治的原则基本能够得以贯彻。司法实践中存有分歧的是如何确定保理融资期约定利率的上限。在"西多多信息科技(北京)有限公司、深圳富顺商业保理有限公司等合同纠纷案"[3]的裁判中,针对保理合同约定的5‰/日的融资期利率(合年利率18.25%),法院认为其"已远远高于国家有关民间借贷的最高利息标准,足以弥补保理人的损失",故予以认可。此判决说理隐含了如是逻辑,即以贷款市场报价年利率4倍作为保理融资期利率上限标准。而在"信阳市汇达现代物流有限公司、信阳福银商业保理有限公司合同纠纷案"[4]的裁判中,针对保理合同约定的2.2‰/日的融资期利率(合年利率79.2%),两审法院则按照《最高院民间借贷"法释[2015]18号"解释》中"两线三区"年利率的规定予以调减,判定超过年利率36%部分的利息不予支持;这则呈现"保理融资期利率不得超过36%年利率上限"的裁判立场。这说明,基本裁判共识是认为保理融资期利率应有上限限制,但就该上限标准如何确定的问题,相关司法实践是有分歧的。

(二)应然路径分析

保理融资期利率的确定应充分遵循市场化原则,由当事人根据保理融资市场的供求状况加以自由约定,不应被司法过多地干预和限制。

---

[1] 参见上海晨鸣融资租赁有限公司、上海皋兰国际货运代理有限公司等融资租赁合同纠纷案,山东省济南市中级人民法院民事判决书,(2021)鲁01民初1174号。

[2] 参见西多多信息科技(北京)有限公司、深圳富顺商业保理有限公司等合同纠纷案,广东省深圳市中级人民法院民事判决书,(2021)粤03民终29477号。

[3] 参见西多多信息科技(北京)有限公司、深圳富顺商业保理有限公司等合同纠纷案,广东省深圳市中级人民法院民事判决书,(2021)粤03民终29477号。

[4] 参见信阳市汇达现代物流有限公司、信阳福银商业保理有限公司合同纠纷案,河南省信阳市浉河区人民法院民事判决书,(2020)豫1502民初104号;河南省信阳市中级人民法院民事判决书,(2021)豫15民终204号。

同时,考虑到保理融资不同于借贷的特殊性、商业保理融资的高风险性等因素,应允许保理融资期利率及其上限适当高于市场平均利率,[1]如此才能防止我国保理融资市场中的资金匮乏,促进保理融资市场的平稳发展。

关于商业保理融资期利率是否应有上限限制的问题,比较法上的成例有二:一是德国法的做法,即不规定具体的民间借贷利率上限,其对高利借贷的规制通常是通过适用《德国民法典》第138条第1款规定的违背善良风俗的法律行为无效条款和第2款规定的"暴利条款"完成的。二是美国法的做法,美国各州高利贷法的有无状况不一,有高利贷法的各州自19世纪以来要么放开利率限制,要么调高利率上限。[2] 笔者认为,国内商业保理融资期利率在保持意定性原则的前提下,应有较为明确的上限限制。因为这样可以防止过高利率对金融秩序的不当冲击,避免出现大面积金融危机,同时亦可以为社会公众以明确指引和稳定预期,方便市场行为选择与决策。

对于相关司法实践中以贷款市场报价年利率4倍或是以年利率36%作为保理融资期利率上限标准的分歧,笔者认为亦应遵循参照适用最高人民法院民间借贷相关规定的原则加以化解。具体而言,应参照适用《最高院民间借贷"法释[2020]17号"解释》第31条第2款的规定,作如是裁判:2020年8月20日之后新受理的一审商业保理融资案件,保理合同成立于2020年8月20日之前的,应支持当事人请求适用当时的司法解释计算自合同成立到2020年8月19日的保理融资期利率上限;对于2020年8月20日以后的保理融资期利率上限,适用一年

---

[1] 针对商业保理公司、小额贷款公司、融资性担保公司、典当行等放债(贷)人借贷,我国香港地区1986年实施的《放债人条例》规定年息超过48%推定为高利借贷,年息超过60%则确定系高利贷,构成犯罪。据此,有学者认为,放债(贷)人借贷具有行业特殊性和专业性,其利率规制应由专门性行业法规单独加以规定,不应受制于一般民商事主体的借贷利率上限。参见高圣平、申晨:《论民间借贷利率上限的确定》,载《上海财经大学学报》2014年第2期。

[2] See Efraim Benmelech & Tobias J. Moskowitz, The Political Economy of Financial Regulation: Evidence from US State Usury Laws in the 19th Century, *The Journal of Finance*, Vol. 65:3, p. 1029(2010).

期贷款市场报价年利率4倍的规定。

四、逾期还款违约金费率的调整规则

(一)主要裁判及学理分歧意见

在涉国内保理(尤其是商业保理)纠纷的裁判中,法院对逾期还款违约金费率的适用标准和调整规则分歧较大。归纳起来,主要有以下做法:第一,裁判不适用最高院民间借贷年利率最高限的相关规定。具体又表现为以下几种处理模式:一是保理合同中约定逾期违约金年费率为36%,保理人主张24%的年利率计算,付款义务人抗辩不得超过一年期贷款报价利率的4倍(年利率约15.4%),法院均不予采纳,而是依职权酌定按年利率18%的标准计算逾期违约金。[1] 二是保理合同中约定逾期违约金年费率为18%或36%,保理人主张按18%的年利率计算,付款义务人抗辩不得超过一年期贷款报价利率的4倍,法院判决支持按年利率18%的标准计付逾期违约金。[2] 三是保理合同中约定逾期违约金年费率为36%,当事人主张按一年期贷款市场报价利率计算[3](另案中当事人主张按约定的年费率72%计付逾期违约金[4]),法院判定逾期违约金费率分段计付,即,2019年8月20日以前的按央行贷款基准利率计,之后的按贷款市场报价利率(非4倍)计。此种裁判的底层逻辑在于:资金占有损失应以法定利息损失为限,并以此为标准调整逾期违约金的额度;2019年8月20日以后,央行贷款基准利率

---

[1] 参见盛业商业保理有限公司、广州宝弘成建材有限公司等合同纠纷案,浙江省宁波市中级人民法院民事判决书,(2020)浙02民初1480号。

[2] 参见深圳创信商业保理有限公司与深圳市建筑工程股份有限公司、江某某等保理合同纠纷案,广东省佛山市顺德区人民法院民事判决书,(2021)粤0606民初34336号;广东省佛山市中级人民法院民事判决书,(2022)粤06民终13291号;盛业商业保理有限公司、广州市九星建材贸易发展有限公司等合同纠纷案,浙江省宁波市中级人民法院民事判决书,(2021)浙02民终2970号。

[3] 参见冠福控股股份有限公司与中信商业保理有限公司深圳分公司票据追索权纠纷案,上海市青浦区人民法院民事判决书,(2020)沪0118民初18668号;上海金融法院民事判决书,(2022)沪74民终18号。

[4] 参见义乌市宣兴电子商务有限公司、拓天速贷(天津)国际商业保理有限公司等合同纠纷案,河北省香河县人民法院民事判决书,(2021)冀1024民初1221号。

已被贷款市场报价利率所取代。第二,裁判适用最高院民间借贷年利率最高限的相关规定。具体又表现为两种不同的处理模式:一是保理合同(2018~2020年订立)或无违约金条款或约定了较高的逾期违约金年费率(24%~108%不等),保理人仅主张按年费率24%计算,付款义务人抗辩不得超过LPR的4倍,法院判决支持按年费率24%的标准计付逾期违约金。[1] 二是保理人主张按照保理合同(2017年订立)约定的36%年费率计算逾期违约金,付款义务人未抗辩,法院依职权判决调减为按年利率18.25%(约定的保理融资期利率)计付。[2] 该判决未明确逾期违约金年费率的上限,但从其判词所称约定融资期年利率18.25%"已远远高于国家有关民间借贷的最高利息标准"来看,其参照的应为一年期贷款报价利率4倍的标准,但其又未严格按此标准判定违约金年费率的最高限。第三,裁判保理融资款逾期违约金费率适用最高人民法院民间借贷上限的相关规定,而应收账款逾期违约金费率则不适用。具体又有两种处理模式:一是针对保理人主张的按保理合同(2018年订立)约定的36%年费率计付诉求,法院判决:保理融资款逾期违约金年费率调减为24%,应收账款逾期违约金费率按央行贷款基准利率计,均不分段计算。[3] 二是针对保理人主张的按保理合同(2018年订立)约定的36%年费率计付诉求,法院判决:保理融资款逾期违约金年费率调减为24%,不分段计算;应收账款逾期违约金费率分

---

〔1〕 参见信阳市汇达现代物流有限公司、信阳福银商业保理有限公司合同纠纷案,河南省信阳市浉河区人民法院民事判决书,(2020)豫1502民初104号;河南省信阳市中级人民法院民事判决书,(2021)豫15民终204号;郭某某、深圳市微连接信息技术服务有限公司等合同纠纷案,广东省深圳市中级人民法院民事判决书,(2021)粤03民终13869号;海尔金融保理(重庆)有限公司、西王淀粉有限公司等保理合同纠纷案,山东省青岛市中级人民法院民事判决书,(2022)鲁02民初463号;山东省高级人民法院民事判决书,(2022)鲁民终2307号;上海晨鸣融资租赁有限公司、上海皋兰国际货运代理有限公司等融资租赁合同纠纷案,山东省济南市中级人民法院民事判决书,(2021)鲁01民初1174号。

〔2〕 参见西多多信息科技(北京)有限公司、富顺商业保理有限公司等合同纠纷案,广东省深圳市中级人民法院民事判决书,(2021)粤03民终29477号。

〔3〕 参见中信商业保理有限公司深圳分公司案,广东省深圳市福田区人民法院民事判决书,(2018)粤0304民初38092号。

段计算:2019 年 8 月 19 日以前的按央行贷款基准利率计付,之后的按贷款市场报价利率计付。[1]

(二) 应然路径分析

根据上文商业保理融资费率适用的法律依据的分析,结合我国现行相关民商事法律的规定,逾期还款违约金费率的调整应遵循如下规则:第一,约定优先,即若保理合同中明确约定了逾期还款违约金费率,同时在诉讼中当事人一方亦主张适用约定标准,则法院应在一定的上限幅度内优先支持当事人的主张。这是贯彻合同自由原则的必然要求。若未事先约定逾期违约金,保理人起诉时主张迟延履行利息损失(罚息),亦应在一定上限幅度内支持其主张。第二,参照适用民间借贷利率上限的相关规定。裁判支持的违约金费率可高于保理融资期利率,亦可适当高于民间借贷利率上限。与罚息一样,违约金带有惩罚拖欠行为的功能,故而保理交易实践中约定的逾期违约金费率或逾期利率往往会高于合同期内的利率;现行金融借贷逾期罚息利率亦是在合同载明的贷款利率水平上加收 30% ~ 50%,其内在意旨可资参照。第三,对于逾期还款期间跨越 2020 年 8 月 20 日前后的,分段参照不同的利率保护标准调整违约金费率。这是基于《最高院民间借贷"法释〔2020〕17 号"解释》第 31 条第 2 款的规定。

遵循以上规则,针对上文罗列的商业保理融资违约金费率裁判中的分歧,未来相关裁判尚需注意以下具体问题。

第一,宜正确阐明裁判逾期违约金费率的规范依据。如上文所述,相关裁判在此问题处理上的主要分歧在于是否明确不适用最高人民法院民间借贷的相关规定。对此,有些法院在裁判说理中明确不适用,另

---

[1] 参见中信商业保理有限公司深圳分公司案,广东省深圳市中级人民法院民事判决书,(2020) 粤 03 民终 6187 号。

一些法院则不予释明便直接适用。应该说,明确不适用的裁判是正确的。这既符合《最高院民间借贷"法释〔2020〕17号"解释》及《最高院民间借贷"法释〔2020〕27号"批复》的相关规定,亦符合上文所论可以"参照适用"的基本法理。基于商业保理融资与民间借贷类同但不相同、前者无专门调整规范的状况,在调整前者费率时参照而不完全受限于后者的相关规范,应是未来相关裁判的共通路径。值得注意的是,在对商业保理融资违约金费率作调减裁判时,有法院在明确不适用民间借贷规定之后,援引《民法典》第584条违约金调减的一般规定,以保理融资被占用期间的利息损失作为调减参照额度。[1] 此判以违约金调整的一般规定为依据当然没有问题,但缺憾是作为母规范的一般规定无法为具体场景中问题的解决提供直接指引;而且,判决说理中"资金被占用期间的利息损失"与支持保理人"按照年利率18%计算"的结论在违约金核减参照额度上并非完全一致,前者为低限标准,后者则为高限标准。此判支持将违约金费率调减至年利率18%,属于贷款市场报价利率4倍以上的正常浮动范围,恰恰符合以上"参照适用"的裁判依据选择路径。

第二,宜确定调减保理融资逾期违约金费率的上限标准。保理融资逾期还款违约金实际是当事人就逾期返还保理融资给保理人造成的资金占用损失约定的补偿形式,其以迟延支付利息(资金被占用的利息损失)作为额度调整的基础。按照参照适用民间借贷相关规定的原则,保理融资逾期还款违约金的额度调整可以适当参照现行民间借贷利率保护上限的规定。根据《最高院民间借贷"法释〔2020〕17号"解释》的规定,从2020年8月20日以后,民间借贷利率保护上限由原年利率

---

〔1〕 参见盛业商业保理有限公司、广州市九星建材贸易发展有限公司等合同纠纷案,浙江省宁波市中级人民法院民事判决书,(2021)浙02民终2970号。

24%调整为一年期贷款市场报价年利率的4倍,约合年利率15.4%。在"盛业商业保理有限公司、广州宝弘成建材有限公司等合同纠纷案"的裁判中,浙江省宁波市中级人民法院"考虑到保理公司经营风险和企业的融资成本",将保理融资逾期还款违约金费率依职权调减为按18%的年利率计算。在其他类案裁判中,亦有法院依保理人申请支持按年利率18%的标准计付逾期违约金的成例。应该说,年利率18%既符合参照适用现行民间借贷相关规定的适法原则,又能体现对商业保理融资特殊性的考量,可以作为法院在确定保理融资逾期违约金费率保护上限时的参考标准。

　　第三,应注意意思自治原则的真正贯彻。逾期还款违约金费率基于约定产生,是意定性损失救济方式。由此,法院在对其作调整裁判时应贯彻意思自治原则:在坚守法律底线的前提下,优先从其约定;除非当事人在诉讼中予以明确处分,法院不得依职权排除当事人的合同权利。事实上,部分法院在作相应裁判时难谓真正贯彻了意思自治原则。例如,在"冠福控股股份有限公司与中信商业保理有限公司深圳分公司案"[1]中,对于2019年8月19日以前的违约金费率,当事人主张按约定的年利率36%计结,或主张按贷款市场报价年利率计结,而判决则以央行贷款基准利率计结;考虑到《最高院民间借贷"法释〔2020〕17号"解释》第31条第2款对该案上述相应时段的违约金费率有支持当事人请求适用当时的司法解释计结的规定,而"当时的司法解释"规定的是"两线三区"的年利率保护上限原则,故该案判决真正做到了贯彻意思自治原则。同样,在"义乌市宣兴电子商务有限公司、拓天速贷(天津)国际商业保理有限公司等合同纠纷案"[2]中,针对保理人按照2018年

---

〔1〕 参见广东省深圳市中级人民法院民事判决书,(2020)粤03民终6187号;上海市青浦区人民法院民事判决书,(2020)沪0118民初18668号;上海金融法院民事判决书,(2022)沪74民终18号。

〔2〕 参见河北省香河县人民法院民事判决书,(2021)冀1024民初1221号。

成立的保理合同约定的72%年利率计结逾期违约金的诉求,法院判决2019年8月19日之前按同期央行贷款基准利率计付;此判对违约金费率的调减亦有不当干预合同自由之嫌,因为保理人主张适用72%年利率标准,意味着并未放弃按当时年利率保护上限(24%)计结的权利,而判决核定的同期央行贷款基准利率明显过低,未能体现对保理人按照法定年利率保护上限计结违约金之权利的维护。

第四,宜准确适用《最高院民间借贷"法释〔2020〕17号"解释》有关分段计结违约金费率的规定。该司法解释第31条第2款规定以2020年8月20日为界点,之后受理但合同成立在前的一审案件,支持当事人请求适用当时的司法解释计算之前的费率上限;对于之后的费率保护上限,适用一年期贷款市场报价年利率4倍的规定。而在"郭某某、深圳市微连接信息技术服务有限公司等合同纠纷案"[1]中,合同约定的逾期违约金费率为年利率72%,保理人主张按年利率24%计算,付款义务人抗辩认为,从2020年8月20日起应按一年期贷款市场报价利率的4倍计算;对此,两审判决均支持按年利率24%计算(自2020年7月1日起计付至实际清偿之日止)。显然,此判未采纳付款义务人的意见是不符合《最高院民间借贷"法释〔2020〕17号"解释》的相关规定的。类似问题亦存于"海尔金融保理(重庆)有限公司、济宁市耀益商贸有限公司等合同纠纷案"[2]的裁判之中。

值得注意的是,对于2019年8月20日之前的发生借贷行为,《最高院民间借贷"法释〔2020〕6号"解释》规定可溯及适用"LPR"4倍最高限规定,这本即与一直适用于该时段《最高院民间借贷"法释〔2015〕18号"解释》规定的"两线三区"年利率保护上限相冲突。对此,《最高院

---

〔1〕 参见广东省深圳市中级人民法院民事判决书,(2021)粤03民终13869号。
〔2〕 参见山东省青岛市中级人民法院民事判决书,(2021)鲁02民初2422号。

民间借贷"法释〔2020〕17号"解释》又规定了不可溯及适用"LPR"4倍最高限的规则,而依当事人意愿适用当时有效的司法解释;这实际上未能解决以上年利率上限适用冲突的问题。在"信阳市汇达现代物流有限公司、信阳福银商业保理有限公司合同纠纷案"[1]中,于2018年12月订立的保理合同约定的违约金年利率为79.2%,保理人根据《最高院民间借贷"法释〔2015〕18号"解释》的规定,主张按年利率24%计算违约金,应收账款债权人则根据《最高院民间借贷"法释〔2020〕6号"解释》第32条第2款"借贷行为发生在2019年8月20日之前的,可参照原告起诉时一年期贷款市场报价利率(LPR)四倍确定受保护的利率上限"的规定,上诉主张按贷款市场报价利率的四倍计算违约金。该案应收账款债权人的上诉请求与被上诉人(保理人)的抗辩意见的对抗正是以上规范冲突的现实表现。此种规范冲突应被归为法律漏洞,当事人中的任何一方均不应为此法律漏洞"埋单"。此案二审法院无视应收账款债权人的上诉请求的规范依据,径行按照《最高院民间借贷"法释〔2020〕17号"解释》的不溯及适用规定,支持被上诉人适用"两线三区"年利率规定的主张,对上诉人而言难谓公正。

此外,"中信商业保理有限公司深圳分公司案"[2]中,两审裁判保理融资款逾期违约金费率适用最高院民间借贷保护上限的相关规定,而应收账款逾期违约金费率则不适用;此判对保理融资、应收账款逾期违约金费率分别适用不同计算标准亦是没有法律依据的。

---

[1] 参见河南省信阳市浉河区人民法院民事判决书,(2020)豫1502民初104号;河南省信阳市中级人民法院民事判决书,(2021)豫15民终204号。
[2] 参见广东省深圳市福田区人民法院民事判决书,(2018)粤0304民初38092号;广东省深圳市中级人民法院民事判决书,(2020)粤03民终6187号。

五、预收的其他保理费用的性质

(一) 主要裁判及学理分歧意见

在国内保理交易中,保理人往往按约定在合同成立之初一次性收取一定数额的保理手续费、单据处理费等其他费用(统称为"其他保理费用")。国内法院对该其他保理费用的性质认定不一,核心分歧在于是否将其认定为"砍头息"而从保理融资本金中扣除(不作为计息基础)。有些法院按照对案涉交易合同性质认定结果的不同而作不同的处理,即若案涉交易合同被认定为保理合同,则其他保理费用不作为"砍头息"而从保理融资本金中扣除,仍作为计息基础;若案涉交易合同被认定为借贷合同,则相反。[1] 亦有法院认定,即使案涉交易合同为保理合同,其他保理费用仍应视作"砍头息",不作为计息基础。[2] 此种认定的理由在于:案涉有追索权保理中的保理融资更接近于融资借款,故应受《民法典》第670条借款利息预先扣除规则的限制;同时,该费用因为保理人预先收取而未能被应收账款债权人完全支配和使用,故不得作为融资本金。[3]

(二) 应然路径分析

关于预收的其他保理费用是否应为"砍头息"而从保理融资本金中扣除的问题,笔者认为,首先应根据对案涉交易合同性质认定结果的不

---

[1] 参见安通控股股份有限公司与郭某某等其他合同纠纷案,上海市虹口区人民法院民事判决书,(2020)沪0109民初11594号;焦某某、吕某等合同纠纷案,辽宁省沈阳市中级人民法院民事判决书,(2021)辽01民终20030号;冀中能源国际物流集团有限公司与远东国际融资租赁有限公司保理合同纠纷案,上海金融法院民事判决书,(2021)沪74民终1769号;上海晨鸣融资租赁有限公司、上海皋兰国际货运代理有限公司等融资租赁合同纠纷案,山东省高级人民法院民事判决书,(2021)鲁民终2289号。

[2] 参见信阳市汇达现代物流有限公司、信阳福银商业保理有限公司合同纠纷案,河南省信阳市中级人民法院民事判决书,(2021)豫15民终204号;上海晨鸣融资租赁有限公司、上海皋兰国际货运代理有限公司等融资租赁合同纠纷案,山东省济南市中级人民法院民事判决书,(2021)鲁01民初1174号。

[3] 参见安通控股股份有限公司与郭某某等其他合同纠纷案,上海金融法院民事判决书,(2021)沪74民终1549号。

同而作不同的处理,若案涉交易合同被认定为借贷合同,则该部分费用应作为"砍头息"而从保理融资本金中扣除。这是符合《民法典》第670条规定的借款利息预先扣除规则的,亦符合计息本金应为用款人实际支配和使用的基本法理。若案涉交易合同被认定为保理合同,则应视保理人是否依约向客户提供了应收账款管理、催收等相应金融服务而作不同处理,即若提供了相应金融服务,则预收的其他保理费用不应作为"砍头息"而从保理融资本金中扣除,仍作为计息基础;若实际未提供,则作相反处理。因为,从本质上讲,其他保理费用应是保理人凭借真实的金融服务有权从客户处获得的一种对价,该对价作为资金融通以外的服务费用,[1]在性质上有别于保理人凭借保理融资的利息收入。根据中国服务贸易协会商业保理专业委员会发布的《国内商业保理合同(示范文本)》(商保委字〔2016〕第32号),"保理手续费为对保理商所耗费的操作成本、人工成本及商业机会以及从事本合同项下应收账款管理、催收的对价,保理手续费一经收取,不予退还"。《商业银行保理业务管理暂行办法》(中国银行业监督管理委员会令2014年第5号)、《中国银行业保理业务规范》均将保理手续费(应收账款管理费、单据处理费等)规定为在保理融资利息(使用费)之外另行计取的保理服务收益。可见,现行部门规章及行业规范均认可以真实的应收账款管理、催收等金融服务为对价基础的其他保理费用(保理手续费)收取权,应支持保理人在保理融资利息之外凭借真实服务预收其他保理费用。

---

[1] 参见夏德忠:《"后民法典时代"保理合同实务风险研究及其对策建议——2021年裁判文书主要裁判观点梳理与分析》,载《中国律师》2022年第2期。

主要参考文献

一、著作

1. 方新军:《现代社会中的新合同研究》,中国人民大学出版社2005年版。

2. 黄薇主编:《中华人民共和国民法典合同编解读》,中国法制出版社2020年版。

3. 最高人民法院民事审判第二庭:《最高人民法院民法典担保制度司法解释理解与适用》,人民法院出版社2021年版。

4. 贺小荣主编:《最高人民法院第二巡回法庭法官会议纪要》(第1辑),人民法院出版社2019年版。

5. 王利明:《合同法研究》(第2卷),中国人民大学出版社2015年版。

6. 梁慧星:《民法解释学》(第4版),法律出版社2015年版。

7. 曹士兵:《中国担保制度与担保方法》(第4版),中国法制出版社2017年版。

8. 黄茂荣:《债法通则之三:债之保全、移转及消灭》，厦门大学出版社 2014 年版。

9.《日本民法典》，王书江译，中国政法大学出版社 2000 年版。

10. 王轶、高圣平等:《中国民法典释评·合同编典型合同》，中国人民大学出版社 2020 年版。

11. 史尚宽:《债法总论》，中国政法大学出版社 2000 年版。

12. 郑玉波:《民法债编总论》，中国政法大学出版社 2004 年版。

13. 茆荣华主编:《上海法院类案办案要件指南》(第 4 册)，人民法院出版社 2021 年版。

14. 黄斌:《国际保理——金融创新及法律实务》，法律出版社 2006 年版。

15. [英]弗瑞迪·萨林格:《保理法律与实务》，刘圆、叶志壮译，对外经济贸易大学出版社 1995 年版。

16. [德]海因·克茨:《欧洲合同法》(上卷)，周忠海、李居迁、宫立云译，法律出版社 2001 年版。

二、论文

1. 李宇:《保理法的再体系化》，载《法学研究》2022 年第 6 期。

2. 李宇:《保理合同立法论》，载《法学》2019 年第 12 期。

3. 方新军:《〈民法典〉保理合同适用范围的解释论问题》，载《法制与社会发展》2020 年第 4 期。

4. 魏冉:《保理的概念及其法律性质之明晰》，载《华东政法大学学报》2021 年第 6 期。

5. 包晓丽:《保理项下应收账款转让纠纷的裁判分歧与应然路径》，载《当代法学》2020 年第 3 期。

6. 王聪:《〈民法典〉保理合同的功能主义构造》，载《社会科学》2021 年第 8 期。

7. 潘运华:《民法典中有追索权保理的教义学构造》,载《法商研究》2021 年第 5 期。

8. 李志刚:《〈民法典〉保理合同章的三维视角:交易实践、规范要旨与审判实务》,载《法律适用》2020 年第 15 期。

9. 丁俊峰:《民法典保理合同章主要条文的适用》,载《人民司法》2021 年第 4 期。

10. 王利明:《我国民法典物权编中担保物权制度的发展与完善》,载《法学评论》2017 年第 3 期。

11. 高圣平:《论民法典上保理交易的担保功能》,载《法商研究》2023 年第 2 期。

12. 高圣平:《民法典动产担保权优先顺位规则的解释论》,载《清华法学》2020 年第 3 期。

13. 詹诗渊:《保理合同客体适格的判断标准及效力展开》,载《环球法律评论》2021 年第 5 期。

14. 黄和新:《保理合同:混合合同的首个立法样本》,载《清华法学》2020 年第 3 期。

15. 崔建远:《保理合同探微》,载《法律适用》2021 年第 4 期。

16. 黄茂荣:《论保理合同》,载《法治研究》2021 年第 3 期。

17. 龙俊:《民法典中的动产和权利担保体系》,载《法学研究》2020 年第 6 期。

18. 张素华、李鸣捷:《保理合同中"将来应收账款"释论》,载《华东政法大学学报》2023 年第 2 期。

19. 孙宪忠:《中国民法典采纳区分原则的背景及其意义》,载《法治研究》2020 年第 4 期。

20. 何颖来:《保理中虚假基础交易风险的法律规制——基于〈民法典〉第 763 条之思辨》,载《浙江社会科学》2021 年第 7 期。

21. 何颖来:《〈民法典〉中有追索权保理的法律构造》,载《中州学刊》2020 年第 6 期。

22. 朱虎:《债权转让中对债务人的程序性保护:债权转让通知》,载《当代法学》2020 年第 6 期。

23. 谭启平、周冠宇:《"贷款基准利率"与"贷款市场报价利率"的司法适用偏差及其纠正》,载《法学评论》2022 年第 2 期。

24. 黄鑫、庄雨晴:《隐蔽型保理合同的性质与效力》,载《人民司法(案例)》2022 年第 8 期。

25. 吴峻雪、张娜娜:《保理债权转让中转让通知的效力及形式审视》,载《法律适用》2013 年第 11 期。

26. 蔡睿:《保理合同中债权让与的公示对抗问题》,载《政治与法律》2021 年第 10 期。